叢書・ウニベルシタス　664

異教入門

中心なき周辺を求めて

ジャン＝フランソワ・リオタール
山縣 熙／小野康男／申 允成／山縣直子 訳

法政大学出版局

Jean-François Lyotard
RUDIMENTS PAÏENS

目次

御批評無用

ラテン語の動詞 *disserere*〔観念の糸を紡ぐ〕から「小論文（dissertation）」という言葉が生れたが、しかしまたラテン語では名詞 *dissertio* すなわち「dissertion」の方がより盛んに用いられた。その意味は大まかな解明、つまり粗ら梳きのことで、梳毛と紡糸がそれに続く。梳毛の作業によって素材から必要なものが選別され、次いでそれを用いて布地が織られることになる。

ここでは固有名詞が素材の役割を果たしている。エルンスト・ブロッホ、ミシェル・ビュトール、フロイト、ダニエル・ゲラン、ルイ・マラン、ジュール・ミシュレ、パスカル、孫子、その他である。これら固有名詞は普通名詞を伴って現れ、それによってさまざまな分類が可能となる。分野による分類（神学、文学、政治学、心理学等）、方法的分類（構造主義、弁証法、記号論、精神分析学等）、学説による分類（無意識、感覚、願望、欲望、超越等）などである。これらきわめて多彩な織糸を用いて、導き出されるべき織布は、異教《パガニスム》（多神教）と呼ばれることになるだろう。

それは一種の計画的な呼び名であり、それこそが織り上げられるべき当のものである。それは、また論争を呼ぶものでもある。プラトン的またキリスト教的な古の布帛は、ずたずたになり、その補修にあたるものはすべて、マルクス主義さえも、きれぎれである。

かの異教の特質のいくつかがここでふるい《デザンセレ》にかけられる。そこからジャンルが選別され、論文《ディセルタシオン》となる。しかしそれはいまだ梳毛にすぎないから、手にするのは入門的なものにすぎない。織り方と使い方に関する指示は追ってなされる。

一九七七年五月

第一章　理論における無感動《アパテイア》

「私はここで論議を打ち切るべきだと思う」。理論の恐怖政治を断ち切るときがきた。それは、われわれがこれから長い間抱え込むことになるとてつもなく大きな事件である。われわれがどんなに制御のない言語を用いても、言語の中にはすべての人において恐怖政治を養う真なるものへの欲望が刻み込まれているので、あらゆる言説は一種の癒しがたい低俗さによって、真なるものを語るという己れの自負をさも当然のようにひけらかして見えるほどである。さて、この低俗さに治療を施すときがきた。現在、絵画や音楽やいわゆる実験映画の作品において行われており、またもちろん、科学の営みにおいても行われているのと同じ洗練、同じ軽やかな力をイデオロギーや哲学の言説の中に導入するときがきたのである。何も新たな理論や解釈をひとつ、あるいは幾つか作り出すことが問われているわけではない。われわれに欠けているのは、理論のジャンルそのものが打倒されて、もはや己れの自負を回復できなくなってしまうような悪巧みないし無感動《アパテイア》である。すなわち、理論がもう一度あからさまにひとつのジャンルとなり、少なくともプラトン以来占めてきた制圧ないし支配の座を追われてしまい、真なるものが文体の問題となってしまうような悪巧みないし無感動。

フロイトが一九二〇年に出版した『快感原則の彼岸』なるテクストはこうした姿勢をほのかに垣間見

せている。フロイトについてのスコラ学がいたるところで知のパトスに、すなわち確信に支配権を与えようとしているのだから、フロイトのこのテクストを検討してみるのも悪いことではあるまい。

悪魔の代弁人

フロイトは次のように述べている。「私はここで論議を打ち切るべきだと思う。だが批判的に考察し[Besinnung 振り返って意味を考察すること]、幾つか付言しないわけにはいかない。ここで展開された仮説を私自身信じているかどうか[überzeugt つまり或る証言 Zeugnis が『証拠品』の場合におけるように人を説得する、という意味で]、そしてどの程度まで信じているのか、私に問う人がいるかもしれない。私の答えはほぼ次のような響きをもつだろう[würde lauten]。私自身は信じていないし、それに、この仮説を信じるよう人に勧めている[werben 徴募官の行為]わけでもない、という響きを。もっと正確に言えば、どの程度までその仮説を信じているのか私には分からないのである。ここでは確信という情動的要素[das affektive Moment]は考慮に入れる必要がないと私には思える。人には単なる科学的好奇心[Neugierde 新しいものや情報に対する欲望]から思考の歩み[Gedankengang]に身を委ね[sich hingeben 快楽や放蕩に耽るというとき用いられる語]、その歩みに導かれるままどこまでもついていくことがある。いわば、悪魔の代弁人[advocatus diaboli]となるわけであるが、だからといって、悪魔に魂を売り渡す[verschreibt]わけではない。私は、ここに欲動の学説における[in der Trieblehre]第三歩目を踏み出すにあたり、性概念の拡大と自己愛概念の確立という以前の二つの歩みと同じ確実さ[Sicherheit]を要求できないことを知らないわけではない(……)」。

「いずれにせよ、事実に属するものと純粋な思弁に属するものとを［mit bloss Erdachten］何度も繰り返し結び付けることなしには、そしてそうすることで、観察から大きく遠ざかることなしには、この理念を先に進めること［die Durchführung dieser Idee 問題となっているのは、『有機体』を以前の状態に連れ戻すという意味であらゆる欲動は『退行』的だという理念］は不可能である。ひとつの理論を構築するにあたり、こうした手続きを繰り返せば、最終結果の不確実さの度合いを示すこともできないままに、それだけその結果が信頼の置けないものとなるのは当然である。この場合、たまたまうまい具合にいくこともあれば、不名誉にも間違うこともある。いわゆる直観［Intuition］に関しては、私はこの種の仕事ではあまり信用していない。これまで私が直観について見てきたことに従えば、直観はむしろ知性が或る程度公正に行使された［Unparteilichkeit des Intellekts］結果だったように思われる。不幸なことに、最終的な事柄、つまり科学や人生の大問題が問われているときに公正でいられることは稀である。こうした事柄に関しては、誰でも己れの心の奥深く根差している［tief begründeten］内密の偏愛［Vorliebene］に支配されているのであり［beherrscht］、その偏愛を利するために、誰もが自分の知らぬ間に己れの思弁のすべてを働かせているのである［denen er mit seiner Spekulation unwissentlich in die Hände arbeitet 或る人の仕事をする、或る人を有利な立場に置く］。用心する理由がこれだけある以上、己れ自身の思考営為［der eigenen Denkbemühungen］の結果に対してはきわめて微温《ぬるま》湯的な好感情を味わうことができるだけだろう。だがこのように自己批判したからといって、異なる意見に対して特別な寛容［zu besonderer Toleranz］を示す義務を負うわけではないことを、急ぎ付言しておく。主張される理論の正しさが全く暫定的だということは重々承知しているものの、観察を分析してみた［in der Analyse der Beobachtung］結果とすぐ矛盾してしまうような理論は容赦なく棄て去らねばならない。生と死の欲動に関するわれわれの思弁［Spekulation］に判断を下すことに関して言えば、われわれがそこで、或る欲動が別の欲動によって押し出されるとか、或る欲動が自我から対象に向うとかいった、一定量の未知で直観的には理解しがたい［unanschauliche］過程に出会うとしても、われわれにとって何ら妨げとはならない［würde es uns wenig stören］。というのも、このこと［この理解しがたさ］はただわれわれが科学的用語を用いて、つまり、心理学独自の（正しくは、深層心理学独自の）比喩的言語［der eigenen Bildersprache］を用いて仕事を進めざるをえないというところからきているからである。この言語がなかったなら、われわれは問題の過程を全く記述できないだろうし、そもそも、そうした過程が知覚されることすらなかっただろう［ja, würden sie gar nicht wahrgenommen haben］。われわれがすでに、心理学用語の代りに生理学や化学の用語を使うことができるなら、われわれの記述に見られる欠陥はなくなるだろう。なるほどこれら生理学や化学の用語も比喩的言語に属するものにすぎない。しかし少なくとも、大分前からわれわれに馴染み深いものとなっており、おそらくずっと簡単なものなのである(1)」。

重大な出来事

このフロイトのテクストを通じて指向対象の位置は移動している。確かにいたるところで、第三の歩みを踏み出すに至った欲動理論が問われている。だが、「先に進める」べき理念は、この理論においては、欲動過程の根本法則たる反復強迫の理念なのである。その一方、自由な旅人の立場で空想的に思考しているのではないかというありうる非難を前にしての平静さ［würde es uns wenig stören］が、このテクストの終りで、生と死の欲動の思弁に関して要請されている。

われわれは『快感原則の彼岸』第六章の終りの部分にいる。フロイトは、欲動の退行という己れの仮説を支えるために、哲学者や詩人や生物学者から実際このうえなく空想的な考えを借用してきたところである。その仮説とはいかなるものであろうか。あらゆる欲動は反復的であり、失われた以前の状態、すなわち、ほとんど緊張のない状態を回復する以外の目的性をもたない、という仮説。したがって、欲動の活動の目的は欲望の充足ではなくして、たとえ苦痛に満ちたものであるとしても、以前の状態への回帰なのだ、という仮説である。フロイトは、分析治療における転移、外傷神経症患者の夢、子供の遊び、運命強迫という四つの反復「例」を論拠ないし口実とした。

だが、この理論的スケッチに、それを複雑化するひとつの懸念が結びついた。つまり、もしあらゆる欲動が反復的であるのなら、その場合、欲動の学説は（ユングやあらゆる哲学者の学説同様）一元論であらねばならない、そして、もしあらゆる欲動がただひとつの同じ状態の回復を目指すとすれば、神経症はどこから、いかにして生じるのかという問いは実際上問題となりえない。反対に、二つの質的状態を考えねばならないだろう。ひとつは、あらゆる緊張の完全な無化の状態、すなわち死であり、いまひとつは逆に、緊張を欠くわけではないが、己れを維持するための最小ないし最適のエネルギー消費を行いつつ休息している有機生命体の状態である。こう言っても、二つの欲動原則に機能を割り当てるに際し、フロイトがそれほど明確というわけではないのだが。

フロイトの疑念ないし確信のなさはいったい何に対するものだろうか。反復の仮説に対するものだろうか、それとも欲動の二元性の仮説に対するものだろうか。どちらかと言えば後者に対するものである。快感原則を越え、したがって、この原則と無関係に（そして、フロイトの眼にはこの原則より古いものに映っていたが）再帰する力をもつ、反復の事実を観察することは何度でもできる。反対に、欲動の二元性は観察されていないし、観察不可能である（おそらくは直観的に理解することさえできない unanschauliche）。生の活動は常に死の欲動の活動を覆っており、「エロスのつぶやき」しか耳にされない。したがって、観察可能な事実の支えなしに死の欲動を発明しなければならない。そしてそれと同時に、ひとつの謎を発明し、それを受け入れなければならない。二種類の状態が反復されるだけでなく、それら二種類の状態の差異という出来事も反復されるのだから。この出来事は性という名をもつ。それは、緊張の指数を死せる者のゼロではなく、生ける者のエネルギー・レヴェルに連れ戻す隔たり、歯止めであり、したがって、性は死にもたらされた遅れである。性は速度の問題なのだ。

以上のことはかなりはっきりしている。ただその歯止めそのものが説明されていないだけである。「しかし、性的再生産の中で、あるいは、それを告知する原生生物における二個体の交接の中で反復されている［wiederholt］生命物質の発展過程において、何が重要な出来事なのだろうか［welches wichtige Ereignis］。われわれはそれに答えることができない。われわれが考え出したもの［Gedankenaufbau］のすべてが誤りと認められたならば、それはわれわれにとって真の慰めとなることだろうと思われるほどだ。そうすれば、自我欲動（あるいは死の欲動）と性欲動（あるいは生の欲動）の対立は解消する［entfallen］であろうし、それと同時に、反復強迫はそれに認められている重要性［Bedeutung］のあらかたを失うであろう」〔邦訳一七八頁〕。この謎めいた出来事は、一八九〇年代には大人が子供に対して行った誘惑という名のもとで同定されていた出来事を、一九二〇年の言説において受け継ぐものである。この最初の「物語」、あるいはこの最初の「思考の構築物」においてすでに、無垢の平和の中に侵入する、あるいはむしろ、未「成熟」なものの不活動性の中に侵入する刺激の増大、したがって、その刺激を拘束するための緊張の増大の効果が指摘されていたのである。

したがって、認識論者として語るなら、ここにはあまり信用の置けない理論がある。その理論によって生み出されるもののひとつが己れを支えるための事実をもたないばかりか、そのうえ、或る出来事を公準とすること、つまり、分離の、始まりの出来事を公準とすることを求めているのである。ところで、理論的言説において出来事とはいかなるものでありうるだろうか。出来事のもつ盲目の広がり、理論的言説の機能はまさにこれを吸収することである。出来事は物語の言説に属している。物語学者がどう言おうとも、出来事は物語の動因であり、その始まり、したがって、その終りである。出来事のもつ「昔々ありました」という性格は、理論の「普遍妥当性」を阻害する。「われわれはその出来事が何であるか答える[das sagen]ことができない」とフロイトは言う。そしてこのようにして彼は出来事を語る。彼は、言説の閉域の内部では生み出されえない指向対象として、あるいは理由に先行し、理由を定立する分割（生と死）として、その出来事を理論的な言説の外部に保持するのである。厳密に言って、生の欲動と死の欲動の間に対立（Gegensatz）はない。対立は思考可能であり、何にもまして、優れて思考の動因であり、思考の主体である。出来事が存在し、それは彷徨（Wanderung）に、旅に属する。

フロイトがファレンドンクの著書『白日夢の心理学』（一九二一年）英語版の序文で言っていたことを思い出そう。「思考活動の諸相を区別するには、差し当たり意識との関係をもちださず、ファレンドンクが研究した思考の連鎖と同じく、白日夢と意図的に行われた反省とを対立させ、自由に旅する思考ないし空想的な思考として［as freely wandering or fantastic thiking］示しておくのが賢明だろう［advisable］」(2)。欲動の学説の最終的な状態は、それ自身、自由に旅する思考ないし空想的な思考、すなわち、「科学性」とは全く異なる思考の歩み［Gedankengang］だったのではないだろうか。この学説は理論的にはあまり説得力がなく、確信を与えるものではない、とフロイトは言う。だが、ここでは確信という情動はさして問題にならない、とフロイトは付言している。ここが重要なところである。この旅人は無感動《アパテイア》の旅人なのである。

区別不可能の効果

したがって、認識論的な一貫性が欠如しているからといってフロイトの歩みがとまるわけではない。間違っているか正しいかは未来が決めるだろうとか、欲動過程［Vorgänge］の記述では結局そうしているように、使用した言語が全く比喩的な深層心理学の言語なので、一時的に不確実であるのはいかんともしがたいとかといった、いつもの言い回しで一貫性の欠如を切り抜けているわけでもない。そうではなくて、欲動の新たな二元性が問われるときには、フロイトは自分の一貫性の欠如を全く除去しようとしないのである。フロイトはそこにとどまる。それにしがみつき、固執しようとする。それはいかなる基盤に立ち、いかなる気分（Stimmung）に従ってのことであろうか。

普通、理論には確信という特殊な情動が伴う。理論には観察によってもたらされる証言や証明があり、それによって、聞き手の側だけでなく、話し手の側にも確信を生み出す一種の言説（たとえば、一個の物語）を構成することが可能となる。これは必ずしも、その言説が普遍妥当性をもつことを意味しているわけではないが、少なくとも、妥当性に関する問題を立てることができるし、立てねばならない領域にその言説が属していることを意味している。確信／有罪証拠《コンヴィクシオン》は証拠調べが終了し、検察側の意見が寄託されたことに対応する情動であり、裁判所の語彙である。（同時期にフッサールのごとき人がもっていたのとはきわめて掛け離れた語彙である。）人は証拠物件を作り出し、法廷で弁論する。理論家は弁護人であり、そこには、学問的言説のレトリックがある。このレトリックは確信の効果を経済論的な原理としており、この確信の効果は説得の効果（古い言葉ではペイトー）と異なり、「直接」受け手の情動に働きかけて得られるものではない。確信を得るためには、まずは自分自身の確信を得るためには、弁護人である理論家は己れの言説を幾つかの特性、とくに、内的一貫性、および指向領域に対する完全性という形式的特性に従わせなければならない。したがって、少なくとも厳密さの形象や言い回しがあり、他方、正確さの形象や言い回しがあるだろう。だが、原則的には知と関わらず、その使用者にはおそらく無意識にとどまる形象や言い回しがまだ他にもある。[3] 確信の効果はこの常套句一式を用いるという条件で得られるのである。

フロイトが欲動の二原則という仮説を問うとき、彼はまず、自分は確信の情動で触発されているだろうか、と自分の気分（Stimmung）に問うている。仮説の妥当性とは言わないまでも、少なくとも、議論に値する理論的仮説としてその仮説が存在していることを合図する情動は現れているだろうか。これに否と答えたのち、フロイトは答えを訂正する。説得されたかどうか私には分からない、と。

これは確実性の中に煮え切らないところがあることを示しているのだろうか。実のところ全く別のことが問われているのである。新たな欲動理論には除去不可能とも思える不確実性の効果が含まれており、その効果のもつ実践上の含意の幾つかはあらゆる治療学にとって恐るべきものとして現れるにちがいない。二つの状態について以前述べられていたことでは、欲動の学説はまず欲求と性（あるいは現実と快感）、次いで、自我と対象というように二つの審級の間の対立に定位していた。症状は、二つの審級がそれぞれ満たしている二つの機能の間の葛藤と妥協の産物として解読できた。夢の分析はすべてこの対立に支えられていた。たとえば、欲望の充足と欲求の満足との対立というように、ひとつの機能はひとつの審級に帰着していた。（この対立を別様に定式化することも可能である。）この欲動の二元論によって、症状を読解する原理がもてたし、もてると思われていたのである。

しかし、二元論がもはや審級の間の二元論ではなく、機能原則の間の二元論になるとすれば、いかにして症状の中でこれらの原則の効果を見分け、観察された事実を一方の原則に割り当てて、もう一方の原則には割り当てないということができるのだろうか。生の欲動と死の欲動との葛藤は二つの審級の間の闘いではなく、矛盾を生み出すものではない。死の欲動と名づけられた原則の効果は、常に、エロスの効果という別の効果の中に隠蔽されているのである。この隠蔽は何に由来するのだろうか。一方の原則の効果が他方の原則の効果と見分けられないことに由来するのである。

ドラの呼吸器の症状を考えてみよう。彼女の症状は生の欲動によるものだろうか、それとも、死の欲動によるものだろうか。最後の学説では決定不可能である。仮にその症状が何かを語っているとすれば、それは何を語っているのだろうか。まず確かなのは「私は生きている」ということである。というのも、症状は申し分なく活動しているのだから。症状は、ドラのいわゆる「有機的身体」から生じうる攻撃も含め、「外部」からの攻撃すべてに抵抗する微生物のようなものである。この症状はまた「私は殺す」とも語っているのだろう。私はそれを殺す、私が窒息と沈黙で脅かしている「有機的身体」を殺す。言説の指向対象が最初の言表と次の言表で変ってしまっていると反論する人がいるとしても（最初の言表ではヒステリー症の微生物、次の言表では「有機的身体」）、続きがまだあるのである。呼吸器の症状はそのうえ、「私は死にかけている」とか「私は死んだ状態で生きている」と語っている。この場合、死の欲動は生きられないものとして微生物を指向対象にとりながらも、その微生物のうちに一種怪物じみた制御があることを明らかにしている。そして最後に、この症状は「私はそれを生き返らせる」と語っている。それとは有機体のことであるが、有機体にその新陳代謝を増大させるよう仕向けることで、私がその有機体に対して行う「ドラはフロイトに会いに行ったではないか」という挑戦に応じている。「治療」は「身体」とその環境との交流を再活性化するものではなかろうか。その場合、指向対象である身体を攪乱するのはエロスであるが、その目的は、生を一層高め、差異化の度合いを一層高めることである。したがって、症状がどちらの欲動の機能原則に属するか決定不可能なまま、四つの言表が一緒に置かれている。咽喉炎、発声不能、嗄れ声、喘息、それらは生と死を同時に「意味し」ている。

とはいえ、これでもまだ言い足りない。というのも、以上のことから、これら四つの言表は両義的であると簡単に結論されることになるだろうから。だが、両義性が問われているのではないのである。欲動の原則としての生と死はそれぞれが同じ二つの機能、たとえば、制御機能と脱制御機能との二つの機能を満たす。症状が「私は生きている」と「語る」ときには、生は自己制御的であるが、「私はそれを生き返らせる」と「語る」ときには、効果が「エロティック」である以上、活動しているのはやはり生ではあるものの、それでいてその効果は壊乱的であり、制御に対して異質で脱制御的である。逆に、死の欲動は有機体を壊乱する(「私はそれを殺す」)ものの、「私は死んだ状態で生きている」という、生きられないものが生きているという怪物じみた、あの奇異な制御効果をもっている。これは、ひとつの原則ともうひとつの原則との「機能」の交換、あるいはこう言った方がよければ、効果の交換である。これは両義性とは全然違う。これは一切の確信を禁じる。というのも、ここではひとつの原因、すなわち、効果と審級の間に確立される安定した関係を弁護することが不可能だからである。

もし二つの欲動原理の仮説がフロイト自身の確信を生み出すことができないとすれば、それはこの仮説が、知の言説に不可欠な公理に反するから、少なくともフロイトが公理と考える原因の決定可能性の公理に反するからである。最後の学説における経済論的二元論は決定可能な原因ではない。本質(反復)において同一である二つの欲動機能がその効果においてお互いの領域を覆い合っている。原則的には体制の違いである両欲動の差異をはっきり画定することはできない。フロイト自身、緊張の指数が「身体」をいかなる数値に導くかを示そうとしても、不確かな答えしか与えられない(その数値はゼロだろうか、最小だろうか、最適だろうか?)とき、そのことを証言している。この決定的な点で、フロイトのテクストすべてがためらいを見せている。論文の初めでは、「心的装置にはその中に存在する興奮量を可能な限り低く、あるいは少なくとも、恒常に保とうとする力の働き[Bestreben]がある」〔邦訳一五一頁、強調リオタール〕。論文の中程では、「われわれは、心的生活を支配する傾向として[als die herrschende Tendenz des Seelenlebens]、おそらくは神経をもつ生命一般を支配する傾向として、刺激から生れる内的緊張[der inneren Reizspannung]を低め[Herabsetzung]、恒常的な状態に保ち

[Konstanterhaltung]、除去する[Aufhebung]力の働き[das Streben]を認める」〔邦訳一八七頁、強調リオタール〕。ここでは三つの指数が乱雑に積み重ねられており、その指数が同じでないのに、この力の働きが目指す真の数値が幾らであるかを決定することに、フロイトは無関心である。無関心でないとしても、それは決定不可能である。ところでフロイトは付け加えて、この力の働き[Streben]を認知したことが「死の欲動の存在を信じ[glauben]ねばならない最も強力な動機」なのだ、と言っている。最後のところではさらにこう述べられている。「したがって、快感原則は或る機能に役立つひとつの傾向[Tendenz]であるということになる。その機能とは心的装置一般をどんな緊張も起らない[erregungslos]ようにするか、あるいは、心的装置の中で興奮量[den Betrag des Erregung]を恒常ないし可能な限り低く保つことである」〔邦訳一九三頁、強調リオタール〕。

この最後の欲動理論がいわゆる理論的な「領野」そのものの中でもっている射程を見るのでなければ、ここで用いられているすべての「あるいは」に、つまり、決定の不在に驚くこともできないだろう。知の言説におけるためらいは言説の経済論的な指向対象における両原則の隠蔽に対応するものにすぎない。したがって、一九二〇年の経済論者が経験するのは、確信の「不足」ないし確信の欠如ではなく、情動の決定不可能性であり、自分の理論を信じているかどうか分からないことの積極的な力であり、信じるかどうかという問いとは無縁の肯定の力である。そもそも、フロイトは緊張と緊張緩和の領域（経済論）は「心的生活における最も不分明で接近しがたい領域」であると明言し、「もしそれに言及せざるをえないとすれば、その主題に関する最良の仮説は最も緩やかな仮説[die lockerste Annahme]であると私には思える」と付言していた。緩やかさ[Lockerheit]とは、一九一七年の『精神分析入門』において、さらには一九二三年の『自我とエス』において、芸術家の活動を抑圧の柔軟さによって説明するためにフロイトが援用した心的エネルギーのあの特性である。この『自我とエス』において、フロイトはこの特性をエネルギーの移動可能性［Verschiebbarkeit］に、すなわち、エネルギーが投下されていないという事実に結び付けている。したがって、欲動理論に関してここで要求されている奇妙な特性はフロイトが芸術家の「心的装置」に関して記述したのと同じ特性なのである。

欲動的「身体」について経済論的理論が指摘するのと同じ隠蔽が理論的「身体」にも必ず回帰するということが正しいとすれば、この理論の緩やかさを二次的なものだと言ってみたい気になるかもしれない。しかし、それは誤りだろう。この回帰は二次的なものではない。事実はこうである。まず特殊な情動に従って生み出されたこの理論的言説は、ここでは広大な欲動的「身体」の一表面として現れている。したがって、この言説を支配する認識論的不確実性はこの「身体」一般に対する諸効果の決定不可能性にほかならないのである。先の数行のフロイトの引用の中で、理論は突然、真偽に関わることをやめる。理論に関しては何よりもまず、その理論がパトスをもつか否かが問題となる。詩人の言葉を隠れ蓑に『快感原則の彼岸』の終りで援用された、飛ぶこととびっこをひくこととの違いは方法上の違いではなく、情念の違いである。びっこをひくことは空間と時間に関わる感情である。それは揺れ動く広がりであり、口ごもるような持続である。びっこをひく人は時間や空間を自分が信じているのかどうか知らない。一方、空を飛ぶ人はそれを確信しているのである。

情熱的な無感動

識別不可能なものの理論は決定不可能な情動に従うことで初めて「身体をもつ」。その理論は確信を生み出すどころか、新たな情動の領域、すなわち、無感動の領域を開く。フロイトは、死の欲動が生の欲動の中に浸透していると、自分自身を初めとして誰一人説得できないだろう。彼はむしろ無責任さに、確信の要求を無視する力に、訴えかける。したがって、フロイトが弁論するとすれば、それは学者共同体の法廷とは異なる別の法廷においてである。『快感原則の彼岸』は科学的言説のジャンルに属していない。第三の欲動「二元性」理論は学問ジャンルの理論的、実践的必要条件を逃れる。それは虚構としての理論である。それに特有な情動は無感動であり、確信ではない。ここでは、無感動という言葉を、確信の有無を体験することの不可能性という意味にとらねばならない。

呈示される新しい事柄を証拠によって確証するよりも、むしろ新しい事柄を発明する力が広まっていく方を選ぶこと、これが理論における悪巧み（*diablerie*）であろう。（それは悪魔主義 diabolisme とは全く違う。）とはいえ、人は何かを証明しなければならない立場にとどまるよりも、むしろ何かを発明しなければならない状況に己れを置く方を選ぶ、というのではほとんど何も言ったことにならない。かくして、人は応答することをやめる「決断」を下し、無責任な人となり、学者の世界から身を引く。理論的知性は議論や是非や知識の価値や数式に無感覚になる。この知性は「単なる科学的好奇心から（nur aus wissenschaftlicher Neugierde）」新しいものを欲望する。だが、この渇望（gierde という語根はとても強い。「汝隣人の妻を欲するなかれ。Du sollsts nicht begehren deines Nächsten Weib」）に夢中になり［sich hingeben］、放蕩に耽るがごとく新しいものの渇望に身を委ねるとは、何と奇異な「科学性」

であろうか！　知における放蕩とは、「その歩みに導かれるままどこまでも（soweit er führt）」理念を追求することであり、この「どこまでも（soweit）」を欲望すること、つまり、理念が糸を紡ぐ空間を、その空間が己れを開き続ける限り、欲望することであり、己れの前に新たな思考の表面、未聞の言表の可能性を繰り広げる理念の糸、理念の「歩み（Gang）」を欲望することである。科学性はかくしてパロディー化される。われわれが語り、フロイトが語る言説は相変らず指向対象（リビドー経済）をもち、その言表は常に外示機能の戒律に従うかのように見えはするものの、その指向対象——とくに死の欲動、したがって、欲動の二元性そのもの——は観察の中で呈示されえず、反証の言表を生み出すこともできないという「理由」で、いかなる言表にも対置されえない。それは証明可能な指向対象なき科学的言説であり、この言説は証明可能な指向対象という規則の中でこれまで観察が我がものとしてきた特権を一掃する。そして、これまで見てきたように、この言説の内的一貫性も、指向対象を指示する機能同様、やはり欲望の誘惑に負けているのである。あの「真面目さ」の代りに、新しいものへの情熱がある。

だがその情熱は無感動の情熱である。無感動《アパテイア》とはサドの言葉であり、『悪虐の哲学者』の中でクロソウスキーが見事な注釈を与えている。もしフロイトが「悪巧み」について語り、理念に対する好奇心に「身を委ね」ると語り、理念の歩みに従って（通りすがりの女のように）理念を追っていきたいと告白し、そしてそれと同時に、自分は決して悪魔に魂を売ったわけでなく、ただ好奇心から虚構としての理論の中で冒険しているのだと言明するとすれば、それはこの科学のパロディーがサドの「放蕩」に似ているからなのである。（すでに『快感原則の彼岸』第四章の初めに次の言葉が見られる〔邦訳一六三頁〕。「次に述べることは思弁である。ときには行き過ぎたものとなるかもしれぬ思弁であり、人はそれぞれの考えに従い、その価値を認めたり、認めなかったりするだろう。そのうえ、これから述べることは、或る理念がどんな結論に至るか［wohin dies führen wird］を見るため、好奇心から［aus Neugierde］、首尾一貫したやり方でその理念を活用する試みなのである」。）サドの放蕩もまた、最も過激な欲望の中で、そして、その欲望を最も大胆に活用することの中で、無感動であることを要請する。フロイトはここで、サドが皮膚の表面を扱うように、知の言語の表面を扱っている。理念の歩みを追うことは欲動の行程を追う以上のことである。それは理論の歩みを広げる。それも、冷静に広げるのである。サドは、特異な趣味をもつ人間はすべて病人だと言い、フロイトは、証拠（Zeugnis）をもたない理論家はすべて内密の偏愛（Vorliebene）に支配されている（beherrscht）と言っている。したがって、サドにおける皮膚の放蕩もフロイトにおける言葉の放蕩もなるほど冷静さを望みはするが、だがそれと同時に、その冷静さの中で特異性という最も伝達しがたいパトスを望んでいるのである。サド的存在は怪物である。しかし、その趣味によって怪物なのではない。というのも、趣味の普遍性は存在せず、しかじかの特異性に判断を下し、有罪を宣告し、ときには矯正しもするような規範など存在しないからである。彼が怪物であるのは、官能の表面を完全に系統立てて刺激することから得られる経験に対する百科全書的な好奇心を、自分の特異な趣味の肯定に結び付けるからである（「首尾一貫したやり方でその理念を活用する試み」）。したがって、彼は、趣味によって己れのリビドー装置の中に閉じ込められているのであるが、しかし、欲動を啓蒙（Aufklärung）しようというもくろみによって、そのはるか彼方を駆け巡るのである。パトスによる悪魔であると同時にパロディーによる悪魔の代弁者。あるいは逆に、パトスによる悪魔の代弁者であると同時にパロディーによる悪魔。いずれにせよ、代弁者を必要とするのは悪魔である。

悪巧みのうちに姿を隠した悪魔主義。あるいは逆に、悪魔主義のうちに姿を隠した悪巧み。同じように、擬似理論（第三の欲動「二元論」）のフロイトは真なるものの欲望と呼ばれる装置の中で身動きがとれず、しかしそれと同時に、冷静に理念を盗み取りそこから脱出するのである。フロイトがもはや観察によって吟味され訂正される義務を負わなくなったその瞬間から、その装置の中で反復的な偏愛が働き始める。「好奇心」の冒険の中でさまざまな出会いと発明が生れる。学問的言説の諸規則が同じ言説の中で守られ、犯される。かくして、虚構としての理論が〔真実としての〕理論を異化する一方で、その理論のうちに已れを隠す。

これは、フロイトの理論が辿る運命の中ではひとつの契機にすぎないのではなかろうか。一般的に言って、仮説を発明するうえでの想像力の契機という認識論上の一契機にすぎないのではなかろうか。この無感動は束の間のものであり、確信の回帰に席を譲らねばならないのではなかろうか。その後のフロイトの著作、とりわけ『文化の中の居心地の悪さ』において、この最後の欲動「二元論」が辿ることになる運命、すなわち、それがほとんど異化効果のない、実にあけすけに両義的な愛と攻撃性の対立として再構成されたことは、この無感動の「弁証法」的読解を正当化するように思える。この再構成によってフロイトは再び確信を得るに至ったのではないかと思えるのである。このフロイトやそのエピゴーネンたちにはお悔やみの言葉しかない。

パロディー

われわれにとっての重大事件はいまや理論を破壊することであり、いつの日か破壊したいと沈黙のうちに願望することではない。沈黙は逆に理論の恐怖政治と歩みを共にするのであって、沈黙はこの恐怖政治の共犯者にして保証人なのである。真実を言うために語るのでないなら黙っていろ、と人はいつもわれわれに言う。『快感原則の彼岸』のこの部分で、フロイトは一瞬たりとも自分に向って、呈示可能な（首尾一貫し穴のない）理論を作り上げるだけのものがないので、私は沈黙する、とは言っていない。フロイトは「語ることのできないものについては、沈黙しなければならない」という脅しに一向に譲歩せず、逆に、それにもかかわらず語ろうとする。彼の言葉は理論を愚弄するものではなく、理論のパロディーなのだ。理論の破壊はこのパロディーによってしか起らない。理論の破壊は理論を批判することではない。というのも、批判それ自体が理論の一契機であり、批判に理論の破壊を期待することなどできはしないからである。理論を破壊することはひとつの、幾つもの擬似理論を作り出すことである。理論犯罪は虚構としての理論を作り出すことなのである。

フロイトは芸術家の無意識に対してと同様、自分の言説に対しても緩やかさ（Lockerheit, laxité）を求める。彼はこうして、知の責任から逃れようとしているのだろうか。そうではない。逃れようとしているのではなく、悪魔にして悪魔の代弁者である者として、その責任を戯れのうちに置き、その裏をかこうとしているのである。人は芸術家に世界の重みをその肩に担い、責任ある人々が直面しながらも解決できないでいる問題の生真面目さを担うよう要求するだろうか。そうした事態は過去にもあったし、現在にもある。芸術家自身もときにはそれを要請することがある。これを嘆こう。無償で解放された芸術のための芸術という精神の名においてではなく（これは多くの点でフロイトの考え方であった）、その反対に、芸術は科学と同じく位置ずらしの可能性と旅の別名にほかならないからである。

虚構的理論の活動は、芸術や科学の中で働いているのと同じ彷徨（wandering）の力を哲学の言説の中にもたらすだろう。真の僧侶は理論家たちである。この力を落ち着かせ、定住を求め、その力が規範の外にさまよい出るや、罪悪感に転化するようにするのは彼らなのである。一九二〇年のフロイトにさえ、この良心の呵責が感じられる。サドの言葉を聞いてみよう。「陶酔したときに行われるならわれわれに良心の呵責を与えたかもしれないことを、冷静なときに行わねばならない」。いまだあまりにも臆病だったフロイトの犯罪を、理論の恐怖政治に抗して、もう一度無感動にやりとげねばならない。以後、闘いの賭金はこれである。その闘いはただ単に、理論性を武器に知識人の世界で勢力を振るっていると思っている小先生方に対するものであるばかりか、偉大な数式の名において、世界中で人を脅迫し殺しているすべての者に対するものでもある。偉大な数式とは、大文字をアリバイにした、心の奥深く根差した偏愛の産物以外の何ものでもない。

最後に一言。科学者の世界から身を引いたなら、そこに介入し、批判し、議論することをやめねばならないのだろうか。全く否である。理論における無感動は抑鬱状態ではなく、この無感動は、真偽の法のもとに置かれた言説に対しては断固として非妥協的である。この領野の中で、その領野を規定する諸要請を満たさないものに対しては全く不寛容である。フロイトはこのことを実によく見ていた。したがって、虚構としての理論の芸術家が真実としての理論を見逃しておくなどと期待してはならない。その反対に、この芸術家はこの昔ながらの戦場にも姿を見せるだろう。それは議論するためにである。かくして、パロディーはいわゆるその「モデル」と（真偽という形では）区別されず、隠蔽は完璧なものとなるだろう。理論のパトスから癒えた人々、すなわち、無感動の人々だけはそのことであわてふためいたりはしないだろう。

（1）『快感原則の彼岸』G. W., XIII, pp. 63-65. 邦訳人文書院版著作集第六巻一九〇―一九一頁。〔引用文中の［ ］内の付言はリオタールによる〕

（2）G. W., XIII, p. 440.

（3）Bruno Latour の la Rhétorique du discours scientifique, *Actes de la recherche en sciences sociales*, 13 (mars 1977) を参照されたい。

第二章　記号神学におけるユーモア

不安を抱く記号学者

ポール・ロワイヤルの『論理学』とパスカルの『パンセ』を四五〇頁あまりの著書で考察すること、それは今の時代から見ればこのうえなくアカデミックな仕事のひとつである。[1]——しかし反時代的であることはモダンの技術だということをあなた方はご存じないだろうか！——とはいえ断固反時代的であらねばならないのである。時代の風潮から距離をとって（あるいはそれを受け入れて）、それに浸り切っている人たちの気づかない時代の要因を探り出し、それを明らかにしなければならない。——まあいい。『言説の批判』はポール・ロワイヤルの『論理学』の中で機能している表象のモデルを綿密に分析している。この徹底的な検討は「パスカル」という名前をもった反論理が彷徨するその内部から行われている。ルイ・マランは以下のように主張する。「これは私の肉体だ」という聖体秘跡の言表は記号の表象モデルにおいてその台本であると同時に舞台装置の図式をなし、この言表自体今述べたモデルに特有のものであるが、しかしまた（「パスカル的」解釈ないし批判においては）この言表はそのモデルを逃れ去り、表象的な記号の秩序とは異なる別の秩序の中でしか語りえない、と。この言表はこの記号理論の最初の言表である。というのもそれはあらゆる否定に先行する肯定の中で（二八三頁）記号とその指向作用（すなわちここではその意味作用）が相互に置き換え可能であると主張しているからである。この「意味と指向との融合」（一九四頁）の中でただひとつの真理が実現される。――実に結構。さて、厳密さにかけては実に古典的な文体を用い、ポール・ロワイヤルの黙想の中に秘め隠されたものを熱愛し、実に執拗にそれを探し回り、自らの溢れんばかりの精力を禁欲する（まさにイエズス会的禁欲）という、こうした犠牲を払って著者は言語学的神学的分析を洗練した。――それではこのような洗練は、すなわちこの二冊の古い書物に捧げられたこの仕事全体、この奉献全体はいかなる点でモダンでありうるのか。

――この本は言説の頽廃を扱った本である。偉大な才能をもった一人の記号学者が自分なりの道を通って記号学では無視されている地帯へと向う。[2] 記号の地図の中で砂漠を表す空白の部分へと足を進めるのだ。彼はそこで口にされていることを聞き取り、それが記号の秩序の中では決定不可能な実体変化〔聖体の秘跡においてパンとぶどう酒がキリストの肉と血に変ること〕の教義にほかならないことを理解する。彼は記号学が、少なくとも表象的な記号学が肉体は意味であり、意味は肉体であるという神学的な主張に支えられていることを発見し、かくして彼は、少なくとも、節度ある学問を目指すという記号学の自負をぐらつかせる。しかしそれと同時に彼は宗教や哲学を生み出した基礎的言表に疑いの眼を向ける。彼はこの道を「パスカル」とともに歩む。ニーチェもかつてパスカルを道連れとした。彼らは全員記号学とそれを支えるプラトン主義‐キリスト教的神学が尽き果てる地帯に至る。つまり不信と「放蕩」とに出会う辺りに。言説の頽廃は、もし人がそれを急《せ》かし、激化させるなら、事物の文法さえもはや信じられないというところまで行き着くだろう。四五〇頁あまりのこの本を読み終っても、ルイ・マランがそこまで行ったかどうか、読者には分からないだろう。だがその問いはいたるところで提起されているのだ。彼が断固として反時代的であるのはこの点においてである。

記号学の劇場の二重化

ポール・ロワイヤルは言説をその要素である単語からそれを組み合わせた判断に至るまで表象のモデルに基づいて理解し、練り上げている。マランの本の四分の三はこのモデルの分析に捧げられている。この『言説の批判』はその豊かな学識、正確な概念、繊細な解釈によってごく単純に言って表象論の偉大な古典となっている。だがこれについては扱わないでおこう。マランの学校に出席してみれば〔著書を読めば〕必要なことはすぐ分かるのだから。われわれとしては次の問いを考えてみたい。言説を以上のように理解してこれを批判しようと思えば、表象の彼方に身を置くことが必要となるのではないだろうか。それでは表象の欺瞞を告発しうるこの位置はいったいいかなる位置であろうか。いかなる立場を取るかで批判の形式と性質が決まるであろう。

第一の例。批判が自分は純粋な外部に位置していると主張する場合。その場合まず間違いなく批判は自らの非難する装置に従属し続けることになるだろう。批判の場である外部を己れの中に取り込み己れを際限なく二重化することはこの表象装置にもともと備わっている働きなのである。外部に位置するというこの戦術は西洋の歴史ではほとんどすべての宗教的、哲学的、政治的、美学的「反対運動」で見られたものである。これらの反対運動は自らの攻撃対象である言説や実践に対抗してその「他者」を援用する。しかし、この「他者」が相手方領野の組織に構造上含まれていることを、これらの反対運動が警戒しない場合は、したがって、表象の解体に取り掛かる前であっても、自分自身が、表象の劇場とまでは言わないとしても、少なくとも、その演劇性の一部をなしていることを、これらの反対運動が警戒しない場合は、いつでもそれはまずい手であった。したがってこの立場は欺瞞を更新するにすぎない。「パスカル」を味方にしてポール・ロワイヤルの論理の中に含まれる記号理論を攻撃してみたまえ。「パスカル」をこのように外部に位置づければ、意志の哲学、欲望の哲学、情欲と慈悲の秩序〔教団〕の名のもとで表象の組織がすぐにも再構築されることになるだろう。今度はその秩序が最初の記号によって固定され保証されなければならない、また心情の舞台装置という新たな舞台装置に署名しうる或る権威によって固定され保証されなければならない、そして知のドラマよりももっと真であると判断された新たなドラマの閉域の中に閉じ込められなければならない、ということになるだろう。それは別の真理ではある。しかしやはり真理であることに変りはないのだ。情動の記号も記号であることに変りはないだろう。情動の論理が倫理へと姿を変えて、言葉や権力の論理を軽蔑しようとも、結局その論理を更新するにすぎないだろう。

旧約聖書のユダヤ的読解は意味を全体化する要請を満たすことができないと言って悲しむパスカルについても事情は同じである。「著者の意図する意味を理解するためには矛盾する章句をことごとく調和させる必要がある。（……）あらゆる著者は矛盾する章句のすべてを調和させる或るひとつの意味をもっている。さもなくばおよそ意味などもたないということになる。聖書や預言者の言葉について、たしかに思慮分別に富む言葉がたくさんある、などと言うことはできない。あらゆる矛盾を調和させる意味を探し求めなければならないのである。真の意味はしたがってユダヤ人の考えるような意味ではない。

イエス－キリストのうちであらゆる矛盾は調和させられているのである（……）」（『パンセ』六八四節）。

ユダヤ的なものは欺瞞として告発される。よい位置は、マランが言うように、「意味の場」というまさにヘーゲル的な特性によって定義される。その場は両立不可能な意味を含めあらゆる意味を集約する場である。そこでイエスという名のもとで劇場の帝国が作り直されることになるだろう。その劇場では全体化はおそらく矛盾を抱え込むことになるだろう、だがしかし、この舞台装置を支える一点は批判の対象とされる劇場を支える一点に劣らず排他的で固定的なものになるだろう。「イエス－キリスト（……）、それはその名を指し示すことでテクストとしての存在と存在としてのテクストが導入されるところの唯ひとつの固有名である」とマランは注釈し（一四一頁）、「イエス－キリストは記号である」と明言している（一四二頁）。イエス－キリストはただその名前だけで記号なのである。なぜならその名前は二重で、イエスは人間の名前、キリストないしメシアは神の名前だからである。したがって、最大の「矛盾」ないし差異がこの名前によって全記号体系の中心に置かれているのである。注意していただきたい。それはあらゆる表象的舞台装置の論拠に置かれているということなのだ。

次の問いがすぐにも頭に浮かぶ。なぜこの記号を最初の記号として等級づけるのか。いかなるものの名においてこの舞台装置を最後の舞台装置と考え、イエスの名前を最後の言葉と考えるのか。逆に言えば、何が「イエス－キリスト」を劇場に置くことを妨げ、しかもその組織の原点に置くことは妨げないのか。言い換えれば、何がその矛盾を別の、したがってもっと根源的な矛盾の記号と考えることを妨げるのか。たとえばキリスト教のイデオロギーを、この場合はジャンセニスムのイデオロギーをマルクス主義的に読み解けば、今言ったように考えるだろう。マラン自身機会あればその視点ないし位置に身を置くことを嫌がってはいない。だがそれはモデルの二重化能力を完成させる視点ないし位置にほかならない。重要な一例を取り上げて詳しく検討してみよう。

不信の円環

この本では最初から最後まで聖体秘跡が問題となっている。つまり、記号の理論の中で「これは私の肉体だ」という聖餐式の言葉にいかなる地位を与えるかが問題となっている。アルノーとニコルのテクストでこの言葉が現れるのは例として引用される場合に限られる。たしかに最後の版(一六八三年の版)では、聖体パンのうちに神が現存しているという教義についてプロテスタントとの論争が最も白熱するとき、他の部分よりも頻繁に現れている。しかし他の記号や判断と同等の例以外の形では一度も現れていない。

この言葉が出現する様態は以上述べたとおりであるが、それにもかかわらずマランは従来言われている、聖体秘跡の言表が実際に言説の表象理論の基体の位置を占める、という主張を擁護する。それは神学的基体だと言うのである。彼は『論理学』に潜む「パスカル」という反テクストや、この『論理学』の度重なる改版に見られる転位の中からこの批判的転倒の論拠を得る。さてわれわれが何かしらマルクス主義のようなものに出会うのは転倒の批判的射程に対する信頼、したがって不信に対する信頼においてなのである。文献史料の確立を、この場合『論理学』の確立を目指す歴史家の批判は必ずやその史料に問題を見出すことになるが、しかしこの歴史家の批判と、専門的知識によって提起される問題を楯に取りながらも、もはやテクストの確立を目指さず、その内容の転倒を目指す批判とは、たとえ両者の違いがはっきりしないとしても、やはり違うのである。

「神学と言語学が反転し合う交差点、まさにそれがカトリックの言表である」とマランは書いている（三三頁）。言表の隠蔽によって表象が生み出されるがゆえに、この隠蔽はイデオロギー的と呼ばれる（各所で）。言表が理論の劇場に登場するとき、それはこの劇場とは無関係の舞台装置によって生み出されたものとして登場するほかないのだ。したがってパスカルの或る部分に従うマランの批判は、この言表を記号の劇場全体を秩序づける特権的な地位に復位させるものであるから、まさにマルクス主義的な意味での転倒である。「それゆえ『論理学』において聖体秘跡が言語の問題をもっと一般的な問題に含まれる特殊な問題として現れさせることが必要であった。しかしそれと同時に、この問題設定をその起源から切り離すことが、もっと正確に言えば、起源があって初めて問題が措定されるわけであるが、逆に起源を単なる例としてその問題に含み込むことが必要だったのである」（五五頁）。マランは次のような二つの概念の間の関係を、この場合言語記号と聖体秘跡との関係を「イデオロギー的円環」と呼ぶよう提案している。それは、二つの概念のいずれもが他方の概念の助けを借りないでは措定されえないにもかかわらず（同所）、一方の概念が、この場合言語という概念が他方の概念とは無関係なように見え・・・・るという関係である。

しかし一方が他方を隠蔽しなければならない、秘跡は知の中に己れを隠蔽しなければならない、論理的言説は結局不首尾に終るものの神学的主張を隠蔽しなければならないと言うとき、その「しなければならない」というこの必然性はどういう事情で出てくるのだろうか。なぜ『論理学』のテクストの真実は己れを隠蔽しなければならないのだろうか。調査と転倒の原則を調べてみよう。なぜ所与を信じるよりも信じない方がいいのだろうか、とニーチェは問うた。

マルクス主義の資本批判における記号学モデルの考察

ついでに言えばこれは反時代的であるがゆえに全くモダンな問いである。マランが提案する転倒はマルクスが資本に対して行った転倒と論理的には同じである。資本はその舞台においては労働力を記号一般の特殊例、すなわち商品の特殊例と見なしこれを隠蔽するのであるが、しかしこの資本もまた偽りの生産者にすぎず、批判を受けたあとでは、労働力の産物にほかならないことが判明する。いずれの場合でも人はイデオロギー的倒立を正しい位置に立て直すのである。次の指摘は『論理学』に当てはまるだけではなく、資本にも完全に当てはまる。「表象のイデオロギーによって囲い込まれた哲学の中では言語［＝貨幣］は、記号［＝商品］がもはや表象［＝価値］であることをやめ力［＝労働力］となる瞬間を除いて、厄介な問題をひき起さない」（五六頁）。

次のことを指摘しておこう。いったんイデオロギー的倒立が正しい位置に立て直されれば、労働力なる商品を使用することは聖体秘跡の言表を口に出すのにも劣らない排他的な操作性を付与されることを。この言表は事物を記号として確立し、わけても話し手が言葉を発するという始源的な行為によって事物と記号との置き換え可能性を定立する（マランはこの話し手をまさに言語定立者《ロゴテート》と呼ぶ）。意味作用を実現する場合、事物と言説におけるその表象とが同一性、類似性、適合性、整合性をもつことが必要であるが、その実現はすべてこのようにして保証されるのである。

同様にマルクス主義的分析は商品のイデオロギーを転倒することによって比類のない使用の一例を見

出す。とはいえ、それがなければシステムは存続しえないであろうから、その使用はシステムの内部に常に存在しており、したがって、それは言語定立と同じタイプの効力をもっている。あらゆる価値がこの使用から、すなわち労働力の使用から生れるということが本当だとすれば、その効力を価値定立《アクシオテティック》の効力と呼んでもいいだろう。ポール・ロワイヤルの『論理学』において実在が記号を生み出し、記号が実在を生み出す（この場合、意味内容と指向対象とが区別されていないので、意味作用を生み出す）ことができるとすれば、それは両者の「融合」が聖体秘跡の行為の中で保証されているからである。資本においては、使用が価値を生み出し、価値が使用を生み出す（資本の場合、価値の意味内容、すなわち価値において表現されている価値内容はそれが何か或るものの使用を可能にするということにほかならないので、経済的意味作用を生み出す）ことができるとすれば、それはこの置き換え可能性が全面的に労働という行為に、すなわちまさしく使用に、労働力の使用に基づいているからである。というのも、この行為は所与を生産物に変形すること、したがって、一方では生《なま》の「外在性」を社会的な内在性に変換し、他方では内的な生産能力を伝達可能な実在の形で外在化させることなのだから。

　キリストと同じく労働力は二面を併せもつ。それは力としては意味の贈与であり、労働としては実在の受苦である。マルクスが一八四四年に語り、そして一八五七―一八五八年にももう一度語っているように、贈与の力が開示されるには、キリストと同じく、労働力は受苦の極限へ向わねばならない。批判とはこの差異を極端に大きくする運動である。というのも、パスカルの批判（そしてマランの批判）がイエスに関し主張しているように、基礎をなすものはこの差異、この不平等にほかならないからである。さらに、マルクス主義の仮説に従えば、批判とは自らを誤認する資本の過程そのものにすぎないのだから、『論理学』のいたるところで見られる不条理な表現を集めるだけで、真の言語定立者を隠蔽していた表象の建物にひびが入るであろう。マランとジャンセニスム論理学の関係はマルクスと資本の関係と同じである。違いはと言えば、マルクスがヘーゲルを経由しているのに対し、マランはパスカルを援用していることだけである。

幾つもの舞台装置をひとつの哲学が支配する、それは哲学そのものである

なぜ神学的な、下部構造的な肯定が（そしておそらくは構造外的な肯定さえも）論理学的な、あるいは経済学的な記号の劇場のもとに己れを隠蔽しなければならないのか、という問いに戻ろう。言い換えれば、もしその策略に理由があるとすれば、その理由は何か、という問いに。

劇場のモデルによって限定された領域の内部にとどまる限り、どの方向に向うこともできる。神学的策略を政治経済的理由で説明することもできるし、この神学的策略そのもので論理学的策略を説明することもできる。マランはこの本の中でもとりわけ刺激的な二頁で、おそらくは彼の研究方針とは両立しがたい二頁で（しかしこの両立不可能性は、パスカルのパースペクティヴにさまざまな異質の秩序が含まれているのと全く同じように、マランの研究方針の一部をなしている）、「ジャンセニストの」イデオロギーは宮廷を支配する言語的政治的「経済」を一言一言倒立させたものであると示唆している（五七、五八頁）。沈黙の祈禱と饒舌な追従とは正反対であり、聖体秘跡の一体感と王が配分する利益分配とは正反対である。そしてマランは注でこう付け加えている。「ルイ十四世個人が統治する国家権力の構造に言及するのを急ぎすぎた嫌いがあるが、今度はそれを考えるために、交換の記号であると同時にその

素材でもある金や貨幣といった別の範疇に属する記号を参照しなければならない（……）」。したがって重商主義とその補完物である宮廷の活動が外部の劇場を構成し、表象の理論とポール・ロワイヤル隠士の隠者的実践がこれを転倒して改変しているのであろう。「権力の円環から『ジャンセニスト』は排除されている。彼らはその円環を彼ら自身の宗教的イデオロギーの中で倒立させつつ生み出しているのである」（五七頁）。

したがってこの理由は政治経済的なものであり、理論はそれを狡猾に表現しているのであろう。そして政治経済的理由が理論の中で倒立させられているとすれば、それは「ジャンセニスト」が権力の円環から「排除され」ているためであろう。彼らは事実上排除されているのか、それとも使命上排除されているのか。受難によってか、それとも利益によってか。このイデオロギーという問題機制の中では、見掛けの下に隠されているのはこれだ、と言ったところで十分ではない。その見掛けがいかにしてそしてなぜ生み出されたか、舞台装置や筋書がいかにしてそしてなぜ作り上げられたかを言わねばならない。理由一般を言うだけではなく、理由の消去という見掛けを生み出した特異な理由を言わねばならないのである。（われわれとしてはむしろこう言いたい。社会的に排除されているからといってそれはイデオロギー的な転倒を説明しない。この排除はマランの批判的舞台装置の中ではその転倒を同語反復しているにすぎない。）

逆に経済的理由を神学的理由で説明することもできる。それはヘーゲルが『法哲学』の第三部第二章〔市民社会の章〕でしていることである。ヘーゲルのような人のもつ有利な点は、策略の理由がさまざまであるという問いに対し、「理性」がおのずから策略を繰り広げるという準備万端整い常に正しい答えをもっていることである。別の解釈もある。神が人間になる策略、知性的存在が感性的存在になる策略、存在が存在者になる策略、どの解釈も哲学的言説では古典的であり、どれも同じものにすぎない。

われわれは向うべき方向を決めようとしているのだろうか。経済から神学へ向うべきか。それともその逆か。あるいはまた別の方向か。どうでもいいことである。デパートのチェーンがあるように、われわれは劇場のチェーンに捉えられている。どのデパートが本店かを問うのは子供じみている。見掛けを説明するために「他者」が援用されるや否やその「他者」が新たな表象組織を再編してその中心に居座る。感性的生活を劇場と考えたプラトンは最高の知性的存在に至るまで隠喩を連ねざるをえなかった。善の理念は太陽であり、魂は眼をもつ、等々。無意識についてのラカンの図式でも同じことが言えるだろう。それは洞窟を平面図にしただけである。a′は壁に映し出された影、aは見ることで同一性を得る自我、Aは小さな壁の後ろを対象が行き来するその進行を牛耳るシナリオライター、Sは存在《プレザンス》の後退として表象を洞窟の中に配置する舞台設計者のようなものである。(これによってラカンは現在生きている人では最後の偉大なフランス哲学者なのである。「他者」が駄弁を弄し、かくして表象を生み出す、この尊大な言表に支えられて哲学は絶えず己れの地位を高め続ける。)

書類をもっと提出しなければならないだろうか。労働力が資本主義的価値体系の価値定立者であることがいったん立証された以上、マルクスやマルクス主義者は何をするのだろうか。彼らは新しい劇場の境界を画定し、そこに登場するようこの力を召喚する。それは政治の劇場であって、その英雄、とブレヒトは言ったが、プロレタリアートこそがこの力に与えられた名前であり、この力によって生み出された登場人物なのである。しかし今度はこの英雄が表象の嫌疑を受ける。資本主義のシステムにおける労働力と同じように、マルクス主義の政治においてはプロレタリアートが存在しうる場所は外部にしか、不在状態にしかないのである。プロレタリアートはもはや社会的舞台でではなく政治的舞台で表象されなければならない。そこから「党」が生れる。代理を可能にするずれがもう一度事物とその表象の間に穿たれる（トロツキストが考えたように、代理主義がずれを説明するわけではない）。そしてここでもまた「党」とプロレタリアートの「融合」を保証するには基礎的言表が、政治定立的《ポリティコテティック》言表が必要となるだろう。たとえばそれはレーニン主義者の言葉であった。しかしその言葉の原動力はもともと〔プラトンの〕『国家』の洞窟にあるのだから、そのジャコバン主義を告発するだけでは十分ではない。

庶民のユーモア、偉人のアイロニー

しかし表象の欺瞞を告発するには、おそらく批判の名に値しない他の方法も可能である。その告発はむしろユーモアやアイロニーの側に分類されるだろう(3)。「パスカル」も本来の意味での批判と同じぐらいそれらに関心を示していた。民衆は社会の舞台を承認し、権力や知識が彼らに行使する権威を承認するが、その承認には本来民衆の慎重な価値観が満ち満ちている。それを認めてパスカルが世論や慣習を論じる中で言っているように、人は決して初めから表象の外部に身を置いたりせず、表象にとどまり続け、こう言うのだ。表象以外は何もない、まさにそのとおりなのだ、と。ここでは庶民の学校に、「健全な民衆の世論」に赴くことが必要である。

しかし、或る点までは、にすぎない。「真実はまさに民衆の世論のうちにある。しかし彼らが思っている場所にあるわけではない」。庶民は権力と言葉をもつこれらの権威が確固とした基礎をもっていると考える。しかし、これらの権威は、政治家の活動も幾何学者の活動も、事実と同じようにそれ自身に基礎を置いているにすぎないのだ。マランはここで『幾何学の精神』と『偉人の条件』との二つの小論が同型であることを独特の方法で見抜き、その洞察を使って楽しんでいる。さて民衆のように振る舞わなければならない。なるがままにするに越したことはない。だが、表象の秩序を越えると同時に表象の中以外では機能しない或る秩序、すなわちイエスの秩序に対する民衆の賛同は保持しなければならない。したがって表象が真であるかのように振る舞い、そのうえ、「裏を考え」なければならない。——ここで言う裏の考えとは原理でも公理でもなく力である。表象の言説と行動を越えながらもその外部に出はしないという優しい力。イエスはここでは原則的には別の法を参照するための見出しではなく、パラドクスの固有名であるにすぎない。

このパラドクスから出発してアイロニーとユーモアを分かつ二つの使用法が分裂する。アイロニーは心情というこの秩序の特殊性を口実にしてありとあらゆる法を笑いものにする。かくして決定機関を外在化しようとする運動が再開され、表象の彼方へ向う希望がもう一度見えてくる。ロマン主義や神秘主義や精神分析のアイロニー。パスカルにはそれがある。しかしユーモアもある。ユーモアもまた心情の力に助けを求めるとしても、それは可能な場所ならどこでも、世界の舞台のあらゆる役割の中、あらゆる状況の中にその力を感じ取る。その力はこの舞台の記号学の中でもこの舞台のいわゆる彼方のアンチ記号学の中でも告知されてはいない。それにこの彼方は学派や教会やいかなる賢者の団体によっても保証されていない。したがって、ケース・バイ・ケースで発明しなければならず、出会わなければならない。それは分類整理できるものではなく、いかなる仕方でも、たとえ権力や知識を嘲弄する無としてであれ、所有できるものではない。アイロニーは意味作用のニヒリズムであるが、一方、ユーモアは緊張の肯定のうちにとどまるのである。

かつてパスカルが賭けたもの、そして今日ではマランが賭けるもの、そのつど賭けられるほかないもの、それは次のことである。言説は知識と権力の秩序に属すといったん認めた以上、われわれは外部にあるがゆえに無視されてきた真理から出発して言説を批判するのだろうか。それとも、キルケゴールがヘーゲルに関してそうしたように、言説の欠陥を引き合いに出して、言葉で言い表せない彼方から皮肉っぽく言説の信用を傷つけるのだろうか。それとも、とことん庶民の味方をするのか。彼らは何も支配しないがゆえに何の保証もなく毎日毎日を生きかつ考えている。だからといって彼らは「法」であれ「名」であれ何らかの審級に助けを求めて、「無意味な」現実を厄介払いにしたり、現実を軽蔑してそれをもっと高貴でもっと現実的な他のものを表象するものと見なしたり、純粋な無意味と見なしたりはしない。彼らは諸々の力の存在を知らせる記号が存在しないところで、これらの記号を確証するための先生がいないところで、それらの力を肯定することにかかりきりだ。したがって彼らは表象は誠実ではないとも、筋書は純然たる虚構だとも、役者は道化だとも、観客は眠り込まされ鎖に繋がれ疎外されているとも、われわれはあらゆる表象に欠けているものを告げにきたのだとも言わない。彼らは手もとにあるものを使って、ないがしろにされはっきりしないあれこれの緊張に印を付ける。そしてそのつど特異なその印はいずれもが固有名のようなものである。庶民の党は最も弱いものを最も強いものにすることのできる唯一の仕掛けである策略を武器とする。そしてこの策略はユーモアを相棒とするのである。

したがって、批判の立場、アイロニーの立場、ユーモアの立場、と三つの立場がある。パスカルの立場でもマランの立場でも三本の糸が絡み合っている。それはいかなる策略もあるがままの姿で現れることができず、紛れ込んだ形で現れることしかできないからだろうか。まだ単純すぎる。取り違えかどうかは必ずしもはっきりしないいし、姿を見せることがまたもや策略だという場合もあるのだから。

笑うことは嘲弄することではない

われわれは再びイエスに戻ってきた。しかし意味の真の「場」を「全体化する」偉大なイエスではなく、無意味で曖昧な或る力の「名」としてのイエスに戻ってきたのである。とはいえそれはまたしても真理の策略であり、これが世論のもとに己れを隠す。「姿を見せねばならなくなると、彼は人の姿を装いこれまで以上に己れを隠した。眼に見えなかったときの方が眼に見えるようになってからよりも、彼が誰であるのかもっとよく分かった。そして、彼は最後の降臨まで人とともに居続ける――真理が世論とともにあり続けるように――という約束を果たそうと思ったとき、彼はこのうえなく奇妙で卑しい姿を装いこっそりと人とともに居続けることを選んだのであった」(ブルンシュヴィク四番地のローネ嬢宛ての手紙)。パンが謎であるのは民衆が謎であるのと同じであり、概して神が卑小な事物にまで己れの姿を隠すのと同じである。「イエス‐キリストが人々の中に居て誰にも気づかれないのと同じように、真理は世論のうちにあって誰にも気づかれない。外から見ても違いは分からない。かくして聖体秘跡は普通のパンのうちにある」(『パンセ』七八九節)。君主や学者の輝かしい記号学の間近にありながらも無視された記号、衒学的言説や貴族的政治の間近にありながらも笑いものにされたお喋り、粗野だと判断された慣習。

これら衒学的言説や貴族的政治の威光は、それらが行動や言葉に対してよい視点をもっているということを保証するメタ世論に基づく。パスカルのユーモア‐アイロニーは、マランや民衆のそれと同じく、この視点の移動を指摘することから、したがってその恣意性を示唆することから生れる。元記号学者はこう書いている。「したがってパスカルの批判はすべて表象という固定した視点を動かすところにある」(二一七頁)。彼が第四章で引用している『パンセ』一五五節を見てみよう。「(……)遠くから見れば、都市は都市であり、田舎は田舎である。しかし近づくに従って、家や木や瓦や葉や蟻や蟻の脚が次々と見えてきて、それは無限に続く。これらすべてが田舎という名前の中に包み込まれている」。同じく『パンセ』一一四節を見てみよう。「私はあたかも画家のようになって、遠ざからなくてはならない。だが遠ざかりすぎてはいけない。ではどれくらい遠ざかればよいのか。当ててみたまえ」。

それを当てるには、われわれは易者にならなければならない。ずっと以前ソフィストやキニク派の人たちは大哲学者たちの自惚れた言説に対抗してこう言った(ずっと以前のこととはいえ、彼らの考えはピュロンやモンテーニュを介してパスカルやマランに伝わっている)。メタ言語はない、言い換えれば、事態と言葉の用法との間には確立されたそれ自体正しい距離などはなく、一般に認められている尺度から出発して最小と最大に向う無限の可能な距離があるだけなのだ、と。尺度《メトロン》はない。神々を捉えることはできず、神の視点を定めることはできない。確実な尺度がなければ、そのとき人は無限の眩暈の中に投げ込まれるのだろうか。口先だけ真実に根を下ろした智恵と物言わぬ狂気との間の二者択一しかないのだろうか。真理が虚偽であると分かれば、人は気が狂うのだろうか。賢者や君主、そして今日彼らを引き継ぐ政治家は次のように言ってわれわれに挑みかかる。もし君たちがわれわれの固定した視点をよい視点として受け入れなければ（この点で君たちがどれほど恨みに思おうとも）、君たちは気が狂って戯言を言う、しかもその戯言には何の意味もない。というのも、君たちは物事を嘲弄すると言っているが、結局物事を何も変えはしないのだから。君たちは役立たずのお喋りだ。だから危険なのだ……。

　しかしまず第一に、ユーモアは嘲弄しない。嘲弄するのはアイロニーの方である。アイロニーはこう言う。あなたがたの言説の法や国家の法も慣習も決疑論も馬鹿げている。たしかによい距離というものはある、しかしそれは秘密にされたままだ。われわれはそれを知らない。われわれにできるのはそれが要請する純粋主義と崇拝に従って覚悟を決め、その要請を無視する者に戦いを挑むことだけだ、と。パスカルは『十一人目の田舎女』の中でテルツリアヌスを引用し、こう言っている。「笑うことはまさしく『真理』にふさわしい行いである。なぜなら真理は陽気なものだからだ。そして敵を愚弄することも『真理』にふさわしい行いである。なぜなら真理は勝利を保証されているからだ」。アイロニーとは偉人が空無を笑うことであり、神自身が神に似たものになれると思ったアダムを笑うことである（同書）。

　ユーモアはこう言う。よい視点などはない。世界の事物も言説も一枚の絵画をなしているわけではない。もしなしているとすれば、それは君主なり学者なり見る者の恣意的な決定でそうなっているにすぎない。この恣意性を暴露しよう。だがそれはその恣意性を嘲弄するためではない。表象的絵画のものとは異なる論理、空間、時間がその恣意性に染み込んでいることを捉えるためなのだ。それは特異性の論理、近傍の（無限の）空間、機会の時間である。ユーモアは支配者の真理よりももっと普遍的な真理に助けを求めたりしない。支配者は少数派にすぎないと糾弾して、多数派の名において戦うわけでもない。むしろユーモアは、少数派しかいない、ということを認めさせようとするのだ。

ところで無邪気さのあまり無作法なこの命題だけでも十分絵画の威信を消し去り、表象の包囲を解体することができる。十分である、と同時に、十分でない。だが実際こういうふうに機能しているのだ。私の教令を通じて神が語っている、と教皇が言うときに笑い、私はプロレタリアートの代りに発言している、と「党」が言うときに笑うこと。それは、別の審級の助けを借りずに、欺瞞を即座に、すぐその場で指し示すことである。クロソウスキーが『バフォメット』の中で言っているように、神々の一人が自分だけが真の神だと自惚れて言ったとき、古代の神々は〔爆笑して〕そうしたのである。

命名することはパースペクティヴをもつことである

パスカルはそこまで行っているだろうか。(4) 小論『幾何学の精神』で名目定義の問題を議論するとき、彼はその立場に近いところまで行っている。アルノーとニコルが彼ら自身告白するところでは、名目定義の説はパスカルから借用したということであるが、しかしマランはその説が『論理学』の中では「小論」とは正反対の役割を果たしていることを完璧に証明している。この論理学者たちにとって、その説はきわめて重要な価値をもっている。というのもその説では、言葉と、言葉によって指示されるものと、言葉によって意味されるものとが混ぜ合わされるからである。しかしまた、「かなり単純な事柄においては（……）当然人は同じ考えをもっている」ので、その説は無用の長物であり、さらに、その説から出てくる特異な言葉を流通させる方法が分からないので、その説は不可能である。万人に対して同一の意味されるものをその特異な言葉に付与することのできるあの万人共通の理性がまさにあらかじめ存在していなければ、流通させることはできないであろう。

パスカルは逆に名目主義の説が恣意的であると同時に不可避であることを証明している。その結果アイロニーとユーモアがごたまぜになる。それが不可避だというのは、その説が定義の行為に含まれる無限後退をとめるからである。だがそれは自らを事物の定義へと変えることによって無限後退をとめるわけではない。というのも、学者の見栄を繰り返す言い草かもしれないが、事物も事物の定義も存在しないからである。名目主義の説は視点を一点にとめて無限の位置移動の中で言説が解体しないようにする。そしてこの一点が恣意的なのである。「物理的な事物について作る場合と同じように、われわれは理性に現れてくる最終的な原理を作り上げたいと思う。物理的な事物に関してわれわれは、それを越えるとわれわれの感覚が何も感じ取れなくなる一点を、たとえ本来無限に分割可能であっても、分割不可能な点と呼ぶ」。名目定義は指示であるが、これは決して記号と事物を合致させるものではなく、パースペクティヴと同じく（未来予測者の言う意味で、しかしまたニーチェの言う意味で）、記号と指向対象の両方を一挙に存在させる「決断」なのである。対象が無限に分割できることは対象「本来の」性質であるが、この本性は万人共通の理性でもなければ民衆や学者の制度を確立する根本の慣習でもない。それは事物の捉えがたさ、基準の決定しがたさ、語る神への接近しがたさ、要するに、学者の言説の見栄である。

パスカルはキニク派か？

パスカルは名目定義に対してアイロニーの立場をとっているのだろうか、それともユーモアの立場をとっているのだろうか。彼はためらう。どこでためらっているのかは周知のとおりであるが、それがどこかを思い出しておこう。だがその前に主題そのものについて一言言っておきたい。それは昔ながらの闘い、名目論よりもずっと古い闘いである。その闘いはその昔キニク派の祖アンティステネスが始めたものである。彼の説は彼の論敵が書いたものの中で伝えられている。とくに『形而上学』(一〇二四b二七―三四、一〇四三b四―一四、二三―三二)が重要であるが、これによれば、彼は一気に極論を展開している。事物の定義は存在せず、定義としては名目定義しか存在しない。定義の命題はすべて「この人がソクラテスだ」というように指示詞で表される。判断一般は属性概念を付与する形をとらず、「ミューズの人ソクラテス」(=ソクラテスは今ミューズに身を委ねている)というように、出来事を記述する形をとる。したがって、二人の対話者の間で矛盾は不可能である。なぜなら、二人は同じ事柄について話をしていて、それゆえ彼らは同じ言葉を用いなければならないか、それとも、彼らの言表が異なっているとすれば、それは彼らが異なる事柄を指し示しているからなのか、二つにひとつだからである。この考察はパスカルにも跡をとどめている。そして、今言ったことにもかかわらず、誤謬も存在しない。なぜなら、女性のことを男性と呼ぶとすれば、その人は別の対象について話しているのであって、それについて話している以上、その対象は問題となっている対象に劣らず実在的である。非存在が存在しない以上、誤謬は存在しない。存在は命名された名前である。あらゆる命名は「パースペクティヴ」を設立する。言い換えれば、存在を設立する。

言語の「基本的な」振る舞いに執拗な注意を向け、そのひとつひとつを事物に対するパースペクティヴとして、あるいは決定として考察し、別の根拠からそれが何であるかを知ることもできるような対象との一致としては断じて考察しないという特異な論理。アリストテレスは、その論理はいずれがより正確であるかを何ひとつ言うことのできない並列の論理だとして、これを嘲弄する。しかしパスカルのもつ多様性はこの特異な論理に近い。

パスカルの立場を「脅かす」のはその同じ主張が、懐疑論、キニク派、名目論、実用主義、経験論といった名前のもとで、要するに（ニーチェの言う意味での）「パースペクティヴ主義」の名前のもとで抑圧されていることである（だがパスカルは真なるものを教導する師の地位を失うことを恐れるだろうか）。実在上のものであれ概念上のものであれ、一般的に定義できる知的認識の対象はない。思考はない。というのも、判断が真であるためには、メタ言語によって正当化されなければならないが、このメタ言説を口に出すことができる先生はいないからである。この点でアンティステネスは「嘘つき」のパラドクスを考案したとされるメガラ派に加担している。このパラドクスだけでも十分先生方の言説を（信仰者の賭けの言説をも）愚言だとして笑い飛ばすことができる。さらにアンティステネスは、神々については何も言うことができない、つまり、神々について何も言えないのは当然、ましてや神々に代って語ることはできない、と明言するソフィストにも加担している。ギリシャのユーモアとは、もし神々が嘘つきであるとすれば、どうなるか当ててみなさい、というものであった。

聖体パンを食べてはいけない

パスカルにこの方向へ進むことを思いとどまらせるのはキリスト教、或る種のキリスト教である。イエスの言葉は彼にとってメタ言語ではない。メタ言語であるとしても、少なくとも位置をずらされたメタ言語である。というのも、イエスは知の言説を語りはしないし、それを基礎づけもしない。彼はその言説が自らの道を歩むのを放っておく。すなわち名目論に向うのを放っておくのである。イエスは学者の言説を正当化するためには何も言わない。子供のイエスは神殿で学者をからかう。子供が大人を馬鹿にする。イエスは「これは私の肉体だ」と言う。(ここではルイ・マランが聖体秘跡の命題についてきわめて素晴らしい分析をしていると指摘しておけば十分である。)この言葉は完全にキニク派的な言語行為だと思われる。だがここに一見小さいが途轍もなく大きな違いがあるのだ。アンティステネスにとっては、言語行為の数と同じだけの命名がある。しかし、そのいずれも特権をもたず、排他的でなく、すべてが同列である。言表が行為遂行の価値をもつためには、神である必要はなく、何かの分野で権力者である必要もない。ニーチェにとっても同じように、発話による行為遂行、言い換えれば、パースペクティヴをもつことと「意志」とは同じひとつのことである。パスカルにおいては、ポール・ロワイヤルの場合と同じように、イエスの言表は聖体秘跡の言表であって、事物と記号との融合を、両者の同時性を保証する。これは基礎となる言葉であるから、それによって基礎づけられる言葉のアポリアを免れており、その地位は比類がなく、排他的で、普遍的である。

要するに、誰であろうが、自分のペインティングナイフ、自分の武器、自分のペン、あるいは自分の愛する女を指差して、「これは私の肉体だ」と言うことはできる。パスカルもそれは認めるだろう。ただしそれには次の条件がある。その人がそう言うとき、創始者の言葉を繰り返すだけで、その言葉を現実化する力は別のエネルギー源から、その人以外の心情——というだけでもいいが、はっきりさせようというならそれもできる、それはイエスの心情である——から引き出す場合に限られるのである。聖体秘跡は法など馬鹿にして笑い飛ばす。しかしもちろん聖体秘跡を笑い飛ばすわけにはいかない。ところがユーモアはこう言うのである。「私は自分自身を笑い飛ばせない先生は誰であろうと馬鹿にして笑い飛ばすのだ」、と。アイロニーから喜びは得られるが、この陽気な楽しさは得られない。われわれは或る日罪を犯して聖体拝領台の上で聖体パンを嚙み砕き違いを確かめてみた。味はなかった。さて歯を使って嚙み砕き嚙み合わせたが、それは獣の行為であり、愚かな行為である。だがそれはパースペクティヴをもつことでもあるのだ。歯はメタ言語を嚙み砕き、そしてまた心情のメタ沈黙をも嚙み砕く。

欲望の神学

もちろん「パスカル」の中にはエネルギー論があって、それによってポール・ロワイヤルの論理学者や他の論理学者の記号学に見られる論理的矛盾を避けることができる。ルイ・マランは「自我」の理論に関しそのエネルギー論を力強い筆致で明らかにした。「パスカルの意味論を最後まで分析するとエネルギー論に、記号の中での力の配分に行き着く。彼の意味論はそのエネルギー論に至る道筋を示しており、その中で運動を停止し、消え失せる」（一三一頁）と。あるいは、真なるものの理論に関してはもっと厳かな筆致で、「真理そのもの――『真の真理』――に至るまで欲望の価値に変換されないものはない。（……）正しい判断と誤った判断は内容に関しては正反対の命題として分節されているものの、それらを言表する主体との関係は同じなので、真理は虚偽と混同されてしまうだろう」（三四六頁、そこでマランは『論理学』の一節を注釈している）と。

この欲望はどのように理解されているのだろうか。他性として、「他者」に依拠する超越としてである。マランははっきりそう言っている。「無条件の真理となる以前、真理はいつもすでに形象であり、結局はだからこそ、真理なのである。解決は超越的で、言説の全要素の外在性を認めるものではあるが、結局この形象を別の欲望の形象として考えることにある。それは自我やその欲望の形象ではなく、恩寵によって自我のうちに作り出された形象なのである（……）」（三五八―三五九頁）。とするとこれは果してエネルギー論なのだろうか。エネルギー論の語彙（マランは隠喩と言っている。四〇〇頁以降参照）を用いながら、実際にはまたしても意味が知の言説に欠けているものとして戻ってきているのである。「他者」とは言説や行為の中で働いているエネルギーを自分の方に引き寄せ自分の中に取り込むゼロである。なぜゼロと言うのか。なぜなら、パスカルだけでなくポール・ロワイヤルも知っていたように、ゼロはそれ自身決定不可能であり、ゼロから生れる真理の効果も識別不可能だからである。「真理は虚偽と混同されてしまうだろう」。だがゼロと言う理由はほかにもある。ゼロは確立され、啓示されたものであるし、他方、ゼロから生れる形象の効果は識別不可能だが、にもかかわらず、数学で用いられるイコールゼロとかその対をなすイコール無限とかの演算記号の効果のように、位置は決定できるからである。それゆえマランは「無限の隔たりは力としての欲望の特徴である」（一四二頁）と書くことができるのである。

この欲望には表象としての記号の特徴がすべて含まれている。神は語る。われわれは神の言語を知らない。したがってそれはゼロであり、われわれにとっては無限である。欲望はわれわれのシニフィアンを支配する大文字のシニフィアンの印である。ラカンのあとを受けてマランは一般言語学の理論における用語の転倒を受け入れる。われわれの語、われわれの文こそ形象をまとう中で欲望によって、言い換えれば、「他者」の言説の効果によって意味されることになるのだ。この転倒によってわれわれは記号学の外に出るのだろうか。そうではない。われわれはその中に戻るのだ。これがアイロニーの絶望であり、論理学者は（あるいは分析者は）偽りの謙虚さでもってその絶望に浸るのである。

欲望を引き合いに出しても、何も言ったことにはならない。欲望などは分かりきったことなのだから。ディオティマはすでに、人を疑わないソクラテスに欲望とは欠如《ペニア》（貧困）であると教えていた。そう考えるだけで表象は己れの権利をすべて保持できる。ただし表象はもっと懐古的で神秘的なものだろう。欲望の否定神学の伝統は西洋では幾らでも見られるからである。しかしユーモアはまさに充足《ポロス》そのものであるエロスから生れ、アポリアなき論理の方法として、ユートピアなき政治の方法として、何とか手を尽くしてみるための方法なのである。この欲望には、自分は真理なりと宣言する神よりもずっと狡猾な神々が、罪なき予言が必要である。

（1）Louis Marin, *La critique du discours. Sur la《Logique de Port-Royal》et les《Pensées》de Pascal*, Édit. de Minuit, Paris, 1975.

（2）一九七一年の *Études sémiologiques*, chez Klincksieck と *Sémiotique de la passion*, chez Aubier et *alii*。一九七三年の *Utopiques*, aux éditions de Minuit。一九七四年には Claude Chabrol との共著でわれわれがここで扱っている問題に根本的な寄与をなす論文を *Le récit évangélique*, chez Aubier et *alii* の中で三篇書いている。

（3）これらの主題がジル・ドゥルーズの『マゾッホとサド』（蓮實重彦訳、晶文社、一九七三年）を参照するものであることを明言する必要があろうか。

（4）最近の仕事から見るといずれにせよルイ・マランはその方向に向っているようである。一九七五年八月ユートピアを主題にスリジーで開かれた討論会での発表を見ると、*Utopiques* の立場を離れ、エルンスト・ブロッホの『痕跡』のユーモアに共感を寄せていることが分かるし、一九七五年七月にウルビノで発表された〔ペローの〕『長靴を履いた猫』の分析では、効果的な術策の奇妙で残酷な論理が見事に明らかにされている。

第三章　神－政治学における逆《さか》ねじ

気の触れた者

あるとき、虚構－理論を専攻するバカロレア《バシュリエ》合格者の夢の中に、一人の天使が現れた。夢で彼はその天使に尋ねた。「天国では、いったい私は誰のそばに座ることになるのでしょうか？」と。「汝はテュービンゲンのエルンスト・ブロッホのそばに座るであろう」、天使はそう言って消えた。そこでその青年は、このブロッホという人物の調査に取り掛かった。彼が知ったのは、その人物はマルクス主義者であり、千年王国説を信奉するキリスト教徒であり、理想主義者であり、かつハシディズム信奉者であり、思想史家であり、つまるところは教育的な思想家であり、また最後の偉大なニヒリストであり、さらには官僚主義時代のトーマス・ミュンツァーなのだということだった。この夢想家の青年は情報を尋ねて回る。つまり大学図書館と呼ばれている近代の聖堂をあちらこちらと訪ね歩く。そして本を幾冊も繙き、その師が博士という重要な位置を占めているのを確かめる。ところでラビのラファエル・ド・ベルツの場合は、飲んだくれで二度まで不敬罪を犯したイツハク・レーブなる見知らぬ男と出会い、その男が聖人であることを、そして「誉むべき神」への道がいかに捩《ね》じれたものであるかということを見出すために、安息日のただ中、日暮れどきに郊外へ出掛けて行かなければならなかったのだが、この青年の場合はわざわざそんなところまで足を伸ばす必要などなかった。なぜならエルンスト・ブロッホは、万人の認める知性と英知を備えた優位な立場で、すなわち名誉博士として彼の前に現れているのだから。それゆえ青年は不安をおぼえる。「果たしてあの世で、この偉大な哲学者のそばに座ることになるのだろうか、ちっぽけな〈拵えものの《フィクティフ》〉存在であるこの僕が。実際、神よ、あなたはなんとおかしなことを思いついたものだろう！」」。こう言ったあと、彼は図書館の扉の前で失神する。

以下に記す文章は、この失神した若者の思考を綿々と書き連ねたものだ。その思考を導いたのは、おそらく次のような教えである。「人生を左右する師とは、おそらくその師自身の目にすらも隠されて見えないということ、それがハシディズムの一特徴である。おそらく彼らは自分が〈偉大だ〉ということを知っている、しかし自分が偉大だと感じてはいないのだ(1)」。その思考の辿り着く結論、もしそう言えるものがあるとすれば、それは次のようなものである。このような隠蔽という特徴は、ツァディーク〔「義人」——個々のユダヤ人と神との仲介者〕に属するものでもなければ彼の「誉むべき神」に属するものでもなく、さまざまな緊張のもつ異教的な力能に属しているものなのだと。こうしてその学生は知った。ブロッホ博士、この極端なニヒリストの賢者は、偉大なる肯定の愚者（Narr）であったということを、そしてまさしくこのことゆえに、天使が自分をこの博士の横に座らせようと思ったのだということを。少なくとも彼はそう推測した。ではその経路とはどのようなものであったか。

希　望

この青年が初めに着手したのは、主体の統一性なるものと弁証法的な時間性とを罵ることだった。というのは彼にはまさにこの両者こそが、希望という観念を囲い込み支えているものと思えたからである。この若き思索家はつぶやく。希望というこのきわめてアカデミックな観念を、ヘーゲルが知ったならひどく歓んで迎え入れたことだろうと。希望とは運動である。その運動を通して「未だ‐ない（Noch nicht）」が主体の現在性の中に己れを告知して、主体を切り開きこれを法外に拡大し、他のものを先取りする働きの中にこれをすくい上げる、完全にヘーゲル的な運動なのだ。というのもブロッホは次のように書いている。「結局のところ、そこには依然として欲求の主体がある。それが、あるいはその仕事が、途方もなく客体化されているようなときでさえ。欲求の主体とは歴史的諸矛盾の煽動者［der Treiber］なのである」(2)。ところでブロッホがこのように精神とは欲動（Trieb）であると言っているにしても、それはいささかもヘーゲルを混乱させることにはならない。この両者は共通の根をもっており、それはヤーコプ・ベーメである。なぜならブロッホは次のように言っているのだ。「ベーメは否定の根底に、欲望を、情動的な欲動を、本質的には欠乏から生れた意欲を垣間見る。すなわち欲望は否定に対応するものなのだ。欲望の中に現れ出る欠乏こそが、あるいはベーメの用語を用いれば飢餓こそが、否定のもつ本質的要素なのである」(3)。

ところがこのような欲望は、二十世紀末の学生であるわれわれにはまたもや理性の術策としか見えない。精神が歴史をすなわち具体的なものを捕獲しようとする、そういう最後の罠としか思えないのだ。というのはわれわれの目には、かのいわゆる具体的なものとは、精神に欠けているがゆえに精神が関心を抱くもの、すなわち哲学者たちの言う具体的なものとしか映らないのだから。そしてこの欲望とはわれわれの目には、偽装して肉体の中に住みつきにやってきた精神、つまりある種のイエスとしてしか映らないのだから。ゆえにそれは、またもやヘーゲルの弁証法の臆病な手直しにすぎない。というのは、疑義を挟みつつヘーゲルの弁証法を読むこと、それが可能であるのみならず要求されているのであり、しかもその読みは従来の読みをはみ出してはおらずむしろその安全圏内におさまり返っているのだから。希望とはまさにシステムが閉じてしまわないために必要な余白、われわれにとっての即自と対自との隔たりである。しかし幕を閉じようとしているこの二十世紀にあって資本にすっかり組み入れられてしまっているわれわれにとっては、この小さな空隙も、システムにあてがわれる矯正剤でもなければシステムの転倒などというものではさらになく、まさにシステムの自由放任主義に内在する遊戯としか見えない。ブロッホは書いている。不安ないしは不満(Unzufriedenheit)、それと欲動的なものとの関係は、希望と知との関係と同じであると[4]。しかしこのように二つのカテゴリーを平行に捉えるそのこと自体が、前者は後者の引き写しにすぎないということを如実に示しているのではないか? こうしてかのパリの学生の恨みはつのっていく。しかしながらブロッホは付け加える。不満とは否定性である。だが希望(Hoffnung)とは肯定性なのだと。では例の青年の仮説を以下に続けよう。

「否定的なものの肯定性」を越えてなお、希望がほしいままに肯定そのものの方へと滑り行くに任せること。すなわち希望を、己れを肯定するものの肯定として了解すること。この知を陽気な知として了解すること。そうすれば希望は、他のさまざまな力能の方へと人を駆り立てる推進力となるだろう。その力能《ピュイサンス》とはただ単に権力(Macht)としてだけではなく、累乗(Potenz)として、すなわち一、二、四、n乗された空間として捉えられるべきものである。すると肯定的「希望」は推進力となって、「もの」

の形象を甚だしく倍増させることになろう。その結果、「もの」と同時に、何らかの統一的な主張をもって「ものを」解説することもまた消滅してしまうほどに。

重要なのは質的拡張、すなわち現前する「ものの諸状態」の緊張であり、この緊張《タンシオン》はいかなる意図《アンタンシオン》とも縁がない。「己れを所有する能力の表象」[5]、まさしくそれが、意図する希望すなわち精神の希望となるだろう。しかしそのような希望の中に、隠れたテンソルが働いている。このテンソルの活動を生み出しているのは、表象されたものでもなければ所有することでもない。それを生み出しているのは、ひたすら力の過剰である。それはまさにベーメが第四の根源と言っている驚愕(Schreck/Schrack)、ニヒリスト的な底深い恐怖であると同時に、しかし「閃光、すなわち肯定《ウィ》の稲妻のごとき表出」[6]でもあるあの驚愕と同じものなのだ。

こうしたこと、つまり教化的なものの中に隠された欲動的な希望というものを、われわれは理解することができるだろうか？　この希望はまるごと過剰に属していながら、むしろ貧しさの効果として、すなわち過少によって生気を与えられたものとして、慎ましく(イツハク・レーブにおいて)、あるいは鷹揚に(エルンスト・ブロッホにおいて)現れ出るのである。最初の肯定とその次の否定あるいは「未だ‐ない」との間にあって機能するもの、それは弁証法などではない。それはときとして、いわば逆ねじ、予見不可能な慈悲深い逆ねじ、まさしくかの極貧の師ラビ、ズロッソフのヤヒエル・ミカエルが示唆しているものにほかならない。次のような問い――あなたにあらゆるものが欠乏しているときに、どうして日々の祈りの中でこう言えるのだろうか、「あらゆる必要に応じて我に与えたもう主よ、汝に恵みあれ」と？――この問いに対してミカエルはこう答えた。私にとって最も必要なもの、それは貧しさである。そしていみじくも私はそれを賜わっているのだ、(7)と。あなたが欠乏を感じるところでミカエルは過剰を感知する。だが彼は過剰の主ではない。「彼の」貧しさの主でさえない。ヨブなのだ。だがそれは反逆という馬鹿げた主張の極みに達したヨブではなく、己れの絶望を動機づけるものすなわち力能の深奥に入り込んだヨブなのだ。

　過剰な緊張から生れるこの希望と連動するものが肯定的嫉妬（invidia）であると言えよう。没収、所有、占有といった形象《フィギュール》に則って道徳は嫉妬を告発するのだが、われわれはまさしくこの形象の内部に、或るリビドー的嫉妬の存在をつきとめ、それに栄誉を与えることができるだろう。このリビドー的嫉妬とは、「自我」からも、また「自我」の行う同一化作用からも独立したもので、占有の権利あるいは占有の暴力とは無縁のもの、したがって有罪性とは無縁のものなのである。それは力能の素朴な意志なのであり、どれほど強度の小さな領域であれそれを欲動が有無を言わさず灌漑することになる。このような肯定的嫉妬がブロッホ的希望の裏面なのだ。ズロッソフのツァディークの祈りと同様、主がイスラエルに対して抱く嫉妬は、否定性を伴わない侵食に基づいている。最も弱い者ヤコブは最も強い者を引き寄せ、まさにそのことでもう少しで最も強い者になるところであった。それゆえまる一晩ヤコブと戦った「名のない男」は、ヤコブとけりをつけるために術策を弄し彼の腿を傷つけなければならなかったし、神的かつ人間的な諸々の力能と闘って強者になったヤコブは、イスラエル、すなわち「強敵」と名づけられたのである。(8)希望とは最も弱い強度が最も強い強度に対して抱く愛情の謂であり、嫉妬とは最も強いものが最も弱いものから受ける支配の謂なのだ。希望とは「名づけえないもの」を名づけるイスラエルである。嫉妬とはヤコブに異名を授ける神（あるいはミュンツァーを打ちのめすルター？）なのである。

希望を欲動に関連づけて言えば——そう、何かが起る、いろんな出来事がある——ということになるだろう。ところで或る出来事が成立する根拠は、次のようなこと、すなわち諸力間に生じる何らかの関係、つまり計量化されていて方向とエネルギーについて予見可能な合力を与えてくれる関係が、にもかかわらず裏をかかれ、最も弱いものが最も強いものになりうるということにある。それがブロッホによれば「荷を解き放たれた人間（homme délesté）」である。「彼の外なるいかなるものも、彼の欲望を抑制することがない。たとえば子供というのは無垢であり、子供がもっているのは罪を犯す素質だけだ。したがって罪への意志を子供の心から根こぎにすることができる。ところでわれわれはかかる事態をひっくり返して次のように言ってきた。われわれが蓄積された悪と袂を分かつや、悪はすべての力を失ってしまうのだと(9)」。

ここに逆ねじという、リビドー的「お話《イストワール》」がもつ優れた形象があることを認めよう。ブロッホがこの形象を意志の自由の相のもとに呈示するのは(10)、強度と情熱がこの哲学者に己れを信用してもらおうとして訴える策略がもたらした見返りである。しかしわれわれがこの偽装を解読するようにではなく、それを暗号化しその内部を不透明性に満ちたものに維持するようにしむけるのも博士自身にほかならない。たとえば「現在の穴(11)」と題された挿話の中で彼が示しているのは、非現実の未来が、現在において実現されてしまっている過去にねじれ込んだ事態である。その挿話では、何か願いごとをするように言われた乞食が次のように語る。王になれたらいいのだが、しかし王になれば敵に打ち負かされ、逃走し、そしてついには、自分がそうなりたいと思って初めにもちだしたお話を（したがって過去のお話を）語っている今のこの自分になっているのだと。この乞食‐王は、われわれに何を教えているのだろうか？　ただ単にお話の語り手と主人公とが同一だということでもなければ、現実と欲望がひとつの連続体をなしているということでもない。それがとりわけ示唆しているのは、欲望が浸る時間というのはあらゆるねじれを受け入れることのできる性質のものだということである。というのは王としての過去が素晴らしい未来として呈示され、（この過去の）不運な未来が乞食の境遇に身を落としている現在の直前の過去として呈示されているのだから。かつては王座を欲していた、が今は一枚のシャツを望んでいるのだ。

　まさにこのときブロッホの「未だ‐ない」は、弁証法的仕掛けを免れている。というのは、過去及び現在が、未来と同じように未だないものなのだということを彼が示すのは、それはなにも博物館に蓄積され場を割り当てられてそれらがいつか存在するようになるからというわけではない。それはまさにそれらが、過去、未来、現在では未だないからである。つまり欲動的なもの、これが未だ止揚されていない（noch nicht aufgehoben）のだ。それはまた拾い上げられも回収されもしていない。いわばフクロウ哲学のおしゃべりの中で再三再四語られては否定されるという目にも遭っていない。欲動的なものが、理屈の筋の通った物語《レシ》（のちにこうした物語《レシ》の中で、「未だ‐ない」は未来の極に己れの棲処を見出すことになる）がもっている時間軸にまだ配分されてはいない、つまり時間的な意味作用としてはまだ構成されていないのである。したがってこの「未だ」は、意識あるいは精神の時間の図表には書き込まれないものなのだ。この「未だ」はアウグスティヌスやフッサールの言う「未だ」ではない。むしろ物乞いする王の逸話の中の「すでに‐未だ」である。意味的にも時間的にも相反する「すでに」と「未だ」

が、好機の瞬間に合体したものなのである。

ユーモア

例の虚構専攻の学生はこう思う。ユーモア、われわれは喜んでこのユーモアをもまた肯定の側へと移行させてやろうじゃないかと。というのは『トーマス・ミュンツァー』の冒頭で、われわれは次のような言葉を読むのだ。「世の事にかかわっている人は、かかわりのない人のようにすべきです。この世の有様は過ぎ去るからです」[12]。まさしくこれはニヒリズムのスローガンであり、かつニヒリズムに対するキリスト教的防衛のスローガンである。するとまたしてもここでこの教育的な博士は、われわれの目を生から逸らせようとするのだろうか？　使徒パウロが妻なるものについて語る。妻を娶るべきか否かをコリントスの共同体から尋ねられてパウロはこう答える。「Ho kairos sunêstalmênos estin」すなわち「時は短し」と。しかしこのカイロス（kairos）とは、クロノス（chronos）のことでもアイオーン（aiôn）のことでもない。パウロもまた例の好機のことをほのめかしているのだ。（留意していただきたい、ゴルギアスという男がまさしくこのカイロスについて、効果的なソフィスト的言説を構築したということに）。この好機すなわち時宜というのは、限られており、稀にしかなく、一瞬にして逃れ去るものなのである。したがってパウロは言う。あなた方のリビドーをつき動かすのは、ほかならぬカイロスである。だからその残りのものすなわちカイロスの外にあるものすべてに対しては、肉体がいつも支払わねばならないエネルギーの浪費をできるかぎり慎みなさい、すなわちあらゆる情動を「爾後（to loipon）」総じて慎むようにしなさいと。要するに次のような言葉になる。「……妻のある人はない人のように、泣く人は泣かない人のように、喜ぶ人は喜ばない人のように、物を買う人はもたない人のように、世の事にかかわっている人は、かかわりのない人のようにすべきです……」。したがってカイロスがあって、残余のものがある。好機があって、残余の時間があるのだ。残余の時間の間あたかも……でないかのように（*si...ne pas, hôs mē, als ob...nicht*）しよう、エネルギーを蓄えよう。マンスフェルト同盟会員たちへの声明文の中でミュンツァーは、『マタイによる福音書』の第二五章にある乙女の譬え話と才能に長けた者の譬え話とを援用している。それらはどちらも同じ教訓のようだ。もてる者には与えん、もたざる者からは取り上げげんである。好機のために、すなわち夫や主人がやって来たときのために、油やお金を蓄えておきなさいということなのだ。

　これらすべては、ユーモラスというにはほど遠い。その反対にむしろ用心深い、資本家的なものに見える。青年はこうつぶやく。僕には使徒書簡やその譬え話は、情動と関心を有利に投資するための金融家の忠告のように聞こえる。この原理に則ってローマは免罪符を売りに出すことになるのだ……。とどのつまり、喜ばずに喜ぶこと、もたずに買うこと、かかわらずにかかわること、これはまさに資本の定義ではないのだろうか？　つまりニヒリズムに対する禁欲という資本、他の手段を通して政治経済学の中で追求されたキリスト教という資本の定義ではないのか？　これこそまさに資本のアイロニーではないだろうか？　こちらの世界をもうひとつの世界の目から揶揄するアイロニー、こちら側の富すなわち蓄財をもう一方の富すなわち資本の観点から揶揄するアイロニー、あるいは無意味な現在（消費）の時間を意義ある不在（資本蓄積）の汎時間性の観点から揶揄するアイロニーではないだろうか？　ほかならぬこのアイロニーに培われて初めて、キリスト教的生活においても資本においても何らかのロマン主義が可能となるのである。

ミュンツァーの運動すなわちバプテスト派の運動を推進し、かつブロッホのペンをかき立てているのは、同時に虚無のアイロニーとも言えるのではないだろうか？ もうひとつの王国を希望することは、必然的にこちらの王国の価値を下げることになりはしないか？ 希望というのは、自分が向っているもうひとつの世界の観点から、この低次の世界がもっているさまざまな規定や価値を廃棄するものではないのか？ 摩滅そのもの、消費そのものとしての仕事というのは、それ自体滑稽なものではないだろうか、希望と呼ばれるこの摩滅しない資本と引き比べれば？

このようにブロッホを読むこともできるし、このようにミュンツァーを読むこともできる。テルトゥリアヌスとして、すなわち左翼冒険主義者として、或る保証された「他の場所」におさまり返ったニヒリストとして読むこともできるのである。しかしながら――と、失神中の青年はつぶやく――われわれ一九六八年以降の「革命派」は、一九五六年以後の「マルクス主義者」ブロッホと同じく、純真な護教論者ではありえないはずだ、つまりあたかも好機の秘密がわれわれに打ち明けられており、「飛躍」のばねが自分たちの掌中にあるかのごとく語ることはできないはずなのだ。事実、陰鬱なアイロニーからブロッホを救っているもの、それはまさしくユーモア、すなわち他の場所に足場を置くことの、かつそこを理論的実践的に利用することの不可能性なのである。「hôs mē（あたかも……ではないかのように）」のアイロニーは言う。「あるものが、ないかのように」と。そして希望はこう言う。「ないものが、あるかのように」と。まさに肯定的希望の真の友はユーモアである。なぜならユーモアこそが、アイロニーとのざれあいを次のように告発するのだから。「すなわち、ないものまでも、あるかのようにということ。したがって無も『残余』もない。言うなればすべてがあるか、さもなくば何もないということである。問題はこうだ。何かが起りうるし、諸力の関係が逆捩じをくらうこともありうる、私の姉妹である希望が願っているように。しかしながら、いつ、どこでそうなるかは何ものにも分からない、ということである」。

希望によって、最も弱いものが最も強いものになる(アリストテレスが廃棄通告したあの修辞的文飾によってそうなるのと同様に)。しかし他方でユーモアによって、最も弱いものはより以上の力を追い求めたりしない狡猾さを備え、自分のうちにある一種の「受動性」を告白する(アイロニーとは逆に)。つまり「思いがけないものの価値、取るに足りないもの、ほとんど外に表れることのないあれら小さな象徴的図柄[13]」をいつまでも保持し、「外部からは決して動機づけられることのない何らかの超過[14]」によって自分が不意を突かれるのに同意するのだ。この超過が日常性に穴を穿ちにやってくる好機の瞬間を決定することに関する己れの無力、すなわち強度に対する己れの無力を告白するのである。ただしこのような告白——もしその告白が非難の調子を帯びれば、それはまたもやニヒリズム的なものになってしまうが——もまた希望そのものと同様に、肯定的なもの、すなわち完全に欲動的なものであり欲動の論理に合致したものなのである。というのは無力をユーモラスに表明するということは、もうそのことだけですでに力能の前に罠を張り巡らせることであり、その罠が効力をもつのは、力能の方が弱いものたちに嫉妬しているという事態に拠っているのだから(それゆえこの罠を弱い力の策略と呼ぼう)。

こんなふうにユーモアは資本蓄積に対する己れの無関心を表明している[15]が、それはまた、エネルギーの浪費的組成に対してもそうである。というのは大切なのは内部の愚者、一種の無信仰者、空無、知性の乏しい者であること、つまり思いがけない超過が生じたときにその超過をできるだけ完璧に伝える伝導体であることなのだから。このユーモアとは、力能の意欲のユーモアである。無力が人を絶望させるのは蓄積のときだけなのだ。残余の時には無力は率直な陽気さを伴っており、ルター的諦念（それは無益さ（Umsonst）の前では、あらゆる絶望の印を呈する）のまさに対蹠点にある。ミュンツァーは言う、「大胆に、激烈に、熱心に、しるし《シーニュ》を要求する者に対して、神は決してそれを拒みはしないだろう(16)」と。そこで、だんだん知性が鋭敏になりつつある、かのバシュリエはこうつぶやく。この極端な性急さを、ユーモアの辛抱強さと和解させる必要はちっともないんだと。

痕跡

　したがってこの老師にはひとつの記号論がある。とはいってもその記号論は、意味論的な構造や類別にはしごく無縁なもので、もし次の二語を組み合わせうるなら、強度の記号論とも言うべきものである。（記号論とは政治学であるから。）この記号論はまるごと次のような隠蔽作用に則っている。痕跡は、記号《シーニュ》に捕縛されたものとして己れを告げる。つまりテンソルは解読しうるものの中に、「意欲の描線《トレ》」は反復可能なメカニズムの中に、未来の「暗号」は死せる過去のもつ「図式」の中に、それぞれ捕縛されたものとして己れを告げる(17)。ところがそれぞれ前者は後者から自立しているのだ。まさしくこの「自立した囚人」のパラドクスへの信仰に基づいて、ブロッホはフロイトの理論に背を向ける。（かの優秀な学生はこうつぶやく――精神分析の方法が少なくとも「漂う聴取」によって統制されている限り、それは力の記号論を支えるだけのものをやはりもっているのだということは容易に論証できるのだが、と。）このことは措いておこう。だが痕跡を生み出す描線《トレ》とは、もしそれが言説のシステムを成している要素でないとすると、もしそれが自らの作り上げる構造によって意味作用をするのではないとすると、それは果たしてどういうものでありうるのだろうか？　それは何でできた、何の痕跡なのだろうか？いかなる痕跡も、或る不在を告げているのではないのか？　等々の問い。不在と意味作用のこうした戯れにおいて、また文字のもつ「生真面目さ」への信仰において、われわれ現代の学生はすでに先生となっているのだ。

さてブロッホは早くもミュンツァーに取り組んだ時点で、つまりすぐさま、問題を次のように反転させる。意味を表示する記号《シーニュ》は、いかにしてわれわれを意欲するように仕向けることができるのか？　希望が、すなわち強度に感応する能力が、ひたすら聖書を研究することだけでいかにして生じうるのかと。文字への服従、それはルターにほかならない。ルターは決して過つことのない判断基準の存在を信じる。その判断基準とは何か。まず聖書である。なぜならこれは神によって啓示されたものだから。次いでその基準とは、もし聖書の意味が異論の余地のないものだとすれば、それは奇跡を行う能力である。この能力は、神は自分の意向を伝える代弁者の側にいるのだということを、原則として証し立てるものだからである。(18) ルターに対するブロッホの憎悪はミュンツァー自身のものでもあるが、この憎悪とは、確立された死せる記号《シーニュ》の専制主義に向けられたものである。この憎悪は、決定不可能なものに対して笑いながら戦うユーモアの義憤のもつもう一方の顔なのだ。一五二〇年三月ヴィッテンベルクに彼を訪れたツヴィカウの予言者たちに向って、ルターは叫ぶ。「神の言葉こそわれわれの証なのだ。で、あなたたちの証は？　それを見せていただきたい！」。するとシュトゥブネルはこう言うのだ。「待ちたまえ、兄弟マルティンよ、われわれはこれから先、われわれのしるし《シーニュ》を世界に示して見せようではないか！」。未来というものすなわち「未だ‐ない」による返答。「未だ‐ない」はすでに、「証」の問題、語る権利の問題、「あなたは誰の名において振る舞うのか？」というくだらない問い、そうしたものに対する何らかの無視の態度を前提としているのだ。いわゆる予言的しるし《シーニュ》、すなわちテンソルにほかならないしるし《シーニュ》というものは、明らかに文字ではありえない。ツヴィカウの予言者たちは言う。「『神聖なるもの』は、過去の諸世紀のいかなる言葉にも命題にも閉じ込められてはいない。なぜなら『啓示』はいまなお続いているのだから」。つまりまだ達成されてはいないのだと。そこでミュンツァーは言う。「聖霊の声は私のうちで、まるで無数の河川が恐ろしいうなりをたてているようだ。無数のバイブルを貪り読むよりもはるかに私はそれをよく知っている[19]」。ラブレー的な、ニーチェ的な、強度への飽くなき欲望。バイブルを数限りなく貪ったあとのめまい。無数のカイロスの笑い。

　文字が何らかの歴史すなわち通時態の始まりを告げる。そしてその歴史の中で原則として語られるのが、文字の受肉の物語《レシ》でありまたそれを控え目に補完する肉体の贖いの物語《レシ》である。しかし予言というのは、それのもつユーモアと希望とそして激昂のゆえに、予見可能な「未だ‐ない」の中で「すでに」がそのように展開することとはまさに無縁のものだ。聖アウグスティヌスの教義（「世俗化された[20]」それであろうとなかろうと）は、記号を資本として蓄積するが、かたや予言の方は記号の位置をずらしてそれを揺さぶり、呼び寄せ、そうして廃棄するのである。「神など糞食らえだ、もし神がアブラハムや予言者たちに対してそうしたように私の意のままにならぬというのであれば[21]」。記号など糞食らえ、もしその中に痕跡がないのならば。書かれたものなど糞食らえ、もしそれが力を意欲する機会を与えるのでないならば。

宗派《セクト》

こうした言い方は、一個人の感情状態に意味を従属させんとする主張、悪魔的でパラノイア的な主張だろうか？　このような異議を一掃するためにこの博学な教授が述べた条りは、単に政治組織だけではなくさらに歴史体というものの探索に論及したものの中でもこのうえなく気違いじみた、またこのうえなく力強いものである（われわれには『トーマス・ミュンツァー』だけで十分なほど）。その中で彼は、記号の教会に痕跡の宗派《セクト》を対置させる。(22)　教会とは多くの「自我」が作り上げるものにほかならない。それゆえ、教会の信仰は諸派統合的なものとなり、神の言葉の専制的保管所の周りに統一性がうちたてられる。しかし宗派《セクト》とは個を横断するものであり、意欲が己れ自身と切り結ぶ束の間の結び目としてしか存在しない。またトーマス・ミュンツァーの名を初めとして、いろいろな名がそれら宗派《セクト》を印づけるにしても、そうした名は宗派《セクト》のリーダーの名ではない。それらは、宗派《セクト》が自らに与えるか他から与えられた、集合的固有名詞なのである。何らかの中心とか法とかいったものから宗派《セクト》の統一性が生れるのではない。この統一性は、多くの欲動がこぞって多くの身体をかき立て、それらを一時的な匿名の兄弟愛に変えることに由っている。宗派《セクト》とは編年体としての歴史の一主体ではなく、いろいろな好機の「お話《イストワール》」の中の一匿名者なのだ。記号に痕跡になれと息を吹き込むもの、そして神など糞食らえと言えるもの（ミュンツァーの場合がそうであったように）、それはただ一人が陥る誇大妄想狂などではない。それはほんのいっとき複数の身体が受け入れる欲望の暴力であり、このときそれらの身体はこの暴力的欲望によって兄弟となるのである。

ここで、今度はエルンスト・ブロッホが驚く番だった。虚構 - 理論を専攻する一人の若いバシェリエが、永遠なるあの世でこの自分の隣に座ることを課されていようとは。なぜなら、ブロッホは自分をマルクス主義者でありかつ宗派的人間であると称していたから、そんな自分は近代人という近代人すべてを苛立たせるにちがいないと思っていたのだ。その近代人とはすなわち、まず一九六八年のヨーロッパでまたもや見られたようなさまざまなセクトを憎む聖職者的なマルクス主義者たち、次いでコミュニスト「教会」を軽蔑するセクト主義者たち、そして最後は言うまでもなく両者に危惧の念を抱くリベラリストたち、これら三者にほかならない。したがって必然的にこれら三者のうちの一者、もしくはそれらの混淆体でしかないフランスの若僧が、私と同類視されるのを受容するなどということがありえようか？ ではそいつが隣人となって、私を非難地獄に落とし入れようというのだろうか？――かの老師ツァディークはいぶかしんだ。

絶望しないでいただきたい――失神状態のなかで天使の意志決定を理解し始めていた学生は、老師に言う。なるほどあなたの英知は、哲学者、神学者、モラリスト、デカダンスの政治家、こういった人たちの理論構築あるいは彼らのニヒリズムに足掛かりを与えてきたりしたが、そうした見掛けの下で、実はあなたの英知はあなた自身の目にさえ隠されたままだったのだ。しかしいまや、評価可能な外見の下に、またその外見にもかかわらず、評価を越えた、はかり知れぬ或る力があなたの著作の中で働いているのを僕は知っている。僕があなたの傍らに置かれたのはまさにその力を共鳴させるため、われわれが助け合ってデカダンスに逆ねじをくらわせるためなのだ。あなたのマルクス主義とは何なのか？「すべては共有のものであれ（Omnia sint communia）」。この言葉を、僕は次のように理解する。固有のものに心煩わせるのは終りにしよう、神なるものとは匿名の強度を導く大いなる皮膚以外の何ものでもないのだと。そう、まさしくこのことを擁護するために、われわれ虚構‐理論専攻の学生はかつて闘ったのだし、今も闘っている。またあなたのセクト主義とは？「力が分割されぬように（Ne partiatur vis）」。それはつまりこうだ。力は嫉妬深いので、エネルギーの共同体は少数派でしかありえないということである。

あなたは『トーマス・ミュンツァー』の或る条りで、うわべはミュルハウゼンの失敗を一五二五年当時の農民たちの未熟さによって説明するという形をとりながら（なんと、ここで一度だけエンゲルスを真似て）、実際恐ろしい指摘をしている。「彼らは領土の分配を渇望していた（……）。彼らは、貴族も君主もいない小農民たちの『帝国』を望んでいたのだ[23]」。この言葉に明らかなように、あなたは労働運動の経験を五十年先んじていた。というのは労働運動が潰された原因、あるいはそれが「ルター化され」てしまった原因は、客観的条件であれ主観的条件であれともかく条件の未熟さにあるのだと、かつて人々は思い込み好んでそう言っていたのだから。ところが今日われわれは次のように推察している。「彼ら」は、諸々の安全保障の分有をかつて熱望していたし今も熱望しているのであり、職工長や経営者のいない社会保険加入者だけの「帝国」を、かつて要望していたのだし今も要望しているのだ、と。未熟さなどというものはない。なぜならば、何かが（人間たちが、生産諸力が）大人になることで歴史が成り立つのではないのだから。そうではなく、いたるところでそのつど「帝国」が現れるのだ。セクトに取って代る「帝国」、プロレタリアの身体も含めてあらゆる身体の上に現前する「帝国」が。「帝国」とは、希望の緊張緩和であり、文字の専制政治なのだ。したがって今、僕があなたのそばに座っているのも、今日の良識から発せられるあの恐ろしい問いを一緒に聞くためにほかならない。すべてが共有されるのなら、どうしてセクトがあるのか？　またもしセクトが不可避的なものであれば、どうしてすべてが共有されえようか？　それゆえコミュニストの陰謀とは、実のところ怪物ではないのか？　強度の政治学がそうであるように？

以上はしかしながらわれわれの問題であって、あなたのは異教の問題である。あなた自身の意図はどうであれ、あなたの助けを得てわれわれは次のように考える。痕跡という痙攣、それが大きなものであれ小さなものであれその痙攣において活動しているもの、それはもうひとつの空間、もうひとつの論理、もうひとつの歴史である。ジャコバン主義、レーニン主義、トロツキー主義、毛沢東主義、自由主義といった権威のもとにプラトン主義とユダヤ主義とがつるんでそうした痙攣を封じ込め無力化しようとしてきたような、かつ今もなおそうし続けているような空間や論理や歴史とは違った、もうひとつの空間であり論理であり歴史なのである、と。しかしあなたがこうした痙攣に、黙示録とか千年王国とか予言といった名を与えるとき、あなたはまたもや哲学に、すなわち「帝国」にあまりにも譲歩することになる。晩年のテルトゥリアヌスの非妥協性こそが、クレマン・ダレクサンドゥリの楽天主義やウーゼーブ・ドゥ・セザレの奴隷根性を（ときに先んじて）批判するものだとか、また同様に、ミュンツァーの予言的暴力こそがルターのテロリスト的絶望を批判するものだ、などと言うだけでは十分ではない。なぜなら批判というのはまさに宗教と「帝国」の一部を成しているものだから。教会や党というのは人から批判されるのを欲している。が、それは単に譲歩からではない。批判とはまさに、教会や党の所有する解釈学や教育学、それらが教会や党によって歴史と呼ばれるものを織り上げるのに否定的契機として参与するものなのだ。予言者ブロッホは、たまたまスターリン主義の教会に受け入れられなかっただけであって、もし他の時代(モーゼの時代)であったなら、また他の場所(イタリア共産党)であったなら、彼は何らかの教会に、それがマルクス主義の教会にしろ、受け入れられたかもしれない。したがって肝心なのは次のことだ。エルンスト・ブロッホの有効性もトーマス・ミュンツァーのそれも、或る「中心」に対してとる関係、たとえそれが敵対的な関係であろうとも、その関係だけでは測定できないということ。その有効性はまた、完全に自立した諸々の痕跡に由来するということである。

こうした痕跡の論理と時空は、中心なるものがもつ諸カテゴリーを逸脱している。それらはまさに、異教に属するものなのだ。すなわち演劇的神学に、多神論に、官能主義に、あるいはカイロスについてのソフィスト的論法に、また審判者なき美徳に。そしてこのことをあなたは完璧に予知している。なぜならあなたはミュンツァーを起点にして、一方ではそこからトーシュレムの異教へと遡り、かたやそこからミュンスターのジャン・ド・リールの異教へと下りてくるのだから(24)。あなたは、アウヴスティヌスの像にプロタゴラスの像を重ね合わせることによってできるひとつの孤独な精神のモンタージュ写真なのだから(25)。わけてもあなたが三つの基準をうちたてて、バプティスト的霊感をディオニュソスの「偽りの熱狂(26)」とあなたが名づけるものから切り離さねばならなかったということ、それは逆に、ミュンツァー的(また「ブロッホ的」と付言するのを許していただきたい)冒険がいかに異教に近いものであるかを強調しているのだから。しかし繰り返し言おう、予言的熱狂こそ今日のわれわれにとってまさにいかがわしいものなのだと。いまやわれわれは知っている。およそ敬虔の念というのは、少なくともユダヤ

－キリスト教的な敬虔の念というのは、何らかの「教会」を内に孕んでいるものだということを。今日われわれが心からミュンツァーを認めるのは、彼が希望というわれらの資本を豊かにしてきたこと、そしていまなおそうし続けていることによってではない。まさに彼が、あなた自身と同様われわれもそれに同意する或る特異な痕跡の名であることによってなのだ。デカダンスが逆捩じをくらうことがあるとすれば、それはほかならぬこの痕跡の論理と時空の中で初めて可能になるのだ。

このように結論するに及んで、失神していた青年はやっと意識を取り戻した。そして読み手の誰もが思った。ブロッホを読んだ方がよかろうと。

(1) *Traces*, trad. fr., Paris, Gallimard, 1968, p. 134.
(2) Bloch, *Subjekt-Objekt, Erläuterungen zu Hegel*, Frankfurt, Suhrkamp Taschenbuch, 1972, p. 512.
(3) Bloch, *La philosophie de la Renaissance*, Paris, Payot, 1974, p. 87.
(4) *Subjekt-Objekt*, op. cit., p. 515.
(5) *Ibid.*
(6) *La philosophie de la Renaissance*, pp. 90-91.
(7) Martin Buber, *les Récits hassidiques*, trad. fr., Paris, Plon, 1963, p. 209.
(8) 『創世記』三二・二五。〔以下聖書の訳文は、日本聖書協会から一九八七年に刊行された「新共同訳」に拠った。〕
(9) *Thomas Münzer*, trad. fr., Paris, Julliard, 1964, p. 143.（強調リオタール）Réédité U. G. E. 10 / 18, 1975.（『トーマス・ミュンツァー』樋口大介・今泉文子訳、国文社、一九八二年、一五三―一五四頁）〔ただし訳文はコンテクストの都合上若干変更を加えた。〕
(10) *Ibid.*, pp. 178-180.

(11) *Traces*, trad. fr., pp. 104-106.

(12) 『コリント人への第一の手紙』七・三一。

(13) *Geist der Utopie*, Frankfurt, Suhrkamp Taschenbücher. Wissenschaft, 1973, p. 240. 引用した仏訳文は Anne-Marie Lang と Catherine Piron-Audard による。

(14) *Ibid.*

(15) *Thomas Münzer*, trad. fr., p. 234.（邦訳二六二頁）これと合わせて同頁の Maurice de Gandillac の重要な注記。

(16) *Ibid.*, p. 247.（邦訳二七五頁）

(17) *Geist der Utopie*, pp. 238 sq.

(18) *Thomas Münzer*, p. 50.（邦訳五一頁）

(19) H. Strohl, *Martin Luther*, pp. 259, 269, 279 からの引用。ただしそれ自体は Dmitri Merejkovski, *Luther*, trad. fr., Gallimard, 1949, pp. 178-179 から引用されたもの。

(20) *Thomas Münzer*, p. 21.（邦訳二一頁）

(21) *Ibid.*, p. 249.（邦訳二七八頁）Melanchton はこの言葉をミュンツァーのものだとしている。

(22) *Ibid.*, pp. 217 sq.（邦訳二三四頁）

(23) *Ibid.*, p. 125.（邦訳一三四頁）

(24) *Ibid.*, pp. 116 sq.（邦訳一二〇頁）

(25) *Ibid.*, p. 219.（邦訳二三八頁）

(26) *Ibid.*, p. 252.（邦訳二八一頁）

第四章　文学における逃げ

　これから述べることに何らかのねらいがあるとすれば、それは次のようなことになるだろう。書物の倒錯について語らねばならない。ミシェル・ビュトールの全仕事とりわけ『モビール』以後のそれを、あまたの書物破壊者たちの仕事と、たとえばディエテール・ロットやB・ルムニュエル、ミシェル・ヴァシー、ウンベルトゥス・ゴジョヴズィクのような、あるいは『沈黙』や『月曜からの新年』におけるケージのような、そして空間に書き込もうとする人たちつまりソニア・ドローネーと彼女の大きな巻物『シベリア横断鉄道の散文』のような、こうした書物破壊者たちの仕事と関連づけねばならないということである。これこそまさに、強度の視点に立った場合の要点なのだ。エクリチュールに抑圧されてきた記載表面、とりわけ工業印刷術が生れて以来抑圧が強められてきた記載表面を、あなた方「書物破壊者」たちがこのように取り扱い始めて、いったい何が起っているのか？

　さて、ことをドラマ化して言えば、ビュトールはクロソウスキーの旧友である。「僕のシンタックス、それはロベルトの皮膚だ」。クロソウスキーはそう言う。「僕のシンタックス」、それは文字が書かれ印刷されるための紙という僕の支持体ではなく、「ロベルトの皮膚」すなわち固有の名をもつ一個の肉体の嵩《ヴォリューム》／容量を閉じ込める皮膚なのだと。ところでクロソウスキーが言っていること、これはまさしく性的倒錯ではないのか？　というのは文法のそして語彙の厳格さあるいは緊張が、裂けんばかりに張られたひとつのスクリーンを産出するのであり、このスクリーンは自らを閉じて容量をもった一個の肉体すなわちロベルトの肉体となるのだから。この肉体は或る主体と結び付くことのできる肉体であり、ほどなくその主体がその肉体の内部に棲まうことになる。するとそのとき、文法と語彙の一定の変奏がことごとく、その犠牲者の固有の肉体の上に、兆候、戦慄、すなわち強度の通過を起させることになるのだ。この一定の変奏というのは必ずしもサド的攻撃、というよりむしろサド的実験というべきかもしれないが、そうしたものであるとは限らない。それはあらゆる実験を容認するのである。文法の皮膚は、そこに切り刻まれたあらゆる作品《ピエス》〔貨幣〕について釣銭《モネ》を返す〔仕返しをする〕。すでにほとんど生を帯びている小銭《モネ》を使って。クロソウスキーのシンタックスの緊張とは、彼が手先（suppôt）と名づけるものの劇場すなわち主体の内なる嵩／容量を開くものにほかならず、したがってそれはあらゆる倒錯への下準備となるものではないだろうか？　なぜならこのシンタックスの緊張が肉体と想定されるものを構成すると、今度はその想像上の肉体が、無意味な行為の標的となって、強烈な情動を破棄するのだから。

そこで文学的見地から言うならば、このようなシンタックスの緊張は、ビュトールがしていることとは全く逆に、書物の支持体すなわち紙面という物質的な支持体を掩蔽することを、したがって文学とその法則とを従来どおりに維持することを要求しているのではないだろうか？　サドのテクストで「コラージュ＝モンタージュ」を作ることはできまい。サドにおいてもクロソウスキーにおいても、冷徹な理論的言説と活人画とが交互に繰り返されることが要求されている。書物は双方を無関心に伝達するだけだ。つまり書物はそれ自体リビドーの対象ではない。それはとりもち役、情念と理性の仲人なのである。

もし書物の法則が損なわれてしまえば、すなわち判読しうるものが読み手の視線を停止させてしまい、判読しうるもの自体が崩れ去ってしまったときには、どうして破壊的な強度が生き続けておれるであろうか？　これに反して、支持体に働きかける仕事というもの、つまりシンタックスと語彙とに（明白な／見掛けの）弛緩をもたらす作業というものは、何らかの手先、何らかの物語を思い描く可能性そのものを剝奪する。換言すれば、リビドー的な実験の凌辱を被ることのできるような、すなわちその実験の共犯者つまり犠牲者や淫売や蕩児になりうるような、そうした或る人物とか或る法則とかいったものへの指向性が剝奪されてしまうのである。それゆえそのときわれわれが浸ることになるのは、たとえば、『閨房の哲学』の風刺的小論文におけるようないまだ強烈すぎる冷たさの中にではなくて、いわば無関心的微温の中に、熱情が消滅あるいは昇華されてしまった後の灰色の中になのだ……。

そこで、書物の倒錯とは次の二つのことを意味する。

1、書物は伝達するという己れの控え目な機能から逸脱させられる。接触と、その接触を保証する支持体とにアクセントが置かれる。創造もしくは生産（絵画のあるいは文学の）の諸条件を消去するという大いなる慣習がことごとく、中断されはしないまでも少なくとも問いに付されるのである。したがってそれと同時に言説の（同じくイマージュの）およそ「指向的」（ヤコブソン）といわれる機能もまたしかりだ。オブジェとしての書物がひとつの表面として出現し、それは何をも隠さず何をも指示せず、まさに何をも意味しない。それは全く別様な価値をもち始める。したがって第一の倒錯とは、書物の機能の逸脱という意味、あるいは書物のもつさまざまな機能の位置ずらしという意味での倒錯である。

2、書物自体がリビドーの諸活動の犠牲者もしくは共犯者となる。リビドーの諸活動が、或る物語《レシ》の指向性の上に、その虚構的現実《ディエジェーズ》の上に、想像上の肉体――それがお話《イストワール》という肉体であっても――の上に、「不在のものとして (in absentia)」書き込まれるのではなく、紙面や活字、余白、レイアウト、巻《ヴォリューム》の編成、こうしたものにおいて実現される。つまりそれらすべてが、位置をずらされ、揺り動かされ、動きだし、そしてほとんど逃走し始める。そうすると、書物の皮膚の上の諸痕跡(文字とその肉体、行間の空き、行揃え、文、語)のさまざまな出会いから、きわめて洗練された奇妙な強度が生じることが可能となる。このとき「本《ヴォリューム》」は厚みのあるものではなくなる。その表面はもはや或る「内的」空間、或る劇場、すなわちロベルトの肉体を開くためのものではない。それはただひとつの広大な表面、すなわち書物の紙面をはるかに越えてこれを繙く諸々の手に、これを解読する諸々の視神経に、これが読まれるのを聞いて震える諸々の鼓膜に、これが運ばれ行く諸々の道にと延々とつながる広大な一表面の、ほんの一断片となるのである。

この大いなる皮膚の断片、これにビュトール、ヴァシーといった作家があらゆる類いの残酷な愛撫、虐待、凌辱そして快楽を被らせるのだが、この断片とは、手先であれ固有の肉体であれもはやロベルトの肉体ではない。とすると何か? どんな肉体か? 誰の肉体なのか? そしてかたや誰が――というよりもむしろ何がというべきかもしれないが――このような具体的なポエジーに苦しみ、またそれを享楽するのか? モンドリアンやロスコの抽象画において何が? プスールやカーゲルの音楽において何が? このような問いにまだ何らかの意味があるのだろうか? もはや表象されたものではなく支持体をリビドーの対象とするこうした抽象化(あるいは具体化、どちらも同じことである)の装置、それはまさしく欲望の主体の問題をふるい落とす働き、苦痛と享楽を回避する働き、すなわち自分を曲者だと信じている輩が言うところの「フォルマリスム」なるものの中で、苦痛と快楽を死滅させる働きをしてはいないか？　ロベルトの肉体が消えるとき、オクターヴの肉体もまた消える。ではそのとき、どこでそれ《エス》はオルガスムスに達するのだろうか？

問題がまたしてもいかに表象の問題であるかが分かる。ただしそれはリビドー・エネルギーの言葉でこの問題を措定しての話だが。それにこの研究は、すでにいささか違う方向に向ってしまった。事前手術のとでも言おうか？

切り分けられた告解

考古学者であると同時に愛書家でもあるエッカーライン氏は、『切り分けられた告解（*Confession coupée*）』と題された或る小冊子を発見した。それには最終刊本として一七三九年の日付がうたれ、フランシスコ会修道士「R・P・クリストフ・ルテルブルベルの創意による」とあり、その完全な表題は「切り分けられた告解、あるいは特別告解や総告解に備えての簡単な方法」というものである。その四四頁のところで、そのフランシスコ会修道士はこの小冊子《オブジェ》の使用について以下のように詳述している。「すでに述べたように、後に続く内省を行うために必要とされるのは次のことである。自分の犯した罪に印をつけること、つまりナイフや刀の先あるいは針で自分の犯した罪を記載してある行の端——すべての罪は黒い二本の線の間に挟まれ、各線の端には切り目が入れられている——を引っぱり出すのである。そうやって『審問』を全部読み終ったあとで気づくだろう。その端がラインの外に出ている行に記載されている罪、それこそまさにその責めを自らが負わねばならない罪であることに」。

こう言いたくもなろう。これこそ初めて現れたオブジェとしての書物、最初の可動の印刷物、まさに最初の開かれた書物、最初のコラージュとしての書物だと。もちろんこの書物はそうした類いの最初のものではない。が、それにしても次のような興味深い特徴があることに留意していただきたい。まず印刷された紙面に正真正銘、糊と鋏が介入するということ。次に罪人である「読者」に組み合わせが、すなわち読者のパトスに則って諸断片を構成する選択が、委ねられるということ。こうしていったん告解がなされるやそれを廃棄し、それ以前の状態へと回帰すること、したがって目につくようなものとしては消去すること。これが、罪からの解放と贖いとして、また終りなき告解としての価値をもつのである。果てしのないポエジー。罪として犯されうるあらゆることを完璧に列挙すること、すなわち主要な強度の調査目録を作成すること。こうした特徴のどれをとってみても、そこにはビュトールになじみのテーマ、というよりむしろ道具的実践というべきものが認められるであろう。

そしてさらに、このフランシスコ会修道士が改悛する罪人に宛てて綴った瞑想がある。そこでは、無垢の状態と比べて改悛の状態の方がより高い価値をもつことが説かれている。その論拠は次のようなものだ。「……改悛した罪人は、より稀有であるがゆえに幾分かはより高く評価されてしかるべきである。しかしもし、このことが真実であることを証し立てる論拠として改悛は無垢よりもはるかに辛いものであるからだと私が言い加えたならば——そしてこの私の意見に同意してくれとあなた方に望んだりしたならば、果たしてそれはとんでもないことだろうか！　実際のところ無垢の中には運動もなければ変化もない。で、私はそれを休息と無為にたとえる。ところが改悛とは神の恩寵における奇跡的な変化なのである。自然において大きな石の重みから原子の軽みへと変化するのと同じほどに。私が奇矯なことを言っているとは思わないでいただきたい。というのは、罪人は石よりも邪悪で頑なであるということ、そしてその罪人がひとたび改悛すれば原子よりも軽いものになるのだということ、これについて省察していただければこの二つの変化ほど相似たものはないのだということが分かっていただけるであろうから」。改悛がかくも奇跡的なものであるとすれば、それは改悛というものが状態の変化に近いもの、いずれにせよ大きなものから原子へといった規模に関わる変化であるがゆえなのだ。モル的なものから分子的なものへ。重いものから流体へ。鬱なるものから悦なるものへ。墜落(ナイアガラ)から上昇へ。したがってそれは、その場での可動性の極みであり、ほとんど狂気じみた理解不可能な旅、苦痛と快活とを同時にもたらす旅なのである。

さて、こうしたその場での可動性の極みがあり、どこにも行き着くことのないこのような旅があり、そしてあのほとんど空虚な快活さがある。ヨーロッパ的状態からエジプト的状態へ、人間的状態から猿的状態へ、白人的状態からインディアン的状態へ、パリ住民的状態からパリ郊外住民あるいは地方住民的状態への移行、ひたすらこうした状態の変化にのみ由来するあの空虚な快活さが。軽くなることによって、かつ小さくなることによって生じるこの快活さ、これが明らかにミシェル・ビュトールの仕事の核にある。しかも『切り分けられた告解』におけるようにビュトールの仕事においてもまた、その快活さが一種の贖罪と結びついているのである。

したがってビュトールの仕事とは、ひとつの「切り分けられた告解」だ。贖い主たる強力な何らかの有機体(フランシスコ修道会、「私は托鉢僧である」、教会)によって準備された道具なのである。この道具はすべてのリビドー的出来事の調査目録から生じたもので、苦痛の、そして快楽の肉体である己れの肉体を自らが走破するのを助けてくれる。それは、己れの暗闇を前にして抱く非難の気持ちや憤りを、光に満ちた帝国につくり変えるのを手助けしてくれる案内人なのである。ビュトールがシャルボニエにこう言っているように。「理想的なこと、それを煎じつめれは当然こういうことになるでしょう。私たち一人一人が言葉《モ》の帝国の全体性を再び見出すということに。言葉《モ》の帝国の全体性が、一人一人の目に再び見えるものになるということに。つまり、再び光が射し込み完全な明るさを取り戻したその帝国の中を、一人一人が歩き回れるようになるということに。そして言葉《モ》の帝国が光に満ち溢れるということは当然、現実がまるごと光に満ちたものになるということ、歴史がまるごと光に満ちたものになるということ、したがって自分が何を欲しているのかが自分に分かるようになるということなのです」。「言葉《モ》(mots)」は「悪《モ》(*maux*)」と書いていただきたい。そして想像していただきたい。告解の切片がことごとく引き出され、悪業がことごとく告白され、その告白のための言葉がことごとく見出され、すなわち知られ、欲望の領域がことごとく発見され、踏査され、地図に復原されるのを。

そこでいまや、帝国は光に満ちたものとなる。すなわちひとつの帝国が存在することになるのだ。かつてそこには恥ずべき、憤慨すべき暗闇しかなかったのが。ほとんど怪物的な形のもとで(というのは、話し手の手前すなわち言表の手前にあるものだから)、つまりリストというほとんど怪物的な形のもとでしか調査されえないような空無しかなかったのが。ところでこのリストという語は、「へり」とか「帯」を意味するゲルマン語 lista に由来している。よってリストとは、光に満ちた帝国組織の「縁」、あるいは不可能な場(「へり」とは、思考の及ばぬものである。それによって人が思考するもの、それこそ「へり」にほかならない)、帝国が構築せんとするもの、懺悔聴聞僧が語らせんとするものが蓄えられている場である。要するにリストとは、知性の帝国が愚かさと衝突する「へり」なのだ。告解の切片をことごとく引き出してしまったからには、あなたは軽い原子になった。だが疑うことなかれ。そんなあなたを分子に、有機体に、作品に、帝国に、至上のエルサレムに、もうひとつの都市に、すなわち諸々の欲望が秩序づけられ調和させられてフーリエ主義者になってしまう場所に取り込もうとして、誰かがあなたを待ちうけているのだということを。

切り分けられたもののこうした冒険のいったいどこに倒錯があるのだろうか？　むしろそれは倒錯とは反対に、改宗、悔悟、教育、修養、すなわち形成《ビルドゥング》／教養ではないのか？　支持体に、皮膚に加えられるこうした作業はことごとく、それがロベルトの不透明の肉体へのいかなる横断もいかなる投射もいかなる転移も禁じるというまさしくそのことゆえに、根本的に教育的なものすなわち啓蒙的なものなのではないだろうか？　ビュトールはシャルボニエにこう言う。「たしかに作品の内部には、何らかの漸進的な歩みがあります。どのような作品であれその内部では、読解の仕方において徐々に進歩が生じるのです。この点でいかなる作品もすべて啓蒙的なのだと言えます。およそ出来の良い作品というものはすべて、私たちがそれを読むのを手助けするように作られている。つまり作品における事物の配置の仕方が、その作品の読解をどんどん豊かにしていくことができるようになっているということなのです」(1)。

苦痛と贖罪

だがこの教育的な簡明さに担がれてはならない。二重性というカテゴリーのもとでビュトールを理解する必要があるのだ。苦痛がある。「初め」に、つまり書くときには始終、常に苦痛がある。「私にとって書くことは、自殺と同義のもの、自殺の正の等価物なのです。言い換えれば、死とインスピレーションとの間にはきわめて緊密な関係があるということです。私が書くのは、それは死なないため、自分を死なさないためです。（……）。作家というのは（……）死の彼方から私たちに語りかけているのです」[2]。なるほど。では、この死という出来事、死との出会いを、何らかの方法で定義できるのだろうか、形容できるのだろうか？　できる。そうシャルボニエに答えたビュトールの言葉、非常に美しい言葉（その言葉を生み出すきっかけを与えたのはシャルボニエなのだが）は次のようなものである。「ビュトール〈実際自分を掻き消してしまいたい瞬間があります。自分を取り巻く社会あるいは世界の眺めが、そう思わずにはいられないほど美しく見える瞬間があるのです。そのとき自分は歪みの生じる一部分、一断面といった……〉。シャルボニエ〈まさに余分な！〉。ビュトール〈そうです、自分が余分な一断片だという印象をもつのです。まさにその瞬間、自殺の誘惑が頭をもたげてくる。ところがエクリチュールは、そうしたことを自分の手のうちに奪い返すことなのです〉[3]」。

例の苦痛とは以上のようなものである。つまり余分なもの、余計なものであるということ、空しいもの、馬鹿げたものであるということの苦痛なのだ。ニーチェが超人と呼ぶ者たちを、周知のとおりクロソウスキーはこう呼ぶに至った。「余計者たち」と。この「余計者たち」とは次のような者のことである。つまり「世界」（しかしそれは果たして世界だろうか？　それは全く別のものではないのか？　インパルスが走査する表面といったようなものでは？　「世界」と言ってしまうこと、それは探し求めているはずの治癒を先取りしてしまうことではないのか？）――この「世界」は美しい、十分に美しい、常に美しい、したがってそれを肯定するだけでよい、そう思うがゆえに自分が空無であるということ、自分が己れの所有のもとにはないということを承認しかつ欲する者の謂なのである。世界が美しいと思うまさにその一瞬、ビュトールは自分をそうした余計者と感じる。それが大いなる苦痛の一瞬なのだ。が、留意していただきたい。この一瞬というのは実は始終という意味であり、脅威と苦痛は不断のものなのだということに。それにもましてこの過剰が彼には容認できない。このような過剰は実際、容認しえないものなのだ。彼は書く。すなわちそれを「手の中に奪い返す」。「書くというその瞬間から、私は状況を逆転させることになります。つまり、こう言うのです。そう、世界は美しい、なるほどこの社会はあらゆる類いの美質をもっている、にもかかわらずそれは十分に美しいというわけではないのだと。つまり、自分の周囲の眺めが自分の口をつぐませるに足るほど美しいわけではないと思う道理を、何はともあれ私たちは常にもっているのです。世界は十分に美しいわけではありません(4)」。ここには苦痛がある。愚かさが。享楽とこの享楽自体が己れのうちに含んでいる死との獣性が。だが、そこにはまた癒しがある。諸力の関係の転倒という癒しが。つまりエス（*ça*）の力能に、私（*Je*）の権力が取って代るのである。

あなた方はこう反論したいところだろう。いや、それは権力ではなくて贖罪の道具なのだと。シーザーというよりむしろキリストなのだと。しかし実際のところビュトールのうちには、全き道具媒介性が、ほとんど狂気じみた規模の道具媒介性がある。暗黒大陸を前にして、彼は手段の脆弱さに憤慨する。そして、荒削りで大袈裟な手段を欲する。暗闇を語れるようになるための手段を蓄積しようとするのである。このことをミシェル・ヴァシーは次のように言った。ビュトールにあっては「否定的なものがトランペットを吹いている(5)」と。つまり否定的なものが、道具あるいは手段（生産の）というカテゴリーの場をきっちり占領しているのである。この道具あるいは手段とは要するに、ヘーゲルが若いころ或るテクスト（イエナの『実在哲学I』）の中で「中辞（die Mitte）」と名づけていたもの、すなわち媒体あるいは媒介の場なのだ。ヘーゲルは言う。己れ自身と戦う力能、それこそが手段のすなわち Mitte の力能なのだと。そしてこの媒体すなわち Mitte の最初の形態《フィギュール》は名称なのだと。「名を与えること、それは君主の権利である」と。しかしこのような名の特異性は、滅ぶべく定められている。というのは「声に出して発せられた特異な名を、言語が抹消してしまう」からである。言語によって人は特異性の外に出ていく。つまり人は特異性を、把握することも触知することもできない一つの網の目、永久に繰り返される参照の網の目の中に封じ込め、そうして普遍へと向うのである。これと同じことが媒体の他の形態、すなわち仕事や道具についても言える。仕事や道具は記憶と同じく、まさに無化する力能、しかしながら抑制された力能なのだ。というのは仕事とは、一方では自らの素材を破壊し自らの起源にある欲求／必要までをも破壊してしまうが、それでも他方それらを道具というこの無（つまりゼロ）の中に保持しているのだから。

したがってこういうことである。余計、過剰、空無、そして愚かな無頭、こうしたものによって生じる苦痛あるいは死から彼が逃げることができるのは、まさに良き死、保守的な死、すなわち世界とパトスの科学技術博物館というものに自らを作り上げることによってであるということ。つまり特異なパトスに代えて悲愴美を代置すること。愚かさあるいは狂気（ビュトールは言う、私は書いているのか、それともこれは精神病院なのかと）にほかならない大きな苦痛の極みを、知的に理解しうるものの大いなる支配と権力に変容させてしまうこと。したがってリビドーのあらゆる領野、解体され原子化され切り分けられ粉砕され、言葉は断片となりその断片がさらに粉々になってしまった、そうしたリビドーの領野をことごとく、あの光に満ちた言葉の帝国が回収しにやってくるというわけなのだ。そうしたかけらや屑がいかに遠くにあろうとも、それらを探し求めて目録を作成し、そうやってかけらをひとつひとつ組み合わせて「世界」をもっと美しくしようとする、すなわち世界を再配置、再生産しようとするビュトール。したがって自らを、来るべきより美しいものを生産し再生産するための手段となそうとするビュトール。このように富を——まさしく与えんがために——蓄積しようとするビュトールとは、ほかならぬ言語の博愛主義的金融家、つまり言葉のカーネギーなのである。

ここにきて明瞭になるだろう。言葉、色、身体組織、活字、時間などの諸領野における切断すなわち外科手術。諸身体（制度や文化の）全般を骨抜きにすること。言うべき対象と言うための道具（どちらも同じものである）、それらをすべて枚挙すること、すなわち財産目録にして並べること。何種類もの箱、それらはしかし決して驚異なるものの宝石箱などではなくて、記述人類学的博物館の陳列ケース、あるいは発見物の宮殿でしかなく、ときとしてボルタンスキー某のちゃちな神話の数々を思わせるような、そうした箱の中に整列させること。——このような仕事、つまり横並びに並べ、次いでいささかも偶然に委ねず入念に構成されたコラージュで再構成するという仕事、それはまさに贖罪の企てにほかならないのだと。かつてのローマ帝国が、シーザー的‐教皇的専制主義による贖罪の企てであったのと同様に。

誘惑

エマニュエル・レヴィナスは言う。誘惑の誘惑、ビュトールのうちには誘惑の様式がまるごとあると。私ならこう言うところだ。彼は誘惑の様式そのものだと。それは罪の裡を可能な限り遠くへと赴くことなのであり、この罪とは複数であることの罪、いや複数であることよりなお悪いとすら言えるもの、言うなれば記憶喪失の特異性／単数性の罪なのである。つまりそれは、一回限りのこのものなのだ。そして一回限りのこのものを欲望すること、絶え間なく欲望し直すこと。したがって可能な限り、無頭の特異性／単数性の裡をはるか彼方にまで赴くこと、すなわちものとその諸要素を、言葉とその諸要素を切り分け切り離すことなのだ。要するにそれは頭を失うことであろうか？　だが、完全にというわけではない。むしろ頭を失うために必要なだけのものをもつということ、つまり頭が失われるに任せてはおくが、それはあくまでもその頭を再び見出し救済するためにということなのである。これはまたもや、罪と改悛の弁証法である。改悛する罪人以上に美しいものがあろうか？　もちろん無垢なる者は一人としていない。無垢なる者などいないという事態が要請されている、良しとされているのである。

さて、かの僧侶によってあらゆる罪の調査目録となった『切り分けられた告解』。もしビュトールの全書物が総体としてあの大いなる告解だとするならば、思い描いていただきたい。彼があらゆる可能性に探りを入れている姿を。彼は腰や頭の数々を細かく観察する。あらゆるものが投下／備給されるリビドーの帯を、広げて張る。彼は想像の中で、あるいは（彼が精神にすべてを貯えるのだとするならば）おそらく実際にも、自己形成する、すなわち罪人となる。欲望のあらゆる表面、領域、態勢、時間をすべて、しかもいたるところで実験し、それによってこれらの目録を作成し告白を手に入れようとするのである（「人はこう言う、〈私は君にどうあっても白状させてやる〉[6]」）。だが、なぜそうしなければならないのか。その根拠とは、それが「悪い」からではない（何も悪いものはないのだから）。それは、より良いものがあるからなのだ。そしてそのより良いものとは、言うこと、すなわちこの無秩序、この混沌、この空無な死、このおぞましい余分を、告解として構築し直すことである。とすると、この切断と裁断の全作業は次のことからほど遠くかけ離れてしまう。愚かさに、壮麗なる無頭に、力能の意志に己れを委ねること、つまり肯定と非所有、強度の空なる欲望に己れを預けること、こうしたことからはほど遠く。なぜならこの切り分けの仕事、カッターの使用が教化的なものになっているのだから。すなわちニヒリズム的なものに。つまりこういうことだ。「世界」は良く切り分けられてはいなかった、これを切り分け直そう、これをより美しいものに作り直そう、これをより強い《ルドゥブレ》ものに〔二重に〕しよう、ただし重ね合《ドゥブレ》わすのではなく、待機の状態にあるその分身《ドゥブル》を解放することによって。

ビュトールは非常に美しいテクスト『合い間』の中で、次のように書いている。「しかしたとえ本当に、今ではない他の時間あるいはここではない他の場所がかつてあったにせよ、すなわち他のものを待ち望むことを可能にしてくれるような何らかの瞬間がかつてあったにせよ、またたとえ実際に今、他の時間あるいは他の場所がときとして出現するにせよ、いかなる十字架の影やその悪臭にも視線を妨げられないような領域が、果たして今日という日にひとつでもあるだろうか？　メッセージは不透明なまま、解読されないまま神経を走り続け、血は動脈と静脈を循環し続ける。目と唇の筋肉を除けば痙攣すらほとんど走らないおよそ不動の筋肉が、己れの肉体で包み隠してはむさぼり続けているもの、それはあの髑髏《メメント・モリ》である。われわれ個々の肉体の内部で、甲斐もなく、それでも決して倦むことなく、沈黙した生のもとで聾になっているわれわれの耳元に、その髑髏はささやき続ける、〈死を思え《メメント・モリ》〉と。そう、間断なく耳うちしているのだ、静物《ナチュール》／死《モルト》せる自然の教えを。われわれの内なる縊死者の教えを。息を殺し恐怖から解放されるのを待っている我らが分身の教えを。あるいは己れを解読してくれる人を待っている情報を、己れの恩恵に浴する人を待っている発明を」[7]。今日というのはおぞましいものである、が、またそれは、己れ自身の転倒をひそかに分泌しているものでもあるのだ。もし『合い間』という「このささやかな作品が、はるか彼方にある幸福の時代に到達することがあるとすれば」、「もしそこに到達することがあるとすれば、それはいつの日か、おぞましい今日を廃棄することに何らかの方法でこの作品が寄与しているからだろう。おぞましい――そう、その素晴らしい瞬間にもかかわらず、またその最悪の瞬間を不断に約束しているにもかかわらず、否むしろそれを約束してくれるがためにおぞましい今日を。かくも多くの作品が、あれほどきらめきに満ちているにもかかわらず今日よりなおさらにおぞましい昨日の再来に抗してわれわれを守ってくれているように、この作品が今日の再来に抗してあなた方を守ってくれることになるからだろう、今この瞬間がリンパ腺から倦むことなく楽園の雫を滴らせることによって……。これらの言葉の深海潜水艇に乗り、待機しているわれわれの夜の真っただ中に沈潜していただきたい。その夜の熟成した酒を飲んでいただきたい。そうすれば、自分自身の夜の中に沈み込む勇気があなたのうちに湧いてくるだろう。そのあなたの夜がとても明るく澄んでいることに、われわれは気づくことになるだろう。私は自分の書く文章と文章の合い間に、あなたの憐れみのまなざしを感知するのだ」[8]。要するに書くこととは、おぞましい今日の転倒を企むことなのである。「私は信じてきた、そう、信じてきたのだ。世界の運命は、たとえ取るに足りないほどではあっても自分が何を書くのかということにかかっているのだと。そしてエクリチュールという徒刑の極みにある今も、相変らずそう信じている」[9]。真の異教、それがこれまでに存在したことがあるとするならば、一見して分かることだがそれはビュトールからきわめてかけ離れたものである。というのも真の異教とは、解き放たれるべき分身や脱ぐべき仮面とは無縁のものなのだから。「およそ作家というのはみな、自分の登場人物たちを創り上げることによって自分の顔の上に積み重なった仮面を剝ぎ取るのでしょう。作家はいわば自分の裸形を探し求めに行くのです[10]」。繰り返されるのは差異であって、通常の意味における繰り返し、すなわち同一のものの繰り返しなどない。ところが分身というのは、たとえ改良された分身であってすらも、それは依然として同一のもの、より良い状態の同一のものなのだ。ちょうど樫が樫の実と同じものであるように。真の異教のうちには複数形すらない。そこに在るのは諸々の特異性／単数性であり、諸々の固有名詞であり、そしてやっぱり仮面、何ものもその下に隠してはおらず、ほかならぬ強度を告知する諸々の仮面なのである。

フランシスコ会神父におけるのと同様、ビュトールにあっても可動性は神の降臨のうちに取り込まれる。そして可動性の究極の状態である透明性もまたしかりである。すなわち征服されたものなのだ。『毎秒六八一万リットルの水』の朗読を聞いた後の討論で、リセの生徒たちはビュトールに言った。はじめは唖然とした、そしてすぐさま気づいたのは、ともかくもそこにはやはり何らかの統一性があるということだったと。「どうして泣き声やうめき声がそこに聞きとられるのでしょう？」生徒の一人にこう尋ねられたときにビュトールの答えた言葉、それは次のように要約される。「ナイアガラとはまさにひとつの墜落なのです。苦悩であり罪である、つまり失われた楽園なのです――だからこれもまた、私の制作の中に位置付けなければならない、すなわち私の帳簿に記入しなければなりません」。

とすると、作業の機能がはっきりしてくる。細分化とか列挙という作業は、罪人を限りなく原子に近づけるものとして、すなわち誘惑として機能し、かたや構成とか組織化（数学的な）という作業が、止揚、贖罪、神の降臨として機能するわけである。しかしこうしたものはすべて、作品のテーマの中にあるのではなく、彼が作品を生産するその方法の中にあるのだ。倒錯と改宗とが。

出会いとの出会い

苦悩から、すなわち死‐享楽から新たに出発することにしよう。『ミラノ通り（*Passage de Milan*）』でテーマとして存在しているこの死‐享楽、それはアンジェールの死である。稲妻の両義的な光景、一種の原光景、不可能な出来事、性的攻撃。これについてビュトールはシャルボニエにこう語っている。

「私の書いたものには死者はあまり出てきません。登場人物を殺すことは私にはなかなかできないのです。でも彼女の場合はたいして悔いなく殺せました。なぜでしょう？　彼女はその建物の中で、いわば在りうる祭りをすっかり血肉化した存在であったからであり、私にとって真の祭りに到達するためにはその建物から外に出ることが必要だったからなのです。したがってこの少女の死は、いわば大いなる抹消線なのです。そうです、かの大いなるX、白であれ黒であれともかく大いなる棒線なのです。十字架、すなわち鳶《ミラン》の影の十字架、やって来てすべてに棒を支《か》う（線を引く）あのXなのです。おそらく彼女の死は十分に根拠のあるものとは言えないでしょうが、このことは、彼女の死がいわば外部からやって来るべきであるがゆえにたいしたことではないのです。彼女が死んだときから、いわば私の幼年そのものであるこの世界は棒線で抹消されるのです。このときからこの世界を検討しなければならなくなる、そして出発し、他のことをしなければならなくなるのです」[11]。したがって、書き始めるためには、そしてもうひとつの祭りに向けてすなわちエジプトに向けて旅発つためには（目撃者である恋人ルイはエジプトに逃げる）、一人の少女が殺されねばならなかった。アンジェールの死がインド的空間を開くのである。

しかしこの「インド的空間」とは、ひとつの自然、真の外在性などではない。思考の及びうるひとつの劇場にすぎない。自然などない、諸々の文化しかないのだから。アンジェールの死はロベルトの皮膚を毀つ。エジプトで出会うもの、それは生命つまりもうひとつの祭りではない、それは依然として死なのだ。アンジェールの死を補完するもうひとつの死、いわば裸の空間——と言ってもやはり仕事の手が入った空間、網状の空間、同一表面のもう一方の端なのだ。したがって彼はエジプト人やインド人になることはできない、女になることはできない。民族学者なのだ。そして民族学とは二枚舌にほかならない。二重性という意味における倒錯にほかならないのである。つまり崩壊にさらされている「野性」を救おうとする、そしてこの「野性」を救おうとして、これに秩序をもたらそうとして、さらに一層崩壊させてしまうということなのだ。「なんと私は自分自身エジプト人になり始めていたことか。ああした無秩序にどっぷり浸りきったために、私自身もまた次のようなことを是が非でも必要なことと見なすようになったのだ。すなわちそれら無秩序を減じなければならないということ、そして人を脅かす混乱の中に少しでも秩序と明晰さを導入しなければならないということ、また私自身いやおうなしに参与しているこの荒廃、それが進行しているこの土地を、もう少しよく知らなくてはいけないということを。したがって、ミニエで私にその片鱗しか見えなかったばらばらの諸要素を、正しく関係付け位置付けなければならないということを、……」(12)。つまりエジプトとは書かれるためのもの、言葉の帝国に改造されるべき暗黒大陸なのである。

己れの非所有性、無用性、それから生じる同じ苦痛が、空なる享楽から生じる同じ煩悶が、再度エジプトの地に現れ、前と同じ支配の強迫、帝国の強迫をひき起すことになる。次に引くのはミニエでのハシッシュ体験である。「自分のことに関して言えば、私は知っている。ああした効果が衰え始めるや直ちに僕を襲ったもの、それは不満足と落胆の感情だということを。なぜならそれは、あの美しさ、あの感動は、あの葉っぱの力を借りずとも感じ取ることができたはずなのだから。(私は夜の渓谷の真っただ中にいた、われわれは歩いてミニエに戻るところだった)――しかしそれがどの程度までだかは、私には測ることができなかった/というのはその美しさが、従来もっていた幻想どおりに私に与えられるどころか、私の方はその美しさに到達しえたはずなのにそれが突如として拒まれてしまったからであり/あの何時間というものが今日まで光を放ち続けているにもかかわらず、ちょうどあるテクストの不確かな条りに線を引くように、あの何時間というものに疑問符をつけないではいられなかったからである」(13)。要するに、秩序を回復させずに済ませられるような場所などない。いたるところに少女たちが死ぬ危険な祭りがあり、いたるところに救われるべき耐え難い強度がある。場所などない。*où*(場)は抹消されて *ou*(……でなければあるいは)となる。例証は人を、ひたすら例証それ自体に差し向けるだけである。事物そのものは存在しないし、個人そのものも存在しない。

それでは果たして何に出会うのか? 彼が出会うもの、それは出会いそれ自体である。これこそが表面の網がもつ機能であり、造形的ないし書記的な支持体を価値づける秘密であり、皮膚に至高の審級という資格を与えるものなのである。このときこれらの網は、ただ単に秩序をもたらすためだけのものではなく、出会いが生起することを可能にするためのもの、ひたすら己れ自身へと差し向けられるだけの交差を可能にするためのものなのである。これこそ雑誌『アレフ』での対話のテーマにほかならない。要するにさまざまな都市があるにすぎないということ。世界とはひとつの都市であり、その都市とは、一冊の書物であり、その書物とはひとつの都市‐世界なのだということである。(14) さまざまな異質な時空の、元来不可能なはずの共存としての都市。我慢のならない無意識としての都市。そしてこのとき逃走が始まる。逃走としての旅が出会いを迎えに行くのだ。この逃走とはまさに鉄道のレールや空中廊、活字の作る行やモンドリアンの長方形、シェーンベルクの音列や『音楽の捧げ物』の中のカノン、こうした逃走線上の逃走にほかならない。狂ったニジンスキーの山道の逃走、つまり目的地のない逃走なのだ。パリ郊外の、とある薄汚いアパートで死んだ娘。すなわち短く耐え難い苦痛、そして放恣で高度な強度、さてはなにかサディズム的犯罪のような、あるいは恐ろしい事件のようなもの。こうしてひとつの出会いが出来事を巻き起し、「ルイ」すなわち「ビュトール」は一挙に逃走の旅に投げ出される。あらゆる出会いと出会うための旅に。

逃走の旅とは何かと出会う旅ではない。それはひたすらさまざまな出会いに出会う旅なのだ。それはどこかに行き着くものでもなければ、何も、誰も、それを止めることなどできない。それは遍歴というものですらない。それは苦痛に起因する動揺であり、苦痛と同時的に存在するものなのである。この旅はそうした苦痛を運搬する。それを結わえ付けるために。そうしてできるさまざまな網はしたがって、苦痛の痕跡であると同時にまた別の網、その中で彼がなんとかして苦痛を手のうちに捕えてこれを結わえ付け、鎮静させ、気分転換させ、方向を逸らせ、形に仕上げようとする網すなわち形成《ビルドゥング》／教養の網を形作る。いわば「マイスター - ビュトール」の修業時代だ。しかしこの修業には終りがない。托鉢僧であり、何にもまして逃げ（*faux-fuyant*）（なんと美しい言葉だろう！）なのだ。なぜなら、無意味な苦痛によって開かれた書物 - 世界への途上で修業する主体と想定されるあの語りの審級（それはビュトールなのか？）が何を学ぶのかと言えば、果たして何も学びはしないからだ。語りの審級が学ぶもの、それは何ら個別的なものでも、一般的なものでもない。語りの審級は、さまざまな事物や主体の解体すなわち己れ自身の解体を、己れ自身の苦痛と享楽とを学ぶのである。

それゆえ、私はパリを憎む、したがってパリから逃げるということはまさに、私はパリを愛している、だからパリに戻る、ということになる。

転　送

ここで、微妙な問題に触れて失態を演じることになるとしても、次のように言わねばならないだろう。ビュトールの作品の裡にある文化教養の誇示、ビュトール自身がときにそれを頼みにすることのある教養の誇示、まさにそれこそが世間に彼を文化人と認めさせ、いまや彼は古典作家になりつつあるとか存命中にしてすでに不滅の人となりつつあるとか語らしめ、彼に教師を自任させ、ほかならぬこの討論会自体を招いたのであるが、むしろ私はこう言いたい。こうした教養の誇示に甘んじたとき、人はその罠にはまるのだと（それは読む側のわれわれにも彼自身にも同様に起ることである）。彼は往々にして自分を、知と想定された主体、あるいは同じことだが光に満ちた帝国（それでもまだなお明るくする必要のある）と自分で見なし、また人にもそう思わせることがある。だが私はこう言おう。彼がパリを憎みそこから逃走しながらも再びそのパリに戻って来るように、彼は大学的知の場を憎みそこから逃走しながらも常に世界中の大学で教鞭をとっているし、おおかたの作家たちよりはるかに文学を憎みそれから逃れようとしながら不断に書き続けているのだと。そしてこのような深い憎しみと逃走、それが恋い焦がれているものとはまさしく、当の憎しみと逃走それ自体が恐れているもの、すなわち誘惑なのだと。

したがってこのような教養／形成《ビルドゥング》とは、本当の意味で教化的なものとはいえない。そもそもビュトールの仕事の目的は、決して教養／形成ではない。こう言い切る以上、私はここでビュトールのあらゆる発言、常に教化的なものである彼の発言の意表を実際に突いてみせなくてはならない。その発言とは、たとえば次のようなものである。制作としての作品、百年間組板の上にあるパン、仕事の苦役、世界を救うこと、透明性の方へ、制作の全テクノロジー、膨大な「ブリコラージュ－デクパージュ－コラージュ」、私はどのように仕事をするのか、完成された制作品（『対話』）。もっと一般的な言葉では、登場人物が明確な形をとって語りの審級と同一化する（すなわち、自分が「仮面を脱いでいる」と思い込む）につれての、一種の自己教化。すなわち作家というものの奇妙な不朽化――ただし彼は他の誰よりも、作家というものが在りえないものだと知っているのだが。

さて、こうしたことをすべて彼は言っている。首尾よく成し遂げたあの修業、あの成功、作る術を知っているあの知識、あの熟達、あの自己帰属、そうしたことを言わないように、あるいはやらないようにすることは彼にはできない。たしかにビュトールには、シェーンベルク的意味における構成の、あの専制的で尊大な次元、音や言葉や色や場面を支配する、怒りの極みに追い込まれた演出家の権力がある。

この点については、まずこう推察してもいいだろう。シェーンベルクと同様、あのような方法で、すなわちあの明証性とあの挑発的な透明性でもって発揮された権力は、まさに既成のものに背をむけると。ビュトールにあってはこうした事態がテーマのすべてであり、批評的かつ挑発的な機能をなしている。がそれは彼自身が偉大な作家たちの「批評家」となって、彼らの光に照らして自分がしていることを批評するという意味においてではない。そうではなくて書物‐世界の中から切り取った断片のデクパージュ、コラージュ、モンタージュそれ自体が即、一般に受け入れられている配置の仕方（つまり一般に受け入れられている書物と世界）に対する批評として、また書くという仕事そのものの提示として機能するという意味においてなのだ。構成者のあの権力は残っている。ただしまさに並外れて巨大なもの、規範をはみ出たものとして。一般に受け入れられているあまたの文学モデルとの断絶が、作品の端から端まで不断に継起している。ビュトール自身はこう言うかもしれない。私の本はすべて批評的オブジェなのだと。それでもなお私は自問する。果たしてそうだろうかと。彷彿とさせられるのだ。アドルノが明らかにしているシェーンベルクの両義性を。アルトーが示唆していたブルトン的シュルレアリスムの両義性を。

私が思うにビュトールにおいて肝要な点は、批評すなわちテクスト構成的な批評ではなく、置き換えである。すなわち、リビドーの場↓大地↓本といった大いなる等価物を顕現させるような一連の位置ずらしなのだ。この位置ずらしから生じる表面は、場というものではない。それはあのパリのアパートがすでにそうであったように、体制の外で機能する狂った諸器官からなる都市、すなわちリビドーの諸強度が通過する単一面の帯なのである。ビュトールの位置ずらしとは、彼のあの耐えがたい享楽‐苦痛を背負ってこの帯を描き出す転送にほかならない。そしてこうした位置ずらしは次のことを顕わにする。つまりあらゆる時空間を、それもただ単に愛する少女の強姦と死の時空間のみならず、エジプトで、アメリカで、『失われた時を求めて』で、またモンドリアンとロスコの間などで出会う同じような我慢のならない他の共存不可能な時空間までもそっくりこの帯は含んでいる、含みうる、いやむしろそれら同士を接合しうるものだということを(「含む」というのは非常にまずい言葉だ。もっとも「統合する」というもっとまずい言葉を、ビュトールは「オペラすなわち劇場」の中で使っているが)。

したがって、旅のもつ力とは本当のところ批評などではなくて、まさに逃走、走査、錯乱した道筋なのである。アンジェールの皮膚、アパート、エジプトの地、イギリスの時間、ローマの列車、アメリカの碁盤縞といったものからなるたったひとつきりの表面を生み出すことなのだ。

シーザー的専制政治

再びあのアンジェールの死から出発しよう。彼女は胎内から帝王切開でシーザーを生み出す女である。ビュトールの政治の核である。ビュトールは政治家なのだ。つまり彼女は一人のシーザーを生み出す、ビュトールはシーザーとなる、そして「このシーザーは二つの顔をもつ」(K・リジク)のである。まず、所有権を剝奪され、エジプトで再び見出したリビドー的身体の上を逃走するシーザーがいる。そこから逃れようとして母胎の外へ無理やり飛び出した当のもの、すなわち享楽と死あるいはこのうえない苦痛と、エジプトで再び巡り会うシーザーが。彼は遁走する。怯懦にかられて。しわくちゃで、陥入し、襞や浅い溝でいっぱいの、ところどころにリビドーが投下されたあのメビウスの帯のような土地、ルビコン河やブルターニュ、ナイアガラや朝鮮、こうした土地の表面に彼は追い込まれる。つまり偶然性に生きる冒険的なシーザー。しかしそのもう一方には恐ろしいシーザーがいる。『回想録』の、測定の人シーザーが。自分は自分自身と一致していると主張するあの知性のシーザー。ブルータスによって殺されねばならないシェイクスピアのシーザーがいるのだ。この構成者シーザーは、道具や形式といった強力な統治機構の形態つまり専制的支配の形態のもとで、彼が自分の裡にもっているあの怖れ、すなわち自分自身を生み出す女を、自分の外に放逐しようとする。

そこで、いたるところに亀裂が広がる。切断作業、細工した可動のポストカード、コラージュとモンタージュ。修正されて皇帝となった世界。こうして帝国主義者の帝国が連綿と続く。それはシーザーから始まってローマ教皇、古きウィーン、ロンドンのシティ、そしてドイツ第三帝国のベルリンを経てそうしてワシントンへと、あらゆる帝国の中心であるワシントンについての賛嘆すべき記述へとわれわれを導くのである。(15) つまりオベリスクからオベリスクへと。ところで今ワシントンについての賛嘆すべき記述と言ったのは、それがまさしく二人のシーザーの視点で記述されているからなのだ。そこでは逃走するシーザー、苦痛極まりない享楽に狂うシーザー、いうなればあのインディアン、容赦のない諧謔(ユダヤ的、チェコ的、カフカ的な諧謔、押し潰されたものの諧謔、法に打ちのめされたものの諧謔、というのはインディアンは、白人の民族学者らには不可能な民族学をつくるものだから)をもったインディアンである彼が、「ジェファーソン‐ホワイトハウス」と「リンカーン‐国会議事堂」という二本の線の出会いが形作る十字形のモニュメント、自分自身を焦点とする十文字のモニュメントを凝視しているのである。要するにこの驚嘆すべき記述は、永遠のローマについて、すなわち所有者であり君主であるシーザーについて、所有権を剝奪され遁走者となっているもう一人のシーザーが記述したものにほかならない。まさに自分を追放する立法者を記述するアウトロー。だがこのアウトローと立法者とは、同一者なのである。

フーリエにおける精神的純粋主義。そこから他のあらゆる関係がすべて生じる白い関係。と同時にフーリエの帝国主義も。それについてビュトールは、永遠に変らぬ王すなわちシーザーが必要だったのだと言う。まさにそれこそアンジェールの死の中にあるものなのだ。そこで告げられているのはこの至高の狂気、すなわち政治的なものの真髄にほかならないエジプトの征服なのだから。エジプトとは暗黒大陸である。フロイトは「狼男」の無意識について、次のように言っている。それはエジプトと同じようなものだったと。つまりあらゆる文明がそこでは不可能なまでに共生しており、いかなるリビドーの投下も放棄されることはないのだと。素晴らしいパラドクス、文法錯乱。青年シーザーとはまさしくこうした書法錯乱、ほとんど書法に反していると言えるリビドー的書法錯乱なのである。ビュトールの書くページはこの書法錯乱であり、あの言い淀みであり、あれら構成不可能な引き裂く(切り裂く)諸々の強度である。それはまさしく今流行りの書物破壊術のヴァシーなのである。だが同時にそうしたものを、皇帝シーザーすなわち構成者たる作家ビュトールが統一しようとする。彼はそうしたさまざまな場を統一したいと思う。それらを結集し宗教を生み出したいと思う。つまりそれらに告白させたいのだ。アンジェールの死であれ、自分の死であれ、インディアンたちの死であれ、死というものを実らせたいと望むこの戦略家、この専制君主は、打ち負かされたエジプト人やインディアンたちが言わねばならなかったのにまだ言っていないことをことごとく、ローマやワシントンの中心の大いなる零度の上に追い立てる。要は彼らエジプト人やインディアンをして語らせることである。したがってシーザーの視点に立ったとき、問題は、敢えて語るとか敢えて語らしめるとかいうことではなくて、語る術を知りそして語らしめる術を知るということになる。「ビュトール〈二重の怒り、二重の憤慨があります。まず、自分の目に見えるものからやって来る憤りがあるのです。語られてはいない何か、しかも語られなくてはならない何かがあると分かるのです。物事の奥行きが深く計り知れないようなときには、それについてどう語ればいいのかその術が分からないから語らないということがあります。ともかく何かが欠けているのです〉。シャルボニエ〈《どう語ったらいいかその術を知らない》というのは、《敢えて語ろうとしない》というのとはたしかに違いますね〉。ビュトール〈敢えて語ろうとしないものもいろいろあります。しかしとりわけ重要なのは、それについてどう語ったらいいか分からないものなのです〉(16)」。したがって彼は懺悔聴聞僧あるいは宗教裁判官となって、いまやそうしたもの自身に語らせるために言葉と文法を賦与し、それらに息を吹き込もうとする。ちょうど『切り分けられた告解』でルテルブルベル神父がするように。まさに語るための道具、すなわち辞書と責め苦、つまり学校。

止揚と収縮

ビュトールの旅とはしたがって、リビドーの二重性の旅にほかならない。逃走と征服の二重の旅。逃走、諸々の輪郭線、液体や音響のさまざまな容量《ヴォリューム》／大きさ。そしておそらく普遍化された相対性。つまりかかる運動すべてをそこから思考し計量し測定することができるような、そうした中心になる観察点の不在、すなわちワシントンのオベリスクの不在。このとき、めまいが起る。指向対象の喪失によって起りうる、少なくともそうした仕方で相対性というのを理解したときに起りうる精神錯乱があるのだ。そして相対性をそのように理解したときに立ち現れてくるのは、なんとしても特異性／単数性にまで行き着かねばならないという必然性である。つまり原子にまで細分化された群衆の複数性、民衆の指導者の複数性を廃棄して、ほかならぬ固有の名に、すなわちもはや何の記号でもなく価値や意味の埒外にあって特異な強度の通過としての記号にこそ、行き着かなければならないのだ。自らの意味を告白するためにに何らかの網の目や構造あるいは碁盤縞すなわち警察組織といったものの中に組み込まれる必要など全くない力能に。苦痛のそして快活さの力能に。何ももたないのだから何ら告白すべきものもなければ何ら意味なども もたない力能に。テンソルあるいは強度といった、突発的で偶発的な、狂った熱狂としてしか確認されえないような力能に。逃走は、『イリュストラシオンIII』という「小典礼集」で示されている、あの領域へと導く。このような観点に立ったとき、われわれは次のように自問せざるをえない。ヴァシーやディエテル・ロットのカッターですら、あるいはゴジョヴズィクの焼却ですら、あまりにも秩序をほのめかしてはいないだろうか？　私はそこに、音楽で言うならプスールの諸作品よりも、もちろん『ミュロー＋レインフォリスト』のようなケージとチュードアたちのあの大いなる出来事よりも、むしろシュネーベルの『アテムスチュケー』を見るのだ。

ビュトールすなわちエジプトのシーザーは、いまやそこに行こうとするだろうか？　皇帝の、教皇の、イエズス会の、構築者的かつボルシェヴィキ的な伝統を彼は切り抜けるだろうか？　シェーンベルクから、あの手のつけようのないほど出来が悪く天才的な弟子ジョン・ケージへと、彼は移行するのだろうか？　最近のテクスト『イリュストラシオンIII』を読んでみよう。というのは、そこにこうした運動が見て取れるように思うからだ。次に挙げるのは、偉大なる透明人間ジャック・ヘロルドの到来を早めるための「小典礼」、「腹の鏡」[17]である。

「密集した群衆の真っただ中で――午後六時のパリのメトロを思えばよい、だが東京の電車やバスでもいいだろう――体のいろんなところを互いに押し付け合っている中で、一人の女の腹を注意深く観察する、彼女の肌、その性器を想像する、ふさわしい大きさに自分を縮小し、彼女の子宮の中に身を置く、自分が授かった胎盤を通して彼女とコミュニケーションをとる、時の流れを逆転させる、彼女の中であなたの起源であるオルガスムを再び生きる、彼女を若返らせ、彼女の幼年期から生誕への時期を辿りなおし、彼女となって彼女の母親の腹の中に身を置く、その母親のオルガスムを再び生きる、その母親を若返らせ、その幼年と生誕の各時期を辿り直す、こうしてついに原初のヒトにまで、原初の脊椎動物にまで、到達不可能なこの世の始まりにまで遡る。

あるいは（観察者が女であれば、まず次のようにする）――一人の男の腹を注意深く観察する、彼の肌、その性器を想像する、ふさわしい大きさにまで自分を縮小し、その睾丸のひとつに身を置く、時の流れを加速する、彼の妻の腹の中に流れ込み、卵子を抱擁し、成育し、その息子となって生れる、成長する、声変りする、恋におちる、欲望に震える、欲望とともにまた別の女の腹の中に流れ込む、そして自分が今観察している男の孫息子として生れ、成長する、このように連綿として果てしなく幾つもの世紀をへる。

愛が二つの旅を同時に辿るようにする。精密さが得られれば得られるだけ、ますます快活さが増進する」。

再び「小典礼」、「脳髄の洞《ほこら》」(18)から。

「山を散策するとき、大きな岩をひとつ選んでその諸部分に自分の肉体の諸部分を同化させること(解剖学的知識がここでは大いに寄与する、というのは来るべき透明性はこうした作業の細部に依拠しているから)。そこで刀を取り出し、岩の口があるはずのところを引っ掻き、石の唇を切り離す。歯の間に刃先を刺し込む、もともと自分に備わっている頭部にある歯をかみ締めながら、なんとか石の歯を押し開こうとする。もとからある自分の頭部を引っ込める。その頭部が両肩の間を下降し、腕の内部に沿って滑り、手の平の皮膚を通過し、刃の中に流れ込み、刃先と合体するようにする。こうしてそれが洞の中にすっかり入りきってしまうと、それに喝采を送ろうとして洞全体が光り輝く。前からある肉体の残りが全部、袖を裏返すように、これに続く。ようやく自分自身の頭部に落ち着くと、岩の諸結晶、その各々が肉体と同化したそれぞれの領域に指令を出すのだが、この岩の結晶を操作して、各領域に生気を与え、それらの位置を検証し調整する。微かな振動を通して投影から浅浮彫りへと移行すること。この浅浮彫りをかまどの中の練り粉のように膨らませること。そうすると、くっきり浮かび出るのだ、高浮彫りが。こうして出来上がった新しい石の皮膚は、もとからある古い皮膚と区別できないものになっている。再び小径を辿る」。これらのテクストは、「精密さが得られれば得られるだけ」とか「増進する」といった言葉があるようにたしかに幾分シーザー的専制政治に犯されてはいるが、それでもやはり、「快活さ」「再び小径を辿る」「自分を縮小する」「引っ込める」といった言葉が顔を出している。

しかし他方に征服の旅がある。この征服のビュトールは、誰もが知っている彼、ビュトール学者や構造主義者、博士論文準備中の学生、討論会などの研究対象であり、バカロレアの主題となる彼であるが、それはまたフーリエのビュトールでもある。なぜならフーリエもやはり、リビドー政治学の皇帝シーザーにほかならないからである。この点を最も明確にしてくれるのが、かの征服の旅の途中、一九六七年イスラエルからの帰途に行った雑誌『アレフ』での対談であろう。その旅とはちょうど将軍がするように、地図や交通案内書を携えた旅である（私はボルヘスのかの中編小説を思い浮かべる。それは、皇帝が帝国のあまりにも精確な地図を作らせようとしたために、帝国はその地図にすっかり覆い隠され、国全体がその地図を支えるための犠牲となってしまうというものである）。ビュトールは資料を収集し、網状のシステムを、詩の機械を織り上げる。「私はいわば電子計算機のように仕事をしてきました。もし意のままに動く機械があったなら、どんなに役に立ったことか！　だから機械の仕事を私自身でしなければならなかったのです。純粋に詩的な目的のために(19)」。「地球は私にとって大きな辞書のようなものであり、そこにある基本的語彙が都市なのです(20)」。つまり地球とは、征服されようとして、生産されようとして待機しているものなのだ。なぜなら辞書というのは、さまざまな強度からなる表面ではなく、そうした強度の官僚的目録なのだから。つまりそれはもう出来事ではなく、それを登録したものであり、悦楽の殺人や強姦の苦痛などではなくてそれの目録（*relevé*）（公式の終了（Aufhebung）！　つまり交替（relève）、これはエジプトの官僚やローマ教皇の用語である）なのだから。ちょうどすでに『切り分けられた告解』が、啓示の物語によって開かれる空間と罪人との間に罪障目録を、あるいはその列挙を介在させているのと同様に。地球は征服されるのを、すなわち制作工の妙技が施されるのを待ち構えている。地球とはすなわち言語、ありとあるすべての言語である。（そして諸言語については、常に同じためらい――「ああ、それらをことごとく知らねば」――「幸いすべての言語を知る必要はない、しかしそれらの不透明性そのものを操ることができねば」――諸言語の不明瞭さでもって、明瞭さを生み出すことだ――等々)。

地球とは、今すでに語りつつある書物ではない。それはこれから語の配置がなされるのを待っている辞書である。それはナポレオンだ、法典の制定なのだ。このときにとられる政治的な立場は、ナポレオンが信じさせたがっていたような悲劇ではなく、パラノイアとしてのそれである。自分が神の位置に、あるいは神の傍らにいると思うほどの狂気。世界をよりはるかに美しいものに作り変えよう、世界を救済しよう、これを別様に裁断し直そう、そしてこれをはるかにより良く配置しようとする狂気。地球を、辞書、雑誌、すなわち蓄積されたもののカタログあるいはリストとして作り上げる。恨みを込めて、ねっとりとした甘美な憎しみの念から、そのリストの中に隠されているものすべてに自白させ、吐かせてしまったうえでひとわたり丹念に調査し、それで美しく均整のとれたフーリエ的完成品を作るのである。「でも私はそうしたこと、つまり作品の制作過程を呈示することを敢えてやってみようと思ったことはありません。というのは目下のところ私はずっと、一個の完成品を作ろうと努めているのですから。そもそも私はこれまでずっと、厭というほどこの完成品というものと四苦八苦の思いをしてきたのです! ……」(21)。神と同様、シーザーの身体はひとつの完成品なのだ。逃走は無限である、だが帝国の設立というものが帝国の有限性を、境界を、辺境の要塞地帯を探し出す。このようにして托鉢僧シーザーがそこから逃れようとするまさしくその当のものを、かたや皇帝シーザーが、己れの征服物の周囲に引いた境界線上に再び見出すことになる。するとまた新たに脅威が生じる。死というものが、外部からやってくる気配がする。こうして再び仕事が始まる。この辺境の要塞地帯を前進させ、境界線を越え、前方の暗黒大陸に向けて逃走を再開するという仕事が。エジプトのハシッシュの誘惑。クレオパトラ。それらを帝国主義的エクリチュールによって手のうちに奪還すること。こうして延々と続くのだ。いつ果てるとも知れないエクリチュールへの奪還が。権力に身をやつした驚嘆すべき逃走にほかならない、飽くなき帝国主義の懐への奪還が。

＊

『切り分けられた告解』には、切り分けのもつ両義性がある。つまりそれは、まず可動の書すなわち己れの物質性を旅する書としては最初のものでありながら、同時に教化善導の、漂流民定住化の書物としてはN冊目のものであるということ。換言すれば、流体的な逃走という点においてはモダンでありながら、贖い主という点においてはローマ・カトリック的な書物だということである。それはまさしく倒錯の両義性にほかならない。幼年期の倒錯、さまよえる多形性倒錯、リビドーの表面に任意につけられたエロスの道筋、欲望が行きあたりばったりに辿る行程。こうした彷徨を、売春婦的倒錯（イエズス会とは娼婦にほかならない）が捕獲し利用する。或る偉大なひも、或る偉大な商人（売春仲介人）を利するために。強度を闇取引する教皇シーザーを利するために。こうしてシーザーをもってして、有罪性なるものが強度の上に影を落とすことになる。したがって無垢から誘惑へと、すなわち無垢から贖われた罪へと位置ずらしが起るのだ。

書物の表面を変質させることで、つまり書物の表面そのものをそこに強度が道筋をつける支持体に作り上げることで、ビュトールは幼児的な多形性倒錯の方向を歩む。このビュトールは、もう一方の倒錯すなわち享楽の金融家の倒錯しか知ろうとしないクロソウスキーとは、まさに対蹠点にある。表面に書かれたものの空無性。つまり何らかのレフェランスとか意味とか語りといったものの消滅（『イリュストラシオン』）。もはや空虚な皮膚と空虚な空間しかない。

　ただし彼は他方でその皮膚を組み立てる。これにひどく古典的な刺青をし、それを縫い合わせては、可能なものを、そしてそれら可能なものの組み合わせを、増殖させる。こうして彼は立派な仕立て屋になる。このときいかなる出会いとも、もはや出会えない。出来事のもつ暴力性を帯びた出会いとは。だが、かかる出会いが決して起らないとは言わない。そうでなければわれわれは、現に今こうして彼のことを語ってはいないだろうから。もちろん、そうした出会いは起るのだ。己れ自身の所有権を剝奪してしまう例の強度との出会いが。たとえばあの美しさ――二、三の「小典礼」に見られるような、あるいは『合い間』の中の一、二の条りにあるような、さてはまた『モビール』の全ページがもっているようなあの美しさが。しかしながら実際のところ、こうつぶやかざるをえない。――なるほど、だがそうした美しさはそれ自身のために、その閃光のような美しさのために、すなわち苦痛と享楽をまたもや肯定するためにそこにあるのではなくて、あれこれのものと対をなすために、要するに何らかの行程におけるモーメントとして働くためにそこに置かれたのだ。そこには何らかの構造がある、それを私は発見し占有しなければならない。そうした組織化こそがすべてなのだから、云々――と。ほかでもない、これは第二の意味における倒錯、帝国的イエズス会である。そうした強度、あなたがそこに浸っていると思っているそれらの罪、あなたが食するこのパン、あなたが享受するこれらの技、そうしたものは構成され・て・い・る・のだ。それは今再び神の、皇帝のものであり、神なるシーザーにふさわしく、それゆえ神なるシーザーのもとに回帰すべきものなのである。それが専制主義の当然の帰結というものだ。あなたはまさに自らの幼児的倒錯を奪・わ・れ・て・い・る。倒錯とはいまや君主の、教育者の、懺悔聴聞僧の、構成者の倒錯にほかならない。自分自身の幼児性についての権利を、もはやあなたはもってはいない。あなたは指導される。つまりあなたは犠牲者でありかつ共犯者なのだ。ビュトールの欲望とはまさに、あなたを是が非でも指導することなのである。かたやわれわれは願う（すなわち欲望する）――彼がそこに行き着くことが決してないことを。彼によっていつの日か未完-無限（in-finis）の作品が生み出されることを。苦痛と享楽とがくっきりと表に浮かび上がることを。そして栄光と専制主義から彼自身が解き放たれることを。彼の敵対者の中にあって最も友情厚いわれわれと共に。

（1）Georges Charbonnier, *Entretiens avec Michel Butor*, p. 69.（『ビュトールとの対話』岩崎力訳、竹内書店、一九七〇年、八六頁）
（2）*Ibid.*, p. 37.（邦訳三九—四一頁）
（3）*Ibid.*, p. 43.（邦訳四六頁）
（4）*Ibid.*, p. 43.（邦訳四六—四七頁）
（5）*Butor, Colloque de Cerisy*, 10 / 18, p. 112.
（6）*Entretiens avec M. B.*, p. 72.（『対話』七九頁）
（7）Butor, *Intervalle*, p. 86.（『合い間』清水徹訳、岩波現代選書、一九八四年、一七六—一七七頁）
（8）*Ibid.*, pp. 90-91.（邦訳一八四—一八六頁）
（9）*Ibid.*, p. 157.（邦訳三二〇頁）

(10) *Entretiens avec M. B.*, p. 59.（『対話』六四頁）
(11) *Ibid.*, pp. 86-87.（邦訳九六―九七頁）
(12) Butor, *Le Génie du lieu*, pp. 164-165.
(13) *Ibid.*, pp. 161-162.
(14) *Aleph*, n° 1. 1967, pp. 54-55.
(15) Butor, *Mobile*, p. 131.
(16) *Entretiens avec M. B.*, pp. 69-70.（『対話』七五頁）
(17) Butor, *Illustrations III*, p. 92.
(18) *Ibid.*, p. 76.
(19) *Entretiens avec M. B.*, p. 161.（『対話』一七〇頁）
(20) *Aleph*, p. 55.
(21) *Entretiens avec M. B.*, p. 117.（『対話』一二七頁）

第五章　デカダンスの時代における策略

批判、少数派

本論は批判の視点を避けることを目指す、とまずは一種の警告めいたことを記しておこう。批判は表象の本質をなすひとつの次元である。批判は演劇的な秩序の中にあって「外部」にとどまることである。この外部は常に内部との関係で位置付けられる外部であり、つまりは中心との相関関係のうちにある周辺である。外部と内部との間にはいわゆる弁証法的な関係が成立している。この関係が批判の自律性を救うのはとうてい無理な話である。

この関係は次の二つの可能性に従う。第一の可能性は、周辺が中心を征服する可能性である。転倒によって己れが権力を握ること、これが批判の第一の運命である。第二の可能性は、中心が己れ自身のために、つまり、己れのうちに内的な力動を作り出すために、周辺を位置付け利用する可能性である。対立させること、これが批判の第二の運命である。いずれの場合も、華麗な死である。

華麗ならざる死者たちがいる。思い付くままに列挙しよう。一五二五年五月、フランケンハウゼンの虐殺に始まるドイツ農民運動の根絶。四世紀、ローマ領北アフリカにおける異端ドナトゥス派、シルコンチェリオン派の粛清。五世紀、アルモリカにおけるバガウダェの反乱に対し、ローマと同盟して蛮族が行った凄惨な虐殺。「フランス」軍によるカタリ派の虐殺。ヴェルサイユ政府とプロシア帝国によるパリ・コンミューンの圧殺。一九三七年、フランコ軍と共産主義政治警察によるカタロニア自治体、委員会の圧殺。一九五六年、ハンガリーにおける共産主義運動の根絶。一九六八年、チェコの運動の粛清。十九世紀、アメリカ人《ヤンキー》によるインディアン諸部族の虐殺と強制移住、等々。私は省略しているし、たしかにもっと「重要な」死者たちもいる。だが、いったい誰がそれを判断できるというのだろうか。問題となっているのは常に、「帝国」の名のもとに踏み潰された少数派である。これらの少数派は必ずしも批判的立場をとっていたわけではない（インディアン諸部族の場合）。少数派は実に「極悪人」である。彼らは信じない。彼らは、「法」と中央権力が同じだとか、融合しているとか信じておらず、さまざまな法と慣習（現在では文化と呼ばれる）のパッチワークからなる、中心なき別の空間を主張している。この意味で、彼らが自分自身についてどう言い、どう考えるにせよ、彼らは多神教徒《ポリテイスト》である。どの民族にもそれぞれ権力をもつ人々はいる。しかし、誰一人として普遍的価値や全体主義的使命を担ってはいないのである。

　こうした闘争は少数派にとどまり、少数派として認められることを目指す少数派の闘争である。さて、もはや何も困難はない。少数派を新たな権力に変える、つまり、「国王陛下」に対立する反対勢力に変えるか、それとも、死体に変えるかすればよい。人は少数派を解釈する。つまり、周辺から押し寄せる緊張として帝国の空間の中に書き込み、弁証法的契機として帝国の言説の中に書き込み、未来の予兆として帝国の時間の中に書き込む。かくしてこれら少数派固有の力は造作なく奪い去られる。人は、少数派のさまざまな文化、さまざまな方言を禁止することで、これらの闘争のひとつひとつが（非蓄積的な時間の中で）道を切り開く少数派の肯定的な力を破壊することを、（ニーチェの言う意味での）「パースペクティヴ」を破壊することを望むのである。（この点では、資本主義は帝国主義の伝統を忠実に実現している。）少数派の運動の力は、その運動が批判的であることに由来するものではないし、その運動が中心との関係で位置付けられていることに由来するものでもない、ということを強調しておかねばならない。これらの運動は、「帝国」とその理念が辿る道筋の中に、それを乱しつつ完成へと導く有為転変として介入するのではなく、出来事を生み出すのである。

ところでこれらの運動は、「庶民」の日常生活において、小さな、顕微鏡的とさえ言えるスケールで絶えず生み出されている何ごとかを、きわめて大きな倍率で見せてくれる。少数派の肯定的な活動は、感知できないほどのものであっても、絶えず生み出されている。公共の場で語られ、行動に移されるずっと以前から、この肯定は繊細な洗練を施されている。ＭＬＦ（女性解放運動）のずっと前から、主婦たちのうちに秘めた屁理屈が数知れずあった。ＭＬＡＣ（妊娠中絶と避妊の自由運動）のずっと前から、自分たちが味わった小さな悲劇的屈辱を恨んでの泣き言が数知れず聞かれた。チェコの「春」の前から、プラハではおびただしい数のユーモアあふれた話が繰り返し語られていた。ＦＨＡＲ（革命行動同性愛戦線）のずっと前から、社会の表舞台では禁止されていた同性愛者たちが、半公共的な場で、身振りや落書きによって出会う小さな儀式が数知れずあった。工場や事務所では、労働者たちの一人一人がばらばらに立てた策略や、彼らが集団で立てた策略が数知れずあった。その内容はと言えば、取引可能な要求の仮面をつけないでは組合の言説の中でとうてい通用しないような下劣なものであった。この現実は権力や制度や契約等々が現実的でないのと同様に現実的でないが、それらと同じ程度には現実的である。

だが、それは少数派の現実である。したがって、その現実は必然的に複数的であり、あるいはこう言った方がよければ、常に特異的である。この現実は大文字の政治以外の場にあるわけではなく、同じ皮膚の上に住みついている。しかし、それは別の形をとってである。

以下で述べることの中に、あらゆる少数派の運動におけると同様、批判的な側面があるとか、その言説が批判的形式を繰り返しているとか指摘して見せるのは容易であろう。だが、そこに隠されているのは肯定の立場である。マルクス主義的な意味での批判で特権化されるのは、否定である。批判は大衆を目覚めさせ、揺り動かし、（決まり文句を使えば）「行動に駆り立てる」能動的な力と見なされている。言い換えれば、批判には、教育的機能という、革命に必要不可欠な美徳として一般に認められているものがある。批判における否定は確信をもたらす動因であり、虚偽を破壊することで教育を行う。さて、そこに、ほとんど仮装もしていないソクラテス主義を見てとらねばならない。そして、まさにこの点で、われわれは、否定の有効性を頼みとし、確信の力を推奨し、意識の覚醒を目指す思考伝統と訣別する（訣別という観念がさまざまな点で素朴な観念であるとしても）。もし理論的で実践的な思考が己れの姿を教育として思い描き続けるならば、思考は必ずやここで述べた特徴を繰り返すであろう。肯定の「側」に身を置くことは、「病気」や「逸脱」や「変質」や「腐敗」等々の範疇を放棄することを仮定する。これらの範疇は予断、決まり文句である。これらの範疇は有機体に関するひとつの見方を前提としている。現状では倒錯し、堕落し、小児病の状態であるが、その有機体の使命は完全無欠であることだ、という見方を。その場合、政治の任務は、有機体に本来の状態である完全無欠さを回復させてやることである。

真なるもののデカダンスを深化すること

デカダンスという観念をもう一度考えてみなければならない。『権力への意志』のための草稿でニーチェが指摘している特徴を取り上げてみよう（草稿NⅦ3一八八七年夏—秋）。

実にさまざまな社会（共同体）でデカダンスが見られる、とニーチェは言う。だがそのデカダンスはためらっている。それは直線的に進みもしなければ、連続したリズムをもたない。デカダンスはぐずついている。あるいはむしろ、デカダンスのぐずつきがデカダンスの一部をなす、と言った方がいいかもしれない。明らかにニヒリズムの共犯者であるデカダンスは、一方では、諸価値を、とりわけ真理の価値を破壊するものとして働く。他方、この運動と同時的な或る運動によって、デカダンスは諸々の「新たな」価値をうちたてるべく働く。かくしてわれわれには、もはや何も価値がないと考え、恐慌状態に陥り悲壮感に浸ったニヒリズムと、もはや何も価値がないのだろうかという問いに対し、それは好都合、その方向でやっていこうではないかと答える、能動的ニヒリズムとの二つが与えられている。後者は破壊の側である。前者は信仰の回帰、すなわち、ひとつの「意味」なる統一性、全体性、目的性に対する執拗な信仰の回帰である。なるほど真理の価値は位置をずらされている、しかしそれにもかかわらず、科学の言説とその聴取を通してこの価値はあくまで己れの存在を主張しているのである。

ニーチェは科学性という外観をまとって信仰が復活するのを見てとっていた（『愉しい知識』三四四節）。人はもはや何も信じないものの、それでもやはり何かが残されている。それが科学の禁欲的精神なのだ。決定的に確証されるものは何もない以上、この精神は疑念や不信の学舎であるが、科学の実践をすみずみまで貫き通しているこの不信には、知と支配という己れの作業目的をそのつど新たに信頼し直す行為が含まれている。この信頼は批判的精神においては仮面を被った形で働いているものの、行動と思考とを、真なるものが最重要事であるという信仰の中にとどめおく。なるほど開示されるものはもはや真理そのものではない。とはいえ、社会や個人の幸福は相も変らず現実を最もよく認識することに掛かっているのである。

かくして、認識すべき現実が存在するという予断、つまりプラトン主義が今でも続いている。人は何についても不信を抱くことができる。しかし、不信については不信を抱くことができない。慎重でなければならない、と人は言う。しかし、慎重さが最も慎重さを欠く行為だとすればどうであろうか。

真なるものへの信仰がどれほど強力であるか、高尚なもの通俗的なもの、幾らでも例がある。一例を挙げよう。知識人も知識人以外の人も常に経済的、社会的、政治的理論を信じている。彼らは理論が現実に関する正しい認識をもたらしてくれるものと期待しており、正しい認識なくしては、(有効かつ倫理的にも肯定できる)正しい社会変革を生み出すことができないと考えている。真正直な人々は、マルクス主義に対して、あるいは、語彙や統辞法の多くをマルクス主義から借用しているさまざまな形の言説に対して、疑わしいと同時に一切の疑いを逃れ去る、「避けて通ることのできない」典型的な言語という二重の特権を与えている。もっと簡潔な例を挙げよう。科学者の中には、価値が崩壊したのち残った唯一の生きる理由としてためらうことなく「科学」を挙げる者がいる。かくして、彼らは聖職者の地位を引き継ごうと名乗をあげているのである。同じほど月並みな例を挙げよう。メディア文化は、華々しい成果を報道するという形で、科学の仕事に重要性を認めるが、有名な研究者たちの円卓会議を報道するという形で認めもする。たとえこの研究者たちが自分自身の活動に関して公の場で疑問や疑念や懐疑を表明するとしても、したがって、真理の価値が無傷に保たれていると見なされているまさにその場で、彼らが真理の価値の没落を証言するとしても、大したことにはならない。視聴者も含め、マス・メディアの装置は、各人各様はっきりした懸念を抱いているこの影法師たちを、測り知れない任務に直面する英雄に変えるのである。生活を改善する目的で知の意志を用いるという英雄主義は依然として確かな価値であり、信頼（不信の中での信頼）の諸形式に関するテスト全部にパスした価値なのである。最後の例を挙げよう。アメリカの科学者が新たなグノーシスと呼ぶものである(1)。宇宙物理学者や生物学者は、自分たちの科学の諸帰結から導き出されたさまざまなパラドクスから派生し、しかもこれら諸帰結を包含しつつ説明できる一種の言説をうちたてようとしている。こうした企てにはユーモアがつきものであるが、ユーモアを通してこの企てが目指しているのは、明らかに、安心できる諸価値を再建することであり、その諸価値はまさに、プラトン以来ニヒリズムを隠蔽し抑圧することに役立ってきた諸価値なのである。

　デカダンスは不信のニヒリズムと真なるものの宗教との二重の運動、絶え間ないためらいからなる。デカダンスは、生物学をモデルに社会を考えることから生れる一義的な過程である腐敗過程ではなく(2)、またどれほど洗練されていようとも、マルクス主義的な意味での弁証法的過程でもない。ニーチェはむしろ現場での（*sur place*）運動を指示している。この運動は、一方ではそれまでさまざまな価値によって隠蔽されていたニヒリズムを暴き出し、それと同時に、このニヒリズムを別の価値によって覆い隠す運動である。この点で、科学はせいぜいのところ、すべて検証されねばならないものの、検証の義務は検証されないという二重の要請を満たすだけのものと思われる。――科学ではこの検証の義務が単純にも「思考」と混同されているのである。デカダンスのぐずつきは運動におけるこの矛盾から生れる。デカダンスは退化の形をとらない。デカダンスはプラトン主義以来続いており、それ以来絶えたことがない、と言っておかねばならないだろう。そして、ニーチェが『偶像の黄昏』の中で強調しているように、治療的、哲学的、政治的、教育的な諸々の救済策はデカダンスにとって必要不可欠な部分をなすのである。人間が病んでおり、そしてその病を癒したいと望み始めることは、一挙に、単一のパースペクティヴの中で「決定」されたのである。

ここでひとつの政治路線を提起しよう。デカダンスを激化し、深化し、加速させること。能動的ニヒリズムのパースペクティヴを引き受け、価値の破壊を見て憂鬱になるにせよ、感嘆するにせよ、それを確認するにとどまらないこと。価値の破壊に取り掛かり、常に不信の方向で前進し、価値の復活に抗して闘うこと。この方向で、速く、遠くに進もう。デカダンスの中で果敢であろう。受け入れよう、たとえば、あらゆる形で真理の信仰を破壊することを受け入れよう。知識人であることを自負するばかりか、そのうえ、「左翼」であることを自負するわれわれ、つまり、真なるものの保証人であることを自負するわれわれにとって、事態は深刻である。この事態は、少なくとも、理論的言説というわれわれ自身の言説の位置価値への信仰を、真なる言説あるいは真なるものを目指した言説というわれわれ自身の言説の機能価値への信仰を、われわれが放棄することを要請している。

権力と創意の間の科学

ひとつ指摘しておこう。「そんなことはすべて抽象だ。事実、科学は申し分なく機能しているし、さまざまな成果を絶えず手に入れており、その輝きも増す一方ではないか」と反駁する人が必ずいるが、その人たちには諸科学の現状を調べてみるよう要求したい。

ほぼ十年前から、この問題に直接関わってきた科学界は、「われわれは何をしているのだろうか」と己れの存在にかかわる問いを提起している。(3) この問いは、「それは何の役に立つのか」とか「われわれの発見を何に利用すればいいのか」とかといった、マスメディア装置が与える単純化された問いをはるかに越え出るものである。この問いはむしろ、「われわれの言っていることが真であるとどうして知ることができるだろうか」ということを意味している。科学に携わる人は、検証と呼ばれるものは或る種の操作性に尽きる、とあっけらかんと認めている。事実、科学は幾つかの形式的な要請を満たす言表を発明しているが、その言表は、実際に使用される実験装置の言葉に転記できるものでなければならず、その結果はと言えば、確認可能であり、あまつさえ予見することも可能である。実験の結果はひとつないし複数の変項を変化させて得られるものであり、その他の変項は仮定上決定済みとされている。こうして得られる結果に関しては観察と記述が可能である。このように理解するなら、「科学研究」は真理の研究ではなく、効率の研究であり、言い換えれば、予測に基づいて制御された操作性の研究である。真理とは言表が生み出されると同時に、第一に言表全体の理論的統一性が、そして第二にこの理論的統一性と所与全体とのメタ統一性が生み出されることだと言えるだろう。さて、科学的理論(第一の統一性)という視点だけから、科学の現状を吟味していただきたい。そこには、往々にして個々独立し、ときには互いに両立不可能な言表の束が見られるが、それらの言表の共存条件はと言えば、それらがたとえ隠されたものであれ(最終審といった類の)統一性に属していることではなく、操作性の基準を満たしているとなのである。われわれの眼から見れば、現代科学は言説と実践の一空間を発見したのであるが、この空間の形式はおよそ対象との一致に基づいて定義されるものではなく、統一性という形式原理との一致、さらには言表相互の両立可能性という形式原理との一致に基づいて定義されるものでさえない。そうではなくて、この空間の形式は実のところ何ら特別なものではなく、効率という原理に依拠しているにすぎないのである。したがって、哲学者や社会学者や認識論者やその他の学説誌家、たとえば、アルチュセール以後のマルクス主義者やレヴィ＝ストロース以後の構造主義者の政治的、理論的言説は、科学者たちがおのずと知ること、実践に携わる中で学ぶことからおよそかけ離れているのである。なぜそうなるかと言えば、彼らの言説は、科学的領野の所与全体に取って代られるべき、統一され、中央集権化された言説であらねばならないという伝統的な諸要請を保持しているからである（知の領域における「民主的中央集権主義」）。科学はその日常的なありようにおいて、つまり、何百万もの少数派「研究者」のありようにおいては、こうした言説とは一切関係ない。

したがって、真理の理念のデカダンスに関して、資本に奉仕する科学を告発するというお定まりの批判レヴェルに固執したところで不十分である。科学的言表の効率という問いをその言表そのものの場で、すなわち、諸変項を正確に制御することによって予測を行うという、今日科学において効率を定義する表現そのものにおいて、提起しなければならないのである。

ひとつの例がいやでもおのずと浮かんでくる。「中央権力」がスキナー流心理学の必要条件を政治の場に書き換えた様がそこにはきわめてはっきり見られるのだ。ＲＡＦ（赤軍派）の名で知られるドイツ政治犯の処遇例である。彼らの拘禁状態の記録書類がフランスで出版されており、この点できわめて興味深い事実を報告している。[4] これを読めば、赤軍派の活動家たちが、なかでも、いわゆる「感覚剥奪」の実験材料にされていたことが分かる。被験者は、あらゆる物音が無化され色彩のない場所に変えられた独房に入れられる（ホワイト・ノイズの装置――その状態では何も聞こえず、自分の身体の音、つまり、心臓の鼓動、呼吸、歯ぎしり等の音さえ聞こえず、悲鳴も聞こえない）。実験が中期間に及べば、その結果は被験者の死であり、これがホルガー・マインスの場合であった。実験が短期間であれば、この分野で獲得された大いなる進歩に責任のある学者の一人、ヤン・グロス教授が言うように、「たしかに、この側面［隔離によって人間に影響を与える可能性］はたとえば個人なり集団なりを再教育することが問われている場合で、しかもこうした一方的従属関係や人心操作を用いて再教育の過程に効果的な影響を与えることができる場合には、ペノロジー（処罰の科学）において積極的な役割を果たすことができる」[5] のである。

しかし、この同じヤン・グロス教授の発言の中で、とりわけ実験の実情を暴露しているのは、この感覚剥奪の状況によって、実験に最適な条件に置かれたモルモットを手に入れることができるという発言、つまり、被験者に作用を与えかねない制御不可能な諸要因が実験の展開の中で無視可能（ほぼゼロ）になったという発言である。バーダー・グループのメンバーたちに行われているような全面隔離は、かくして、実験の所与全体を統御する可能性を与える。個々のモルモットから得られる諸変化は、もっぱら実験者がひき起す刺激によって生れる、ということになるだろう。[6]

ここには恐るべき完成の域に達した拷問技術があり、嫌悪や憎悪や恐怖で胸糞が悪くなる。だが、そこにはもっと別のものがあるのだ。全面的に制御可能な対象を作り上げるという人間諸科学の昔ながらの夢が実現されているのである。したがって、事が人間に関わる以上、逆捻じの能力、つまり、雨と注がれる情報を奪い取り、その効果を逸らす能力を完全に無化された主体／被験者を手に入れるという夢が実現されているのである。ここで、われわれは改めて効率の問題を見出す。というのも、科学的言表の効率の定義は、まさに、或る結果を読み取り記述することができるということに尽きるのであるが、その場合、その結果が生み出されるときに存在している諸変項は全体として研究者によって統御されていなければならず、制御されざる変項の干渉を一切被ってはならないからである。さて、赤軍派のグループが受けた処遇というこの例に関して、科学的効率についての或る種の理念と、抑圧の理念をはるかに越え出る或る種の理念との間に、つまり、先進自由資本主義における所与の制御の理念との間に一種の合同性が見出される。ここでは、身体がこの「所与」である。ヒトラー流の武装など一切必要ない。これは民主主義の体制下で行われているのである(7)。

しかし科学は、科学を知の言説や、資本に内在する帝国主義と同一視する、この中央集権的全体主義的側面に決して還元されはしない。まず数学がある。数学においては、諸変項を制御する問題は提起されない。それどころか、ずっと以前から提起されてきた問題はと言えば、新たな概念を発明するという問題、すなわち、操作の欲望が出会う障害そのものを適当な象徴記号を作り出すことで操作可能なものにするという問題なのである。たとえば、自然数学を崩壊させる数や空間を発明すること。たしかに、きわめて手の込んだこれらの概念形成が帝国的な用法を原則的に免れるものだと言ってはならない。しかし、これらの概念形成が、トポロジーにおける原点座標空間概念のデカダンスや、数論における自然数概念のデカダンスと歩みを共にすることも確かなのである。かくして、これらの概念形成は、以前では神的、自然的、本質的、超越的と見なされていた諸制約を無視して、想像し操作する能力に門戸を開くのである。

次いで、この芸術的な数学の他にも、ときにはこの数学の力を借りて、同じく芸術的な物理学や論理学が作り出される。そこでは、統一性や全体性や目的性という要請はいとも簡単に放棄される。現代科学の幾つかの部分では、思考不可能なものが思考を、つまり、首尾一貫した言説を生み出している。あらゆる尺度に先行する近傍と極限の空間、反粒子、さまざまな奇怪な論理。レニエフスキーの論理は「本の縁は本である」といった命題の証明を可能にする。こうした発明によって、フロイトが否定的に記述した無意識の諸特徴がきわめて積極的な形でわれわれの身近なものとなる、と確認したところで十分とは言えない。こうした発明が、測定することができず、会計センターに媒介されておらず、均質でもない社会政治空間についての、そしてまた、ヴァン・ヴォートが言っていたような、非アリストテレス的論理についてのわれわれの想像力と実践をかき立てねばならないのである。

こうした役割を果たすからといって、科学が科学であることをやめるわけではなく、相変らず豊かな操作性という規則に従い続ける。新たな象徴記号は定義されねばならず、新たな命題は証明されねばならず、新たな法則の効果は再生産可能な条件のもとで観察可能なものとされねばならない。だが、こうした寄与が研究者の発明的想像力に弾みを与えるにちがいない。そのとき、効率という条件はその意味を変える。（NATOなどで言う攻撃性のように）諸変項の制御に力点が置かれるどころか、この制御はもはや、形式的論理的要請や公理論や実験装置という形で、創意工夫の手段となる以外には役に立たない。科学は、「現実」と一致していることに己れの価値証明を見出そうとする、実効ある知の言説で

はない。科学はさまざまな現実を創造する。科学の価値は諸々のパースペクティヴを分配し直すという

その能力にあり、諸々の対象を支配するというその権力にあるのではない。この点で科学は芸術に比較

しうる。

芸術においても、芸術家の「理念」を実現可能にする諸手段を定義するためにエネルギーがまるまる

費やされている。しかし、まず言っておきたいことは、芸術家たちはいつでも、これらの手段を真理の

保証と考えるよりもむしろ、創意工夫の証拠と考えてきたということである。そして、とくに現代芸術

に当てはまることだが、とりわけ重要なことは、作品の効果が何らかの「理念」や「現実」（魂、感情、

人間、社会構造、政治闘争という「理念」や「現実」）に適合していることではない。作品のうちに新

たな効果が潜在的に含まれていることが重要なのである。

この新しさについて思い違いをして、それを、大量消費型の産業が導入した新しいものの伝統と同一

視し、「技術革新」の貪欲さに還元してしまうことがある。だが、この新しさはやはり新製品とは別の

ものであって、きわめて重要なものである。この新しさはこう語る。自然も歴史も善き神もない、受け

入れられた意味も与えられた意味も開示された意味も発見された意味もない、あるのは、色彩や音響や

言葉の（たとえて言えば）エネルギーであり、これは例外的にしか秩序の定数に従わず、このエネルギ

ーと戯れてさまざまなパースペクティヴを作り出す義務、つまり、諸関係をさまざまにまとめあげる義

務は、どんなささやかな物質にもその義務があるように、人間にもあるのだ、と。こうした戯れの目的

は、真なるものに到達することでも、幸せを手に入れることでも、統御の腕を披露することでもなく、

ごく小さな尺度であろうとも、パースペクティヴを作るという単純な能力を享有することなのである。

(ここに記されていること自体全くささやかなパースペクティヴにすぎない。)

以上、いかにして真なるもののデカダンスが科学の中にまで深化されるのかということを記してきた。科学は効率と制御にこれまで以上の合理化と全体主義を推し進める機会を与えるか、それとも、創意に満ちた現実の数を増やしていく手段を与えるか、現場で選択しなければならない。科学が術策を弄して己れ自身と戯れることを期待しなければなるまい。

労働理念のデカダンス

デカダンスに陥っているのは何だろうか、という別の問いがある。それは諸々の価値だ、とニーチェは言う。一部の人々は、とりわけこの失業の時代において、それは資本主義であり、資本主義は危機に瀕している、と考える。そして、危機と言われるとき常に、短期であれ長期であれ、機能の不全、ひとつの過程の途絶が意味されている。

だが、あらかじめひとつ指摘をしておこう。資本はひとつの危機など知らず、それ自体がデカダンスに陥っているわけでもない。そうではなくて、資本の働きはデカダンスなるもの、あるいはこう言ったほうがよければ、危機なるものを仮定し、招来するのである。危機は資本の働きの相関者である、と言ったほうがもっと適切だろう。

資本は危機である。というのも、マルクスが言うように、資本は、財、男、女、生れた子供、これから生れる子供、言葉等々の「生産」と「流通」を規制する前資本主義的な制度や価値や規範を破壊しなければならないからである。だが、そのうえに、自分自身が作り出したものを絶えず破壊していかなければならないがゆえに、資本は危機である。ここで改めて、われわれはついさっき問題となった現場での運動に出会う。それは一種の絶えざる粉砕運動、破壊と構築の運動である。資本が永続的である限り、危機も永続的である。たとえニーチェを援用し、資本にデカダンスのコノテーションを与えようとしても、それは実のところ資本の働きが家族制度や社会制度や人間の共同体等々を作り上げるのに応じて、それらを解体することを必要としているからなのである。

ニーチェ自身はこの状況を資本の状況として記述しているわけではない。彼は諸価値のデカダンス、文化のデカダンスについて語っているが、その原因を資本に帰してはいない。私は彼が「正しい」と思う。デカダンスはひとつのパースペクティヴであり、別の言い方をすれば、「プラトニスム」なるひとつのパースペクティヴに不可欠な補完物である。資本の問題としてデカダンスを呈示すること、つまり、資本主義は位置をずらされてはいるものの、プラトニスムの新たな後継者であり、経済的社会的生活のプラトニスムであることを明らかにすること、それは資本によってデカダンスを説明することではなく、ただ単に、「パースペクティヴ」という概念を拡大すること、「西洋」という装置に基づいて「近代」の装置を相対化することであり、それと同時に、治療的態度がデカダンスの一部である以上、この態度を拒絶することなのである。

さて、労働について考えてみよう。マルクスにとって、労働の価値、労働の重要性は、個々人の生活におけると同じく社会においても、改めて問題にされるものではない。生産活動が被る搾取や疎外が廃棄されねばならないとすれば、それが労働や労働者の価値を貶めることになるからである。革命のパースペクティヴは労働の価値を作り出すことから己れの原動力を得ている。さて、この価値が現在衰退しつつある。[8] 最近フランスで行われたアンケートを見れば、あらゆる社会職種から選ばれた青年たちの五〇パーセント近くが、労働に対し、生存を保証する以外何の目的も認めていない、ということがよく分かる。労働に対し、倫理的価値も（「働くのはよいことだ」）、個人的理想の価値も（「労働の中で、私は自己を実現する」、これはほとんどフロイトの自我理想と同じである）一切否定されているのである。言い換えれば、労働の理念は動機づけの力を一部失ったのであり、それはこれからも変らない。ところで、この力は資本主義なる巨大機械が機能するうえで重要な部品であったばかりか、それと同時に、工業の労働条件に対する特権職業階級の嫌悪を反映した、社会主義的批判の原動力でもあったのである。システムは己れにとって必要不可欠と思われる価値を破壊している。

しかしここでもまた、一定の傾向をもつ過程として、すなわち、ひとつの目的に向うアウグスティヌス的ないしヘーゲル的歴史として物事を考える習慣が、左翼の政治家に張り巡らす罠の裏をかかねばならない。こうした歴史理解に範をとる政治をうちたてようとしたところで、つまり労働の価値の崩壊というパースペクティヴの中でこうした政治をうちたてようとしたところで無駄であろう。労働の理念のデカダンスはこの理念の単なる衰退ではない。それは決して破局へと向いはしない。衰退は絶えず回復され、逆転され、無化される。そしてそれにはたくさんのやり方があるのだ。社会・経済的には、労働力に投下される生産資本の部分が減少し、それが生産手段に固定されるので、システムは労働者なき生産へと向い、従来生産活動に従事していた多くの人々を生産回路の外に置き、かくして、労働の価値を廃物にする、と考えることができる。こうした見通しは何も常識を外れるものではない。しかし、こうした傾向はそれと反対の経済的、社会経済的、社会政治的諸効果によって妨げられる。たとえば失業の危険であるが、これはさまざまな立場の指導者を駆り立てて雇用を重視する方向に向わせ、かくして、労働に与えられた価値が衰退するのを遅らせる方向に向わせる。

だが、資本主義の強みは、とりわけ、労働に価値が付与されることを必要としない点にある（科学的言説の秩序の中で真理に価値が付与される必要がないのと同じく）。資本主義にとっては、たとえ流動的でシニカルなものであろうとも、労働が存在すればそれで十分なのである。資本主義にとってはその方が好都合でさえある。たとえば、熟練労働者が自分の職業上の習慣に固執するのは考え違いというものので、それは労働力の自由な流通の妨げとなるのである。或る装置が生産物、設備、操作方法に対して欲動を投下した結果、労働に価値が認められた。この装置が全く別の投下に取って代られる。この投下をリビドーの問題として定義しようとするのは時期尚早である。莫大な数の投下があるにちがいない。しかしながら、賃金労働というジャンル名のもとで、仕事に対する情動の置きようがさまざまに変化したし、現在も変化していることを明示しておくことは大切である。「疎外」という言葉は、治療という問題機制、主人たちの問題機制に属する用語であるばかりか、こうした変化を感じ取り、追求することを許さない――それどころか、こうした変化を隠蔽する――卑劣な言葉なのである。

これら名称の問題にはさまざまな具体的態度が隠されている。改善を求めて賃金（搾取）や労働条件（疎外）を告発することで満足する権利要求的、政治的な言説や行動はすべて、われわれの言うリビドー投下の変化に対応し、その後に続くことを拒否するも同然であり、したがって、抑圧的な障害物であるも同然である。組合活動家や政治家は現場での労働理念のデカダンスを権威者的言説の語彙法や統辞法や修辞法に書き換え、かくして、主人たちの時空間の内部で、彷徨の豊かさを分割統治するのである。

とはいえ、彼らが悪人だからそうするのだとか、それが彼らの利益になるからだとか言ってはならない。ましてや、このデカダンスの何ひとつとして要求や共同綱領の言葉に書き換えられるものはないなどと言ってはならない。

労働者の組織が御都合主義で当事者自身と暗黙の合意を取り交わし、労働に対するリビドーの位置移動を押し潰すという事態は、組織中枢部が彼らに権限を委任する人々を代表し、この人々が形成するとされる主体を、彼ら中枢部が単一の時空間の中で、いわゆる歴史の舞台の上で、具現していることから生れる。労働に対するリビドー投下の位置移動は複数の時空間の中で起り、大文字の政治や歴史の哲学とは全く無関係の複数の論理に従っている。もっとも、この位置移動がどこか別の場で起るわけではないのであるが。この位置移動はまさにその場で起る。しかし、それが送る諸々のしるし(権利要求の運動、宣言、示威行動)は、位置移動そのものである緊張とは異なるのである。

労働に関するこの神秘的な緊張ないし漂流を説明する必要があるというのなら、西欧におけるエネルギー価格の上昇に関連した目下の「危機」を取り上げて説明できるだろう。この危機の結果、失業は言うまでもなく、どれほど購買力が低下することになるかは周知の事実である。権利要求主義のパースペクティヴにおいては、次に挙げる単純な二者択一が問われるだろう。労働者は窮乏に押し潰され、自分たちに残された僅かばかりのものを失う恐れから戦闘性を失っていくか、あるいは、「失うべき何ものももたない」激怒した労働者が厳しい闘争に参加していくか、そのどちらか。活動家の言語が許容し予想できるのはこの二つの言表である。経営者と対話し行動を決定する指導者が瞬時に翻訳できる言葉を、「大衆」が語らねばならないとすれば、実際、彼らは「よし、やろう」と「いや、よそう」以外のどんな言葉を語ることができようか。

ところで、この文章を書いている時点では、今述べたような、大いなる恐怖も大いなる反抗も起っていないように思われる。だが何も起っていないわけではない。起っていることは目下のところ今述べた言語の中では己れを語る術を見出せないのである。このことは、現場にいなくてはその特異性を記述することがきわめて困難な眼に見える運動だけに当てはまるわけではない。付随的と判断される状況や事実にもおそらく同じように当てはまる。こうした状況や事実は活動家の権威者的言語で満足するなら、たしかに付随的なものではあるが、しかしそこにおいてこそ、活動家の言語によって無視されたひとつの「経験」がもつ空間的、時間的、論理的次元が姿を垣間見せるのである。

引き続き労働を例にとれば、闇労働（*travail noir* ないし *travail au noir*）がこの注目すべき位置移動の一例となろう。目下の危機においては、この闇労働は二重に重要な機能をもつと仮定できるだろう。第一に、おそらくこの闇労働で多くの賃金労働者や失業者が非合法的な形で購買力を維持できるだろう。第二に、闇労働のもつ認識論上の特異性が注目される。非合法という立場上、この闇労働は経済学や社会学の調査を逃れることになり、その結果、それがどれほどの規模であるか評価不可能となり、ここにおいて、「千里眼」的な全体主義の欲望が全くの不透明さを前にして立往生することになる。だがそればかりか、この闇労働が無視できないほどの規模をもつと仮定すれば、多くの財やサーヴィスが、経営者であれ、地方や中央の行政機関であれ、組合の決定機関であれ、主人たちの管理を経ることなしに交換されていると認めねばならない。問題となる労働が修理や保守や注文制作である以上、おそらく大量生産型工業労働の諸特徴をそこに認めることはできないだろう。欲動投下のありようが異なるのだ。この種の労働における諸関係も同じように注意深く記述する価値がある。雇用主や組合や行政機関による管理は省略されており、顧客はしばしば知り合いであり、交渉は直接顧客と行われる、等々といった具合である。もっとも、これらの飛び地の上に、もぐり労働なる、一種の真正な労働のユートピアをうちたてようとする試みには警戒が必要である。

しかし、資本という身体の内部に、別の社会経済的生活形態が、つまり、中心をもたず、無数の個別的で無政府的な交換からなり、生産の「合理性」とは無縁の別の「王国」があることに変りはない。そしてこの生活形態について、それが資本に対する異議申し立てであるとか批判であるとか言うことはできない（この生活形態が労働理念のデカダンスと関係あるのかどうかさえ確かでない）。しかし、少数派の活動は〈中央権力〉と関係をもたず、〈中央権力〉によってひき起されず、管理もされないという意味で、主に生産と消費を中心とする社会においてさえ、働くことが少数派の活動になりうるというパラドクスがこの生活形態によって開示されるのである。

この自主独立性は広範なものである。闇労働が生活水準の低下に策を弄して対処する方法だというのが本当だとしても、闇労働は、そのうえ、いかなる怨恨をもうちに含まない方策である。意気消沈するでもなく、反抗するでもなく、破局待望論を軽信するでもなく、「危機」が経験されている。日々の生活、ささやかな生活の中で、以上の特徴が最もはっきり現れているのはイタリアだろう。イタリアで幾度となく出くわすような状況は、決して全部が全部快適（あるいは不快）というわけではないが、そのどれもが中央権力から独立して、さらには、中央権力を無視して自発的に営まれている。とても柔軟で、とても活動的な、ほとんどヘーゲル臭のない一種の「市民社会」が権威者的な決定機関の眼を絶えずくぐり抜けているのである。

パースペクティヴとしての嘘

さて「危機」に関し、ここまでの論ほど社会学的ではない別の省察がある。危機という観念そのものが対象を弁証法のパースペクティヴの中に書き込む、とこれまで言われてきた。このパースペクティヴはひとつの歴史という像を、均質の時間性の中に浸る一種の身体像を描く。この身体はその時間の中で已れの組織の限界に到達し、已れの可能性の諸条件を越え出て、解体されて別の身体となる。マルクスは、とくに『資本論』において、危機〔恐慌〕は資本に内在し、資本をその終末へと導く矛盾的契機であると仄めかしている。これは結局のところ、社会体を否定的な時間性のうちに位置付けることに、つまり、矛盾する限りで概念そのものである時間のうちに位置付けることに帰着する。これに関しては、どういうタイプの時間性を選択するかを決定するのは何か、という疑問が生れる。或る実践が概念の時間性とは異なる別の時間性のうちに位置付けられることはありうるのだろうか。

ニーチェによれば、デカダンスは真理、統一性、目的性の三つの範疇に関わる。或る種の論理、つまり或るタイプの合理性のデカダンス。統一的空間、つまり中心的言説を備えた社会文化的空間のデカダンス。方向をもち、目的をもった終末論的時間性のデカダンス。

これら多様な相を資本の問題に置き換えれば、これらの相のそれぞれが新たな「政治的」実践を規定する論理的、場所的、時間的操作子を描き出しているのを見て取ることができる。

もう一度、真なるもののデカダンスについて考えてみよう。資本はいわゆる有機体であるが、とはいえ、この有機体は己れが真理であることを基礎付ける言説を提供することができない。資本は己れの存在を説明し、権威付けることのできる宗教的、形而上学的言説をもっていない。「これが私がここにいる理由だ」とか、「これが私が権力をもつ、あるいは、権力そのものである理由だ」とかといった言説は全く存在しない。われわれの社会は己れを基礎付ける言説を欠くばかりか、そのうえ、基礎付けや最終的権威といった理念をひどく衰退させている。その代りに、資本がイニシアティヴをとる。或る意味ではは天才的なパースペクティヴである。というのも、このパースペクティヴは意味の問題を完全に転倒させるからである。資本はこう語る。意味を基礎付けること、すなわち、意味をどこか別のところから受け取ることなど、私にはどうでもいい、私は逆に、何が意味をもつかを決定する公理論、つまり、意味を選択する公理論を提出しているのだ、と。システムの一貫性は幾つかのメタ言表に基づき、これはひとつの公理集合に集められねばならない。この公理集合については誰もが同意していなければならない。さもなくば、「合理性」が侵害される。現代論理学や分析哲学はすべてこの精神の中で仕事を進めている。己れを絶えず置き換えることを規則とする資本主義の公理論を書く以外に、ピエーロ・スラッファはいったい何の仕事をしたというのだろうか。

さて、ここでひとつの道が示される。それは理論的、認識論的批判でも政治的批判でもなく、批判とは全く異なった擬理論的で擬政治的なパースペクティヴが「歩む」ことのできる道である。前述の形式主義はたとえば経済の公理論を生み出すが、そこでは或る種の真理のありようが保持されている。なるほどそのありようは形而上学や啓示宗教の神学におけるものとは異なるものの、やはり存在していなければならない。さもなくば、どの言表に対しても一定の真理価値を割り当てることは不可能になるだろう。或る言表集合についてその真偽を言明する言表は、言明の対象となる言表集合の一部であってはならない。言い換えれば、真なるものを決定する言説は、自らがその真理条件や公理を確立する言説（数学的な言説だけではなく経済的、政治的は言説など）に内包されてはならない。

具体的に言えば、「このパリのパンの値段はｙサンチームである」というパン屋や「あなたの（パリ地区に住む独身単純作業労働者であるあなたの）労働の時間給はｙフランである」という経営者の言表（タイプ1）は「それらの価値は正しい」と語る言表（タイプ2）と同じクラスに属してはならない。このタイプ2の命題を言表するのは誰だろうか。政府、議会、労使調停委員会といった権力機関であり、その権力はそれ自体、主権者、つまり「立法者」の表現であって、この主権者はと言えば、たとえば「国民」であると見なされている。代表資格の問題を差し当り無視すれば、こと真理価値に関して、この権力機関は何によってそれと認められるのだろうか。まさしく、その言表が他の言表の価値（真偽、善悪、等々）、つまり、経営者やパン屋の言表の価値を確立し、したがって、その言表が他の言表と同じクラスに属していないという単純な特性によってである。

したがって、何らかの「対象」を指向対象とするタイプ1の言表と、このタイプ1の言表全体を指向対象とするタイプ2の言表とを分離しなければならない（われわれが挙げた例では、タイプ1の言表の「対象」はパンとか労働時間といった商品であったが、もっと別の例を挙げれば、たとえば、学校の生徒、セックス相手の数、父親の責任、等々も含まれる）。このタイプ2の言表は、「パリのあらゆるパンが一五〇サンチームであることは合法的であるとわれわれは言明する」という言表、すなわち、命題の変項ｘが何であろうと（このパン、あのパンといった個々のパン）、「『あらゆるｘに対して、ｘの価格はフラン換算で一・五〇フランである』という言表は常に正しい」と語る言表である。

（ここでひとつ指摘しておこう。マルクスはこうした真理の立場を保持している。というのも、『資本論』のテクストは、資本主義的交換を規制する貨幣と商品の等式という、タイプ1の言表すべての真理価値を確言するタイプ2の言表ないし言表群の存在を暗黙のうちに認めているからである。あらゆる交換が等価で行われるというのは真実ではない、とマルクスのメタ言説は言明する。このメタ言説は交換のうちに少なくとも労働力と商品の交換という不等式を見出し、この点では、批判的立場をとっている。しかし、この言表そのものが次のようなタイプ2の言表を確証しているのである。或る商品の全価値はその商品の生産に必要とされる平均的社会的労働時間の総量からなるということは真であると私は言明する、という言表を。この等式は他のすべての等式のメタ操作子であり、その一部をなすものではない。）

ところで、このように言表とメタ言表とを分離することは端的にひとつの決断を要請する。何よりもまず、真なるものの可能性を守ろうという決断がある。バートランド・ラッセルはその決断を包み隠さず語り、その一方で、「嘘つき」のパラドクスを反駁する仕事に着手している[9]。キケロはこのパラドクスを、「もし自分は嘘をついているとあなたが言い、かつ、あなたが本当のことを言っているならば、そのとき、あなたは嘘をついていることになる」という形で伝えている[10]。この言表を聞くとわれわれは途方に暮れてしまう。この言表に従えば、自分は嘘をついているとあなたが言うとき、あなたが嘘をついていれば、その場合あなたは本当のことを言っている、しかし、自分は嘘をついているとあなたは言っているのに、あなたが本当のことを言っているとすれば、それはあなたが嘘をついているからである……。ラッセルは、「自分は嘘をついている」という言表はタイプ1の言表であり、「……ということは（真あるいは偽である）とあなたは言う」という言表はタイプ2の言表であると言明することで、この困惑を阻止できると考える。誤謬推論とは後者の言表を前者の言表集合の中に含み込むことだろう。

メタ言語は言表の一集合に対して真理価値を確立するものだと考え、それを擁護すること、これが論理学者の仕事が目指す目的である。それはまた「中央権力」が目指す目的でもある。もっとも、「中央権力」がタイプ2の言表の地位を今度は上位の決定機関、たとえば多数派の意見とか、そういった何かから引き出してくることで、その地位を正当化しようとする点で違いはあるが。結局のところ、それは「嘘つき」のパラドクスに劣らずパラドクスを含んでいる。というのも、この多数派の意見はタイプ1の言表でできているからである。[11]

しかし、たとえこの循環論法、このささやかなサーカスに固執しないまでも、何らかの言表の真理価値が決定可能であることを望むならば、ラッセルのごとき人の反省の跡を辿り、言表1と言表2とを分離するために或る決定をしなければならないことに変りはない。事実、「嘘つき」のパラドクスは、或る言表について、それが真か偽かを決定的に言えるか言えないかなど意に介しておらず、それどころか、こうした決定ができないようなささやかな装置を作り上げているのである。したがって、そこではメタ言語を所有するいかなる権威も確立されえないし、決定されえない。かくして、この「嘘つき」のパラドクスは、メタ言語が存在しないような全く別の「論理」を示唆する。そしてそれは、（某（ユダヤ的）宗教や無意識の某（ラカン的）解釈におけるように）メタ言語が永遠にわれわれに隠されているからではなく、嘘と真とが区別できず、分離できないからなのである。メタ言語を自負するいかなる言表も、場合次第で、己れの指向対象である言表集合に属する可能性をもっている。だが、それは「いつ起るか」誰にも分からない。あらゆる集合《クラス》を包摂する集合がこの下位の集合の一部になることが起りうるのだ。

今、仮に手を加えずこの命題を直接社会・経済的領域に置き換えるならば、この命題から、いかなる社会「階級《クラス》」もメタ言語を所有する権限はもちろんその使命さえもたないということ、言い換えれば、あらゆる「階級」がその権限や使命をもつということが帰結する。主人がいつ嘘をつき、いつ本当のことを言うか誰にも分からない。そして社会階級という言葉は、家族における母親、資本所有者、ブルターニュの人々、左利きの人々、菜食主義者、バカロレア資格取得者等々さまざまな弁別特徴によって規定される諸個人の集合すべてという意味にとる必要がある。ここにおいて、真なるもののデカダンスによって明らかにされる論理が、先ほど言及した少数派の政治といかなる仕方で出会うかが分かる。主人なき政治とはメタ言語なき論理なのである。だが差し当たり以上述べたことで十分である。

パースペクティヴとしての少数派

ニーチェが指摘した第二の特徴である統一性のデカダンスについて、ここではその政治的意味を取り上げることにしよう。資本主義が国民を発明した、と言われてきた。これはたしかに歴史を端折った見方である。しかしながら、ブルジョワジーが多様な集団に対し国民という名のもとで、経済的、政治的統一性の含みをもち、ときには宗教的、文化的統一性の含みをもつ一種のメタ集合を、作り出したとは言わないまでも、少なくとも押しつけたことは認められる。われわれは二十世紀最後の四半世紀に生きているが、一見逆方向の運動が始まったのではないかと思われる。それは多様性を解放しようとする、国民的統一性のデカダンスの運動であり、この多様性は国民的統一性が形成される以前の単なる多様性とは全く異なったものである。この運動は資本主義の敵対者として現れることもあるが、資本主義と同時代の現象である諸価値のデカダンスに属している。ニーチェはこう言っている。なぜわれわれは疑い深く、用心深くなってしまったのか。それは、われわれが真実なるものを教え込まれ、そして、われわれはその真実なるものの要請をわれこそが真実なりと自称する言葉に、啓示された言葉に向け返したからである、と。同じようにこう言うことができる。なぜ国民の少数派は現代国家において立ち上るのか。それは、われわれが国民性なるものを教え込まれ、そして、われわれはその国民性なるものをわれこそが国民を所有すると自称する少数派に向け返したからである、と。諸国民は「帝国」の空間が粉々に砕け散る中で生れた。しかし、この炸裂から多くの帝国が生れた。今日の地方にとって国家の首都は、かつての属州にとってのローマと同じである。フランス本国に話を限れば、パリの王党派や共和派のお偉方は地方に対し、かつてローマが属州や同盟都市に対してそうだったのと同じように、帝国主義的だったし、今でもそうである。パリ発の言葉は疑いの眼で見られ、忌み嫌われる（待ち望まれる）。中央集権主義が告発され、それとともに、中央集権主義固有の社会政治的空間も告発される。あらゆる地域の同形性、あらゆる方向の中立性、変形法則に従ってのあらゆる形象の互換性という、この空間のもつユークリッド的特徴はすでにギリシャの理想や市民権というジャコバン派の理念のうちに見られるものであった。

ここで粗描されているのは、異質な空間のグループであり（グループという意味はこれから定義しなければならない)、完全に少数派的な個別性が織り成す一大パッチワークである。さまざまな個別性をもつ人々が、国民像という形で自分たちの統一性が映し出されていると思っていた鏡が砕け散る。政治そのものであった演出、つまり鏡の産出がデカダンスに陥る。基本的な政治グループの定義において、ヨーロッパはひとつの集団であることをやめる。主人たちが上からヨーロッパを統一しようとするのに対し、庶民たちは下からヨーロッパの区分をやり直すのである。

これはきわめて重要なことである。この事実から都合よく幸福や平等などの約束を期待できるからではない。たとえば、アメリカの社会文化的空間の中にはすでにこれと似た何かが存在する。しかし、アメリカにおけるたくさんの少数派の共存にはエデンの園を思わせるところは全くない。統一性がデカダンスに陥っているというこの事実の中でひとつの問題が提起されている。それは政治家たちによって(とりわけ、パリ・コンミューンの参加者によって)すでに提起されていた問題であるが、いまや、人々の最も内密で、それでいて最も明白な感情のうちで提起されているのである。すなわち、「中央権力」を維持するか、つまり、何らかの政治的話法(共和国連合、国家連合、連邦、共和国、帝国等々)ないし社会経済的話法(自由主義、社会主義)を維持し、その話法で権威者的機能を無様に飾り立てるか、それとも、さまざまな少数派がお互いの間でひとつないし幾つかの暫定協定(modus vivendi)を絶えず作り上げ、作り直すという条件で、多種多様な少数派に分裂するかの問題である。「中央権力」のデカダンスは「帝国」の理念の衰退を伴う。この文脈では、全面服従の中央集権主義者の側よりも、トゥキュディデスやマキャベッリのような多様性の思想家の側に見るべきものが多い。

この点についてもう二つ指摘しておこう。まず指摘したいのは、分裂運動はただ単に国民国家に関わるものではなく、社会にも関わるということである。女性、同性愛者、離婚者、娼婦、被収容者、移民といった、これまで公式の「名簿」に記載されていなかった新たな基本グループが出現している。これらの範疇が多様化するとともに、中央官僚の仕事は鈍化し、こんがらかる。しかしそれと同時に、「中央権力」という権威ある仲介を経ることなく、あるいは、ぬけぬけとその仲介を端折りながら（人質事件におけるように）、自分のことは自分でかたを付けようとする傾向が現れる。

次に指摘したいことは、こうした多様化の進行に対し、既存の政治組織は別の方向に足をとられているように思われるということである。これら既存組織は権威者的で安心感を与え代理表象的で排外主義的な空間にそっくりそのまま属している。これらの組織は「中央権力」のデカダンスのぐずつきに大いに貢献している。少数派の「政治」はこれら既存の政治組織が衰退することを求める。

パースペクティヴとしての好機

目的性のデカダンスについて一言述べておこう。一八五〇年代から一九五〇年代にかけて、自由主義者、計画経済論者、ファシスト、ナチスの側にも、社会主義者、ボルシェヴィキ、共産主義者の側にも同じように終末論的な言説が見られた。彼らは流血を見るまでに激しく対立していたものの、しかし、幸福、自由、偉大さ、秩序、安全、繁栄、正義、平等といった多かれ少なかれ両立可能な価値によって方向付けられる時間性という同じ領野の中にあったのである。手っ取り早く言うと、これらの目的論に共通する領野はアウグスティヌスが境界を定めた領野である。『神の国』には経験の蓄積テーマと位階秩序の転覆テーマが含まれている。経験の蓄積テーマは自由主義の言説の中で世俗化され、位階秩序の転覆テーマは革命の原動力となったものであるが、この二つのテーマはひとつの目的論の中で接合されている。連続した時間と不連続の時間との大きな対立は、一八八〇年代とそれに続く時代のドイツ社会主義運動において、あるいはまた、一九一七年四月レーニンがボルシェヴィキの方針と決裂した際に、きわめて激しい議論を呼び起したのであるが、この対立は時間性に対しては同じ取り組み方を示している。

ところで、こうしたものはすべて、いまだに、左翼の言説においても自由主義の言説においても根強く残っている。こうしたものはすべて、いまだに庶民においては不安と不満のうちに蓄積された力を引き付け、お偉方においてはより大きな権力を求める意志のうちに蓄積された力を引き付けることができる。こうしたものすべてが終ったとか終ろうとしているとか言ってはならない。それは新たな終末論にすぎない。だが、まさにこの根強さに、諸目的のデカダンスが穴を開ける。このデカダンスは、「パースペクティヴを立てる」という諸目的の能力を後退させることにある。われわれが（正しいかどうかは別にして）関心をもっている唯一の目的論である左翼の目的論はたしかに大きな声で語ることができ、選挙のときには無視できないだけの票を得ることができるが、いずれにせよ、誰もその価値に従って生きはしないし、おそらく、あれやこれやの「大事」においてさえも、(「マタイの福音書」一九章一六・三〇におけるイエス以来) よく言われるように、誰も実際の生活の手立てをそんな目的論のために犠牲にすることなどできはしないのである――もっとも政治活動家は別であるが。革命の理念のデカダンスは、(こう述べても目新しくはないのだが) 初期キリスト教における「最後の審判」の理念のデカダンスに比較できる。永遠にやってこないイエスの王国の代りに、聖職者帝国の支配者たちが居座る。彼らは裏切り者でも詐欺師でもなく、悲しきかな、むしろ模範を示す者なのだ。彼らの力は、ニヒリズムに陥らないように西洋の人間を保護するパースペクティヴを保持しているところにある。「教会」(すなわち「党」)か、しからずんば、無(すなわち虚無、果てしなき災禍)か。

政治活動家が(仲間内で)大衆のアパシー、戦闘性の低下、疎外と非難するものは全く別の問題である。それは、たとえときには気づかれないほどのものだとしても、政治という名のパースペクティヴと、ほとんど定義されていない別のパースペクティヴとの間の激しい不一致である。そしてこの不一致は指導部と下部の人々を分かつのではなく、彼らすべてを貫き通している。この不一致はまさに時間性に関する不一致である。政治の声は、待て、希望をもて、着手しろ、準備しろ、組織しろ、と言う。そしてもうひとつの声はこう言う。好機をつかめ、未来は必然的なものではなく、偶然的なものであり、瞬間のうちにある。明日を待つのではない、決意主義はだめだ、なすべきこととして君に呈示されていることをなせ、なされんと欲するものに耳を傾け、それをなせ、と。したがって、これは終末論的な歴史を生み出すことではなく、欲望充足の倫理学や享楽の神学に直面することでもなく、それらではないものに直面することなのだ(この倫理学と神学は、同じ領野で、古典的禁欲主義を転倒するものにすぎない)。好機、それはギリシャの悲劇作家やゴルギアスがカイロスと呼んだものである。

中傷のために言われていることとは裏腹に、このもうひとつのパースペクティヴほど現実主義的なものはない。何年も前から、おそらくはずっと以前から、企業や他の場所で行われてきた闘争の多くは、他のパースペクティヴと並んで、このパースペクティヴを原動力としている。終末論的なパースペクティヴのうちにあってこそ、こうした自発的行動をいわゆる最終的、究極的現実と対立させることができるのであり、そのパースペクティヴから見て初めて、この自発的行動が空想的だとか非現実的だとか無責任だとか言われるのである。したがって、政治活動家がこうした非難を浴びせかけることなど大した問題ではない。一世紀にわたる政治活動家の実践の後で、事態の現状を見れば、彼らの現実主義がどれほどのものか明らかである。

第三者なき効果

もう一度赤軍派について考えてみよう。彼らの行動から期待される効果は、いかなる性質のものだったろうか。この問題は科学において効率が提起する問題と似ていなくもない。新たなパースペクティヴに対してなされる反論は、それが効果を無視するというものである。[12] 秩序立った行動をとり、その行動の射程を説明しなければ、システムをぐらつかせることにはならない、といった具合である。そうしなければ、ちっぽけな非生産的少数派の中でささやかにリビドーを垂れ流したところで、システムに打撃を与えたと言われないのはもちろんのこと、システムにいささかの不安も抱かせはしないだろう、と。

今はこのことを論じず、次の指摘をしておこう。赤軍派のごとき過激な運動においては、効果の価値も全くのデカダンスに陥っているが、このデカダンスは、われわれに反論する人々はそう信じているかもしれないが、決して効果を無視するところにあるわけではなく、効果に向けられる注意が二つのパースペクティヴに従って分裂するという、一種の二重の運動が存在するところにあるのである。二種類の効果が存在し、それらはときとして区別不可能である。ここでもまた、選択しなければならないだろう。

デュフレンヌはマルクーゼの文章を引用しているが、そこでは、古くからの伝統に従い、効果は公然と教育に従属している。[13] デュフレンヌは非難しているものの、かといって、それを認めないわけではない。さて、バーダー・マインホフの裁判記録の中に、こうした古典的態度の名残が見られる。「もう誰もあなたたちのために街頭に下りてこないということが分からないのですか。あなたたちが自分たちのまわりに爆弾を投げたときから、もう誰もあなたたちの言いなりになっておとなしくしてはいないということが分からないのですか[14]」という『シュピーゲル』誌のジャーナリストの質問に対して、赤軍派のメンバーは、一九七二年と一九七三年の世論調査を引き合いに出し、教育過程における不可欠の契機だと答えている。なおこの世論調査は、ドイツ民衆の中にこのグループに耳を傾ける者がいることを証明し、たとえこのグループが説得に成功したわけではないとしても、かなりの部分の人々の共感を得るのに成功したことを証明するとの主張のもとで行われたものであった。

さらに、ハンガー・ストライキを中止するよう囚人たちに命じた一九七五年二月二日の通達ではこう述べられている。「プロレタリアートの階級組織が腐敗し、革命的左翼が脆弱であるため、階級闘争は十分な発展をみていない（……）。合法的左翼の可能性は（……）十分な発展をみなかった（……）。われわれは、このストライキによって、反帝国主義的政治を説明し、結集し、組織するためにここでなしうることのすべてが達成されたことを宣言し、これ以上戦術を激化しても新たな闘争の質をもたらすとは認められなかったことを宣言する[15]」。

ここで要求されている効果は教育的効果である。子供たち、すなわち大衆の心の中に合理性の原理、プラトン的論理（logikon）を目覚めさせること。したがって、われわれ赤軍派、彼ら帝国主義装置、あなたがた生徒つまり大衆、という三つの極がある。あなたたちがわれわれを理解するその度ごとにわれわれは効果をもつ。しかし、あなたたちが理解しているかどうか誰が判断するのだろうか。それはあなたたちとわれわれの意見が一致するときであろう。すなわち、あなたたちがわれわれの言語に従って語り、われわれの倫理に従って行動するならば、というわけである。したがって、判断するのはわれわれだろう。ちょうど、メノンが理性に従っているときとそうでないときとを判断するのがソクラテスであるように。（まさかの用心にはっきり言っておくが、われわれは何もハンガー・ストライキを是非とも続けねばならないと言っているわけではない……。）

しかし、この同じグループによって全く別の効果が探求されており、ときには実際の成果が獲得されている。例を挙げよう。ハイデルベルクのアメリカ軍コンピューターはとりわけ北ヴェトナムの爆撃をプログラムしたことで有名であるが、このグループがそのコンピューターを破壊したとき、彼らは大衆は理解してくれるだろうとは言わず、これは軍事上の敵であるばかりか、道徳上の敵でもある帝国主義的敵戦力に対する攻撃であると言っている。(16) これがすべてである。ここには第三者なき戦略がある。第三者は存在せず、赤軍派とアメリカ軍だけがいる。見込まれている効果は、大衆のうちに論理を目覚めさせることではなく、一時的であるとはいえ、敵組織の解体である。示威行動ではない。このグループははっきりそう書き記している。「革命的主体とは、こうしたシステムの制約から自己を解放し、システムの犯罪に加担することを拒否する人すべてである、とわれわれは結論する。第三世界人民の解放闘争に政治的自己同一性を見出す人すべて、拒絶し、もはや従属しない人すべて、この人たちの一人一人が革命的主体であり、同志である(17)」。

第三者、つまり潜在的理性主体としての子供、潜在的革命主体としてのプロレタリアートの消滅はこのように記されている。この消滅の直接的な帰結は、『シュピーゲル』誌への回答の中の、次に挙げる刑務所制度に関する原則表明に見られる。「己れの状況を政治的に理解し、囚人の連帯、闘争を組織するすべてのプロレタリアートは、収監の理由が何であれ、すべて政治的囚人である」[18]。古臭い言葉のもとではあるが、別のパースペクティヴが現れている。ダヴィッド・ルーセが描写したナチスの強制収容所の中で、ドイツ（そしてドイツ以外の国々の）共産主義者がとった方針が、組織中枢を是非とも守るという方針ではなく、以上のような方針だったとしたら、と想像してみよう……。

いったいどんな効果が問われているのだろうか。ここで赤軍派の軍事戦略が擁護されているわけではない。彼らの行動の過激さは、その絶望そのものにおいて、転倒によって、むしろ相変らず古典的な教育的政治活動のモデルに依拠している、と考えられるだろう。そしておそらくそれゆえに、一見極限的に見えるこの例において、効果に関するデカダンスのぐずつきが現れているのだろう。

教育可能な第三者を退けることは、目的性や真実性や統一性を退けることと同じく、新たなパースペクティヴに属している。そしてこの第三者を保持することは、われわれもまたその中に浸っている古臭いパースペクティヴに属している。前者の場合、組織し再組織すべき身体／集団はないが、敵を悩ませる方法はいろいろある。本来ならばここで、爆弾以外にも敵を悩ませる方法は実にたくさんあることをまず示し、次に敵を悩ませるとはいかなることかを示しておく必要があるだろう。そうすれば、敵を悩ませるとはいつでも何かしら逆捻じのようなもの、すなわち、庶民、「弱者」が一瞬最強の者たちよりもより強くなるための策略ないし陰謀であることがお分かりいただけるだろう。病気を武器にすること、とハイデルベルクの患者である社会主義者集団は言った。そして、ドイツ連邦共和国における政治的囚人の拷問に反対する委員会はこう言う。「弱さが力に変形されるという、この物質的力を自覚すること」。

こうした逆ねじの属している論理は、第一世代のソフィストや雄弁術教師の論理であって、主人的論理学者の論理ではない。それは好機の時間に属するのであって、世界史という時計時間に属するのではない。それは中心なき少数派の空間に属しているのである。

（1） Raymond Ruyer, *la Gnose de Princeton*, Fayard, 1974.

（2） *Le Pourrissement des sociétés* 雑誌 *Cause commune* 特別号。U. G. E., 10 / 18, 1975.

（3） こうした徴候はさまざまな著作に見受けられる。参考までに、最も興味深い本の中から一冊だけ挙げておこう。*Autocritique de la science*, de A. Jaubert et J. M. Levy-Leblond, Seuil, 1973.（この本は最近ポワン叢書で再刊された。）

（4） *A propos du procès Baader-Meinhof, Fraction Armée Rouge: de la torture dans les prisons de la R. F. A.* Christian Bourgois éditeur, 1975.

（5） *Ibid.*, p. 71. この研究がハンブルク大学の第一一五特別研究機関によって行われたことは知っておいてもいい。ハンブルクのこの研究機関は、一九七三年、ＮＡＴＯが組織した、攻撃性を研究するための会議に参加した。アメリカ合衆国、イギリス、カナダ、ノルウェーのほかに、ポーランドの代表も参加した。それは社会主義的科学の勇み足だろうか。あるいは、あらゆる科学は資本主義的なのだろうか。あるいは、社会主義こそが資本主義的なのだろうか。あるいはむしろ、あらゆる知の言説において、あらゆる体制において、どこにおいても、同じ帝国主義の狂気が問題となるわけではないということだろうか。

（6） この特別研究機関のテクストにはこうある。「こうした条件においては、テストを受ける個人は自分を取り巻く現実を吟味する可能性をほとんど、あるいは、全然もっていないので、こうした条件がなければ到底到達できないような状況を、実験者の指示とか模擬の事件等を用いることで比較的容易に作り出すことができる」(同書七六頁)。グロスとその同僚のスファブは別のところでこう書いている。「実験者に対する被験者の一方的な依存関係は、感覚隔離の場合では、他の状況に比べてはるかに強い。それゆえ、われわれは患者と医師の関係のモデルとしてそれを用いることにした」(*Nerven Arzt* 40 (1969), p.25. 前掲七一頁の引用)。治療学ないし教育学としての思想の行き着くところである。

(7) 均質性が社会「体」に適用される際の狂気を誰よりも見事に書いた人がいる。『収容所列島』を論評したClaude Lefort である。*Textures, 10–11*, 1975.

(8) とくに Jean Rousselet のアンケート *l'Allergie au travail*, Seuil, 1974. と J.-P. Barou の著作 *Gilda je t'aime, à bas le travail*, France sauvage, 1975 を参照されたい。

(9) Bertrand Russell, *Histoire de mes idées philosophiques*, trad. française, Gallimard, 1961, ch.VII.

(10) Cicéron, *Premiers académiques*, II.

(11) このことについては別のところで触れるつもりである。

(12) ここで述べたパースペクティヴに対して開かれていて、そのうえ、その傾向を支持しようと考える人々の反論だけを取り上げておこう。Pierre Gaudibert, *l'Ordre moral*, Grasset, 1973, pp. 141–142; Mikel Dufrenne, *Art et politique*, U. G. E., 10 / 18, 1974, chap.VII.

(13) *Contre-révolution et révolte*, tr. fr., Paris, Seuil, 1973, pp. 68-73.

(14) *A propos du procès Baader-Meinhof*, *op. cit.*, p. 241.

(15) *Ibid.*, pp. 213-214.

(16) *Ibid.*, p. 239.

(17) ヴィクトール・クラインクリーク(訳せば小さな戦争——いい名前だ!)が引用している一九七二年の赤軍派パンフレット *Mener la lutte anti-impérialiste, construire l'armée rouge*, *op. cit.*, p. 33 から。(この文は原テクストで強調されている。)

(18) *Op. cit.*, p. 219.

第六章　革命における無意味

アヴェ・アヴェ・アヴェマリア
（三月二十二日動乱の歌）

陽気な五月の仲間に捧ぐ

共和国の怪物的身体

「九三年における愛は、その本来の姿、つまり死の兄弟のように見えた」。ミシュレがここで示していることは、重大な事柄である。それは単に、ダントンやヴェルニオーなどの輩が、ひとりの女性に対する情念のために国事には無関心に、従容として刑場へひかれて行ったということだけではない（あるいはそういうことでは全くない）。それは、偉大であると否とを問わず、あらゆる個人の心理学の手前にあって、もっとずっと強烈なことなのだ。つまり、九三年秋の激しさの中で賭けられていたのは、フロイトの言葉を借りて言えば、生の欲動（エロス）と死の欲動の、第一共和制の「身体上での」邂逅と、それらの、互いの中への隠蔽とであった、ということなのである。九三年秋は、多少なりともそれに関心のある者には誰にでも、少なくともこう自問することを強いるのである。政治において望まれているのは、それではいったい何なのか、と。

このような質問に答えるためには、声明などの分析に信を置いてはならない。歴史の経験なるものがあるとすれば、それは、ひとつの意味の審級への全面的信頼を捨て、疑いを増大させることにある。すべての革命的政党が幸福を願っていると宣言している。サン＝ジュストの言葉を思い出してみるがよい。だが、ロベスピエール派の最も手強い敵である過激派女性たち、革命的共和主義女性市民の「われわれは共和国の中では不幸な人が一人もいないことを欲する」という綱領は、サン＝ジュストの言葉に優っている。平等、自由などについても同じことが言える。

人間ばかりでなく、意味されるもの《シニフィエ》までが疑わしいものとなり、陰謀を企む。言葉の意味を最終的に決定／逮捕《アレテ》すること、これこそ、恐怖政治が、真実への欲望にとって必要不可欠の手段として望むことなのだ。言葉の中に宿っている意味の組織があるにちがいない――ジャコバン派はそれを支配し、占有し、それを明らかにしようとする。言葉の使用、すなわち言表行為、これを排他的に確保することを欲し、政敵の口に「自分たちの」言葉がのぼると、それが虚偽であり、裏切りであり、罪深い軽々しさである（われわれならイデオロギーと言うだろうが）として告発する。権力とは、この観点からすると、行為遂行の権威の保持であり、言語行為（speech act）の保持であり、意味されるものを指向対象として（すなわち「現実として」）現出させる能力の保持である。われわれが戦争を宣言すると、戦争が起る、というようなことだけではない。これこれの条件のもとでは夫婦が離婚する可能性があるというと、本当に離婚するとか、宗教のお勤めは自由だというとそのとおりになるとかいうようなものであり、とりわけ、極左の論客として語る人々は反動の使嗾だと言えば、彼らは反動の使嗾になる——なぜなら彼らは断頭台へ送られるから——ということなのである。それは、実現者としての権力であり、現実を決定するものなのだ。

「恐怖政治」に付けた一八六九年の序文中で、ミシュレは次のような表現でロベスピエールの言葉を位置付けているが、そのとき彼は右のことをすっかり見通していたのである。「ジャコバン信仰の奇跡の業。真昼間太陽が否定された。そしてそれが信じられたのだ。『このパンはパンに非ず。そは神なり』という中世カトリックの教義の断言、この断言でさえ、それより強くはない。われわれは、野蛮な軽信のはびこっていた旧い時代へとあと戻りするのだ。ロベスピエールの言葉に反して存在しうる現実は何もない。これが新ジャコバン党員の動かぬ信念であった」。ルイ・マランが分析しているが、(1)聖体の秘跡の神秘は、実際、テロリスト権力の本質同様雄弁である。それは、二つの指示詞に支えられ、奇妙な同語反復の言表行為を行い、普遍的な妥当性を標榜する言表なのである。

「遂行すること performer」の権威外へこうして多くの話者を追放する、という現象を伴わない行為遂行的なものはない。政治闘争が、言葉(つまり遂行する権力)をすべての人々に与えることを、明確に表明された目的として目指しているとき、したがって、語るという単純な事実によって語るすべてのことを実現させる、唯一人の遂行者の身体としての共和国を作り上げることを目指しているとき、そのようなときでさえ、実際の遂行者の位置を誰が占めるかについての嫉妬や、その権力を手に入れたいというあらゆる野心の上に投げかけられる恐怖が存在する。

このテロリストの独占欲とはいったい何なのだろう。この欲望は、身体の各部位において統一され、その言葉とその行為において統一された身体的欲望と、どのようにしてつながりうるのだろう。そのようなつながりが、そもそもあるのだろうか。サン＝キュロットたちは、平等と幸福のために、あるいは死のために、戦う。共和国の政治を決定付けるように思われる二者択一——すべての社会的「身体」に遂行的な権力が与えられるか、それともそうした社会的「身体」が消え去るか。だがこうした結び付きにおいて気違いじみていることは、この結び付きが選言的ではない、あるいは単に選言的であるだけではない、ということであり、そうした二者択一の喧噪の中に、何か他のもの形《フィギュール》、幸福と死との脈絡のない同時的肯定が潜んでいるということであり、また、政治的言説が苛酷な闘いの果てに思い描く和解した身体に、或る部分が他の部分に及ぼす嫉妬と死を招く恐怖とによって現実にはばらばらになっている「身体」が宿りにやって来る、ということである。この「身体」は、単に死の身体にすぎない。なぜなら、それは和解した身体の分裂によって、また分裂の中にしか存在しないし、その破片間の——つまり国家、階級、性、世代等々の——戦いによって、また戦いの中にしか存在しないからである。

統一された意味論的身体と、テロリスト的排除による行為遂行活動とを、言語のレヴェルで並置することに対応する政治的「身体」はひとつの怪物[2]である。それは、統一されたひとつの有機体と、それとは並立しえない、そしてまた自分たち同士の間でも並立しえない、幾つかの部分欲動とから成る。この「身体」は、それが何らかの自然の形態を侵犯して存在するであろうという点において奇形であるのではない。それが怪物的だと言わねばならないのは、空間の複数性を占有するからであって、それは次のような要領でかろうじて想像しうるだろう。統一へと駆り立てられた、全体性としての身体、ひとつのヴォリュームとして、ひとつの三次元の大きな物体として組織される身体。それは、中心部と周辺部をもち、客席と舞台（国民と議会、地区《カルチエ》住民と地区《セクション》）に境界を引き、外部と内部（フランスと外国、共和国とその敵）を区別する。ところが、そのような限界におかまいなく、自らの表面を隈なく走りまわる（というよりはむしろ、そうした表面を構成する）さまざまの欲動によってばらばらにされる限りにおいては、「身体」は、メビウスの輪（その表面と裏面とを判別しようとする試み、あるいはヴォリュームを求めようとする試みが、よく知られているように全く徒労であるようなメビウスの輪）の表面にも比較される二次元の空間の中に、無限の表面として広がっている。それゆえ、一方は二次元の広がりを定義し、他方は三次元の広がりを定義する、少なくとも二重の構造をもつ空間的な力、したがって原則的には両立しない、（少なくとも）二つのグループの操作規準によって同時に統括されているひとつの物体《オブジェ》――これが、われわれの想像する怪物性である。

かくのごときが一七九三年における愛と死である。それらが形成する対象《オブジェ》に関する弁証法的な調停は、いかにヘーゲルといえども失敗に帰する。弁証法的調停は、統一された意味論的身体に適用しうる言語のゲームであり、言語の統一性にほかならぬ統一性を前提している。そうした弁証法的調停が死の欲動を許容するのは、それが語るようなこの身体の歴史の契機としてのみである。キリスト教の、ヘーゲルの、下ってはラカンのモデルとして、この統一的身体は、死を、単に自由あるいは真実を実現する手段として採用するほどに教化的となる。だが、怪物的身体は弁証法的ではない。怪物たちの時間（そんなものがあるとすればの話だが）は、（本来なら彼らもそうである「はず」であった）自然の身体の時間と、彼らが自然の身体になるのを「妨げる」遠心的な衝迫の時間とを、通約可能にすることもなく、またそれを同期化させることもしない。一七九三年秋における共和国の身体が怪物であるとすれば、この身体は、互いに同時でありながら全く異時（*dischrones*）の多くの時間の中に生きているのである。ひとつの語りの中にそれらの時間を集めるよりも、それらを孤立させる方がより魅力的である。

王侯の歴史

歴史は、政治と同じような具合にことが運ぶ。歴史は、或るひとつの身体の語り、その身体の発生と変身の物語としてしか書かれない。政治がこの身体の欲望としてしか語られず、闘う社会が他のより有機的な社会を目指す闘いとして常に説明されたのと同じことである。強度、それもしばしば最も強いものが、歴史家によって、表面的な出来事、偶発事、つまり真の必然性に到達するために払わねばならぬ代価、として提示される運命にある――そして政治家によって、現実的な重要性のない過誤、あるいは敵の策謀に基づく擬餌《ルアー》、つまり消し去るべき失敗として、提示される運命にある。歴史家や政治家が、そうした強度を考慮に入れることがあるとすれば、それはせいぜい、彼らが「歴史の流れ」について作りつつある仮説の確証をその中に見るときだけである。

リビドーの歴史は、反対に、こうした奇妙さに最大の注意を払うことから始める。それらを徴候として解明するためではなく、合理的な歴史によって無視されたその強度を体験し、それを伝えるためである。リビドーの歴史は、フロイトがごく幼い子供たちに前提するものに比較しうるひとつの「身体」を想定する。この「身体」上には、愛と死とが、予測不可能な形で徘徊したり停止したりして、出来事をひき起している。二つの欲動体制、つまり綜合と解体とは、そこで互いに対立の関係で作用しているのではなく、お互いに隠蔽し合う作用をしている。フロイトに従って、綜合の作用はエロスに由来し、解体の作用は死の欲動に由来すると述べるだけでは十分ではない。その逆もまた真なのであり、そしてそうしたことが隠蔽作用なのである。強度を規制し、それをたったひとつの中心に向って折り返すことは、エロスに属するように見える。が、この求心的活動もまた、その邪魔をするあらゆるものを凍結させ、コンクリート詰めにし、息の根をとめてやりたいという、死に至る欲望を隠している可能性がある。非キリスト教化者たちを前にしたロベスピエールの言い分を聞いていただきたい。同じ言葉が、全く相反する強い動きを隠しており、愛と憎しみとの両方の流れの通過点となっているのである。

共和国の救済の名において、ロベスピエールがギロチンを作動させるとき、おそらく彼は社会的身体の有機的統一のための非常に「エロティックな」情熱に動かされていたのであろうが、同時に、それと反対に、その身体を自分自身の生命を賭してでも、粉々にふきとばしてしまいたいという欲望に突き動かされてもいたのだ。熱月《テルミドール》八日の演説の中には、曖昧さへの恐るべき依存を聞きとらねばならない。それも、政府の真の原則としてではなく、その意義（明らかに偽善的なものである）を確定することの不可能さによって社会的身体全般の混乱をひき起そうとする提案として、聞きとらねばならない。曰く、「刑罰は必ず何か曖昧なものを含んでいなければならない。なぜなら、陰謀家たちの現実的性格が隠蔽と偽善である以上、裁判はそれらをいかなる形態のもとでも捉えねばならないからだ」。ミシュレは、この支配力への強迫による破壊の行き着くところを次のように描き出している。「卑小化されたギロチンは、気が狂い、でたらめに活動するように思われた（……）。ロベスピエールは不信を次から次へとつのらせて、遂には自らを逮捕しギロチンで首を刎ねるに至ったのであろう」。一般化された異化の原理は、社会の身体のあらゆる部分に課せられる。いかなる人も、いかなる制度も、自身のアイデンティティに固定されなくなるのである。ジャコバン派の眼は眩暈の餌食となっている。こうした眩暈は、ヘーゲル的全体性が全的懐疑主義の四散により脅かされているように、中央集権主義そのもののもたらすものなのだ。

だがその逆も等閑に付されてよいものではない。一七九三年秋から冬にかけて国中に吹き荒れた反宗教的情熱の嵐の中に、遠心的な死への衝迫が存在することと、この情熱が生への意志と、外国の間諜たちや破壊的陰謀に対する統一的な自己防衛を含んでいたこと――この二つをいかにして区別すればよいのか。こうした隠蔽を忘れてしまって、歴史は政治と同様、ただひとつの視点、ただひとつの綜合の場を、また、運動の多様性をただひとつのヴォリュームの統一の中へと包み込んでしまうただひとつの頭、ただひとつの眼を必要としているように思われる。この眼は綜合的ではあるが、また、その視界に入らないものにはすべて死の烙印を押す邪眼なのである。

リビドーの歴史は、王侯の知恵と権力のものであるこうした安易さを自らに拒む。リビドーの歴史にとっては、少なくとも、自らの「資料体《コーパス》」(何という言葉だろう!)に、宇宙物理学者や核物理学者たちにはよく知られた一般化された相対性の原理を適用することが必要なのだ。この原理によれば、エネルギー組織の解読のためには特権的な場はないということになる。人間の知覚や記憶が所与を位置付ける尺度とはかけ離れた諸々の尺度に属する諸現象のためにしか、相対性というものは役に立たないと言う向きもあろう。しかし、歴史を動かすリビドーが人間的尺度に依存していると、どうしてそう信じるのだろう。出来事(res gestae)が人間的感性のいわゆるア・プリオリな諸形式の枠内に置かれねばならないと、どうしてそう考えるのだろう。また「人間的尺度」とはいったい何なのか。それら諸形式について言えば、カント的理性にとってのみそれらがア・プリオリであることは知られている。歴史は少なくとも宇宙と同じぐらい怪物的である。物理的世界には拒否されているもの、つまり異化の原則が、歴史には認められるとすれば、おそらく歴史は宇宙以上に怪物的である。

言語学的用語（もしくはそれに非常に近いもの）に戻って言えば、政治的言説の立場（つまり遂行の権力の構成）には不可欠の排除という行為と同じ行為を、歴史的言説が行っているかのようなのである。歴史家は、ロベスピエールとは誰であるかを断言する。ちょうどロベスピエールが、誰が人民であり誰がそうでないかを断言したように。対象を言説に従わせることが現に可能な権力の立場にないのだから、歴史家の断言は言語行為ではないという反論があるだろう。それは大学の権力を軽く見ることである。大学の権力は、読み手大衆（一般には学生たち）の信仰をかちとっている。もし読み手の言説が現実について語る語り手の言説に一致しなければ、試験というギロチンの刃が直ちに彼らの頭上に落ちてくるのだ。ジャコバン派の政治家は、もたらされる情報の中で、自らの語る真実を変更するよう強制してくる可能性のあるものはすべて、謀反、裏切り、陰謀、あるいは少なくとも無責任として拒否するが、大学の権力もそれと同じことで、この権力は、それが、常軌を逸しており、表面的で、不適切、付随的かつ無価値と判断した欲動の過程を排除する――つまり、政治家と同様、数々の所与を破壊する（ただ単に語らないというそれだけにすぎないとしても）のである。

したがって、何が自ら欲望しているのか、欲望はどうなっているのか、ということを、政治においてだけでなく、歴史の研究において問わねばならない。歴史は政治の延長上にあるからである。あらゆる権力から自由な政治へと、この世紀末のあらゆる関心が必然的に向っているということが真実であるとすれば、われわれは大いに、リビドーの歴史の特徴の幾つかの粗描を試みてみようという気になるし、それに成功すれば幸いなことだ。

異教の歴史

こうした歴史は、何よりもひとつの異教の歴史である。ここでわれわれが考えている異教《パガニスム》（多神教）が内包しているのは、神々の複数性、すなわち遂行的な言語行為における排他性という問題に関する尊大な無関心——「［古代の］すべての神々は、彼らの中の一人が唯一神であると名乗るのをきいて死ぬほど笑った」(3)——だけではない。この異教は、規則的に行われる崇拝の捧げ物に加えて、舞台劇の一見無秩序な捧げ物（つまり、パロディーという、笑うべき儀礼）を行うようローマの神々が要求するという奇妙な特徴をももっている。したがって問題なのは、多くの機能のそれぞれが常に決まった神のみに割り当てられ、決まった儀式で執り行われる、そのような祭式だけではない。偶発的な「状況」や、あらゆる神に起りうる「他の神あるいは人間との(4)」出会い——それは、国家的崇拝が祭式に与えようとする排他的で教化的な機能を、明らさまに否定するものなのだが——を、劇として実現することである。ピエール・クロソウスキーは次のように書いている。「舞台劇は、神々が立ち現れる世界、それも市民社会にとって有益な数々の行動をするものとしてではなく、これらの神々が至高の、しかも純粋に無償の喜びの中に立ち現れる、そうした世界を、神々のために確保するものであった(5)」。

パロディーによって、しかも見たところ無駄に獲得される、この強度という主題を、われわれが探究しているような形での歴史上、政治上の異教に結び付ける必要がある。これらの強度の中には、ローマのリビドー的「身体」における欲動の、唐突でしかも避けがたい運動（フロイトの証言）が認められる。幾世紀にもわたるキリスト教皇帝政治の排他的中央集権主義に行き着くことになる、国家単位で統一された崇拝の諸儀式と、ヴァロが演劇的神学と名づけたもの（すなわち、そこでは欲望が自らの変貌の力を解き放ち、神々のものとされているエロティックで死に至る想像力を養っていた、そのようなパロディーや、残酷で不道徳で陽気な演技の、創意性そのもの）との共存、ニーチェやクロソウスキーがわれわれに教える異教に本質的なものであるこの共存は、また、異教の歴史（政治はもちろんのこと）が後ろ楯にするであろう社会的「身体」の怪物性を、最もよく証明するものでもある。これこそ、われわれが舞台劇（ludi scoenici）において出会う、異化作用という欲動の原理なのである。

政治は言わずもがな、歴史の分野でもすでに廃れてしまった抽象的な思考が問題なのか。そうではなく、抽象作用と恐怖政治とを強制する、排他性という観点が問題なのである。社会的身体が少しでも活動し始めようものなら、たちまち姿を現すのはその怪物性、すなわちその異教性である。一九三六年七月然り、一九六八年五月然り……政治家であれ歴史家であれ、こうした騒乱の諸相を、統一的な観点の排他性のおかげで、地質学的あるいは医学的隠喩を用いてしか評価（そして抑圧）することのできない人――彼は、それらの諸相を、大災害、氾濫、大嵐、あるいは他の点では正常とされている社会的機構《オルガニスム》／生体を犯す病気、と判断する――にとって、それら騒乱の諸相が常に説明しがたく、不審なものにさえ見えるのは、こうしたわけなのである。

一七九三年の秋から冬にかけてフランスで起った非キリスト教化運動についても同様のことが言える。異教の発生と、その結果同時的な共和国の「身体」の怪物性の発生は、明白なことであるにもかかわらず、当時の政治家たちはもちろん、大革命の歴史家たち（極左の歴史家たちでさえ）の側からの完全な否認の対象となっている。ところが、この危機的状況において「異教の」歴史家を魅了するのは、この怪物性が、明白な諸権力の安定した枠内での、あるいは、経済的利害関係のいまだ言葉をもたない領域での、政治的社会的な戦いであるというだけではなく、そこでは暴力が、政治的領域内に比べ、一見してずらされ、矛盾したやり方で作用していること、暴力が常にパロディーあるいは舞台劇の様相を呈し、不安を抱かせるお祭り騒ぎをひき起し、そして、現実と虚構の間の、全体主義的な観点からすれば本質的な分離を、暴力が等閑に付してしまっていること、などである。サン－キュロット劇の即興の舞台作術が、ジャコバン派の議会と公式の祝賀行事のよく秩序付けられた儀式をかき乱しに来る。同時に、演劇的な設定は、こうした喧噪の日々の中で、上演という機能のただ中で働く欲動の作用を露わにし、諸場面《スペクタクル》におけるリビドーの経済学を吟味するよう示唆する。サン－キュロティスムは夢想的なものではなく、舞台は彼らにとって夢や理想郷の空間ではない。芝居見物は〔日常と非日常との間で〕場面を取り替えるためではない。客席内、そしてしばしば舞台そのものの上にまでもち込まれて演じられているのは、街頭での場面（「政治的な」場面）なのだ。劇の上演を構成する対立、とくに観客と役者の区別が、その妥当性のほとんどを失っている。

「舞台」へ向っての、政治的なものと演劇的なもののこの二重の位置ずらしの中には、異教的演技のリビドーの働きが見られる。ミシュレが彼なりのやり方で感じとっていたように、これらの位置ずらしの異教性の探究を最も遠くまで進めて行けるのは、おそらく、そうした位置ずらしにおける女性性の立場についてとくに考察を深めることによってであろう。なぜなら、昔からの伝統により女性たちは政治の遂行的な立場からは除外されており、「主権者」の一部をなしていないからであり、国事に彼女たちが介入することは大革命の中における革命だからであり、また、そのことは必ずスキャンダルをひき起し、この介入を抑圧すると同時により挑戦的なものにもしてしまう新たな演出法を思い付かせるからでもある。舞台劇が、女の性（sexe féminin）の存在からではなく、この、このうえなく怪物的なもの（それと共にあってはあらゆるアイデンティティが取るに足らぬものとなるということが本当であるとすれば、それは脱性別化（dissexuation）にほかならない）から切り離しえないということをこれらの行き過ぎそのものが証明している。

非キリスト教化運動を拒絶する幾つかの方法

シーザーにしてブルータスであるあらゆる政治家、歴史家は、一七九三年末の非キリスト教化運動を叙述しなければならなくなると、ひとしく同じひとつの形象、遮断の隠喩によってその筆を捕えられる。この否定的叙述法《レトリック》の中には、この運動に対する彼らの否認が宿っている。この運動を肯定することに関する彼らの無能力は、彼らが不当にも我がものとしている、歴史を断言するという権力の裏返しである。サン＝キュロット的パガニスムと歴史的言説の出会いは、能力と権力の出会いなのだ。

「あまりにも長い間自由を奪われていた真実の爆発的侵入」と、十一月二十二日の国民公会で、議員フォレスティエは言う。「奔流」と、二十六日の議会でダントンが、二十八日、ジャコバン・クラブでロベスピエールが、それぞれに断言する。「爆発」、「何ものも抗うことのできない激流」と、ジェール県への派遣議員ダルチゴワトは、一七九四年一月一日に書いている。「熱月《テルミドール》」のあと、ボワシー・ダングラは、この運動は「錯乱と熱狂」であり、「祭司の支配体制（……）は、乱痴気騒ぎのスキャンダル、狂信そのものの激発で打ち壊された」と説明している。エドガー・キネは、この運動に好意的ではあるが、比喩的な表現から免れてはいない。「未だ半ばは未開の大衆が、旧体制の聖職者の保護下から騒々しく出て行こうと試みていた」。

右の引用はダニエル・ゲランの著書[6]からなされたものである。ゲランに関して言えば、非キリスト教化運動は、彼にとって、大革命の最も本質的な、彼の永久革命の主張《テーゼ》を確証する契機であったのだが、それは、その運動がまさにブルジョワ革命の流れを逸脱することによって、プロレタリア革命が内部からブルジョワ革命を煽動していたということを証しだてるからである。「われわれはここで非キリスト教化の限界に触れているだけでなく、大革命の根本的ドラマに触れているのだ。他の諸分野におけると同様宗教の分野でも、階級闘争の推進力、大衆運動のダイナミスムは、ブルジョワ革命の枠をはみ出し、大革命を、革命的ブルジョワジーによって定められた目標のいささか向うまでひっぱって行った。民衆の激流は、非キリスト教化者たちを予期せぬ地点にまで連れて行ったのだ。彼らはただちょっと気晴らしをしたかっただけなのだが（……）[7]」。

この主張は、最後の点については少なくとも、ミシュレの主張からそれほど遠くはない。九月以降のショーメットとコンミューンの穏和主義について、ミシュレは次のように書いている。「革命に別の途を開いてやらぬ限り、つまり、政治的穏和化を宗教的な大胆さで補償してやらぬ限り、このように政治的にブレーキをかけることは、大きな危険である――これが、何人かの議員たちが主張したところである。彼らは恐怖政治をものの上に施したのであって、人民の上に施したのではなかったのだ[8]」。したがって、コンミューン、ショーメット、山岳派《モンターニュ》の一部、各セクションは、ジャコバン派の恐怖政治を怖れており、宗教的過激主義が、彼らの政治的穏和主義を覆い隠すのに役立っていたのである。「恐怖政治の（つまり政府の）この動きは、ショーメットが扇動していた宗教運動の利益に全く反するものであった」(9)。ミシュレの解釈とゲランの解釈とでは、たしかに役割の逆転が見られる。作動している力、すなわち悪しき恐怖政治は、ミシュレにとっては、専制的ロベスピエール主義の力であり、最終的にはボナパルティスムに終るはずのものである(10)。またゲランにとっては、作動しているのは善き暴力であり、過激派《アンラジエ》によって具現されるプロレタリア前衛に由来するものである。コンミューンやショーメットはその力の社会的な裏切者であり、ロベスピエールはそのブルジョワ的粛清者なのだ。

　しかしながら舞台作術は、両者において全く同一である。しかもそれは、ロベスピエールが十一月に、反宗教的大衆運動を位置付けるために、また十二月と一月に、その運動を攻撃するために、すでに利用した手法である。「清廉の士《アンコリュプティーブル》」紙が、一七九四年二月五日の記事の中で描き出した、過激革命主義者（もちろん「似而非《えせ》革命主義者」のことである）の人物描写を読んでみるとよい。この記事は、「共和国の国内行政において、国民公会をリードすべき政治倫理の諸原則について」のもので、公安委員会の名において発表された。敵対者の捉えがたい熱狂から思い付いた、やっと及第点をとれるぐらいのものながら、むやみと雄弁な人物描写で(11)、過激派やエベール派の連中は、「プロシア、イギリス、オーストリア、あるいはモスクワまでも含めた委員会」の手先であり、王党派と「同じ主人に雇われている下僕」であるとしている。「無神論を説くことは、迷信をはびこらせ哲学を糾弾する一方策にすぎない。また、神に対して布告された闘いは、王権に有利な気晴らしにすぎない（……）。彼ら（非キリスト教化論者たち)は、信心家の女たち相手の戦争をするために、オーストリア人たちのことを忘れてしまっている(……)。彼らは哲学の名において、反革命の計画を実行に移しているのだ」十二月五日国民公会で、敵対諸国王の宣言に答えるべく準備した回答において、ロベスピエールはすでに、同様に極左非キリスト教主義と右翼王党派を作為的に混同している。「フランス人民とその代表者たちは、あらゆる信仰の自由を尊重し、いかなる信仰をも締め出すものではない(……)。哲学主義の行き過ぎをこそ、迷信の狂気や、狂信の道化芝居同様弾劾するのである」。エベール派から山岳派の支持を奪い、エベール派の除名を宣言する一方、教会と座天使たちの元気を回復させる有名な演説である。

ロベスピエール、ミシュレ、ゲランという三様の立場で、こうして同じ公理が用いられている。すなわち、非キリスト教化主義者たちは、或る意味(un sens)から気を逸らせよう(気晴らしをさせよう)としている。それは正しい意味(le bon sens＝良識)であって、そこでは社会の身体はその本性に従っていたのだ。かく言うこの私が、この意味を宣言する。ゆえに、その意味は存在する。私の言を実現しないものはすべて等しく疑わしい――という公理である。ロベスピエール――私は語る国家であり美徳である、それゆえ、非キリスト教化主義者たちは王党派であり、背徳そのものである。ミシュレ――ロムよ、クローツよ、ならびに彼らに哀悼を捧げるこの私、われわれこそ大革命の断固たる真実である。われは、「万民に平等な正義たる宗教」と、「万民のために開かれた、特権的でない所有権」とを望む。ゆえにロベスピエールは独裁政治の後継者で、ボナパルティスムの先触れであり、非キリスト教化運動の暴力は、ジャコバン派の恐怖政治への反動にすぎない。ゲラン――ルー、ヴァルレ、ルクレール、ローズ・ラコンブは、社会の身体を揺り動かしている熱を証言し、それについての真実を述べている。というのも、その身体は階級闘争で病んでいるからである。したがって非キリスト教化運動はこの病の移動にすぎず、ショーメットたちによって投与された偽りの薬にすぎない。

結局のところ、これだけのことがどうやら明らかになった。互いにいくら議論しようと、方法はいずれも同じなのだし、同じ場にいるのだ。ゲランの本をわれわれがいかに評価しているにしても、それは、(トロツキスムとの接触で身に付いた) 遂行的テロリズムに属しているのである。それに彼はそのことを隠そうとしていない。「ロベスピエールとミシュレの過ちは、気晴らしの目的についてのみである (……)。それ (反宗教運動) は、政治面での穏健主義に対する補償であり、とくに、経済・社会面での穏健主義に対する補償だったのだ。大衆を天へ向ってとびかからせておくことによって、首謀者《プレベィヤン》たちは、彼らの目をできる限り地上のおそろしい心配事、高い物価や日々の糧といった望ましからざる物質的諸問題などから逸らせておくことを期待したのだ。運動がいったんこの方向に向うや、彼らは、その主導権を握り、それを彼らの本来の目的、つまり自分たちの影響力の強化、政治的野心の満足に役立たせようともくろんだのである」(13)。これはまさにロベスピエールの思想を支配しているのと同じ手順である。違うのは役者だけで、役割および彼らの作劇法《ドラマツルギー》は同じなのだ。ときとしてゲランがロベスピエールに「炯眼」を認めるのも驚くにはあたらない。

異教《パガニスム》対虚無主義《ニヒリスム》

三者いずれの場合も、非キリスト教化運動はパガニスムとして受けとられるかわりに、ニヒリズムとして考えられている。そうした運動が存在するのは、他のもののかわりになのであり、真の現実であるとされるのは、隠蔽され、外部へと抑圧されたまさにその「他のもの」なのである。たとえば、王たちと司祭たちの陰謀やブルジョワとエベール派の陰謀――こうした陰謀を宗教運動は隠しているのであり、こうした陰謀こそが、その運動の推進力なのだ。この運動がそれ自身の中に理由をもたぬこと、その衝動が外から来ること、つまるところこの運動がひとつの記号にすぎないということ――これが必要である。もちろんゲランにおいては、ニヒリズムはそれほど簡明なものではない。糸をひくのは単にブルジョワ的敵対者のみではない。「その企ては、上層部によって、人為的に始められた。だが主唱者たち自身も、この企てが大衆の深層の感情にどれほど呼応するものであるかということは知らなかった。気晴らしが、根底のうねりとなったのだ[14]」。この第二の理由、民衆の深層の感情を、どう理解すればよいのだろうか。民衆というのは、深層では異教徒であったということなのだろうか。そうではなくて、単に反教権的だというだけなのだ。そしてゲランは、冬の終り頃の非宗教化運動の終焉を、民衆が「宗教の物質的な根幹を攻撃[15]」しなかったためである、と説明している。この運動は、ブルジョワジーにとってはあまりに深すぎ、社会主義革命にとってはあまりに微々たるものでありすぎた。常に逸脱において措定され、決してあるがままのものとして措定されることがなかった。宗教はといえば、その「物質的根幹」においては、或る欠如、つまり幸福の欠如の結果として、否定的に考えられているにすぎない[16]。ここでは、過度なしかも不十分な運動において、また、未だ成らざるしかももう既にない運動において、虚無的な思考は二重性を帯びている。かくて、歴史家(ゲラン)自身が、その遂行的な言葉の排他性において、彼なりの真理の尺度で運動の先行性や遅延性を測ることになる。彼のニヒリズムは、彼が自らの言葉に与える地位の排他性と相伴っている。彼は言う――宗教の破壊は、プロレタリア階級がもっと発展した段階、つまり資本主義後期の段階で起っていたらそうなっていたであろうようには進展しなかった、というのも、私はここを強調したいのだが、宗教はひとつの欠如の結果にすぎず、ただ社会主義のみが、この欠如を取り除くことによって宗教を廃棄することができるだろうからである、と。

社会主義が宗教信仰の根源にあるといわれる不幸を取り除くことができるかどうかは誰にも分からない。その代りに確かなのは、この主張が依然として或る信仰を含んでいるということである。なぜなら、(不在の *in absentia*) 神に向けられるときには方向違いであると判断される同じ信仰を、(不在の) 社会主義の中に置くことで、この主張が成立しているからである。マルクス主義的かつジャコバン主義的なこの政治とこの歴史とは、たしかに、それが告発する宗教に属するものではない。だがそれは間違いなく、その宗教の中に含まれている同じニヒリズムに属しているのである。ところで一七九三年の反宗教運動については、別様の理解の試みが可能だろう。まず第一に重要なことは、それが共和国であろうが社会主義であろうが、そうした不在の統一体《ユニテ》にこの運動を帰せしめぬことである。

第一に、ただひとつの運動があったのではなく、幾つかの非キリスト教化の運動があった。新しい宗教への公的礼拝によって完成される運動があり、そしてそれと並んで、あるいはそのただ中に、地方色濃い即興劇、市町村の祭礼、パリのサン＝キュロット派諸セクションの奇妙なデモンストレーションなどとして展開される、さまざまな運動、ひとつの意味のまとまり《ユニテ》にはとても帰しえないような多くの運動があったのだ。それらの運動は、秩序付けられておらず、より大きな、より調和ある新しい統一体《ユニテ》の構成へ向って方向付けられてもおらず、新しい政治的・社会的・文化的総体の創生へと向うこともないさ迷う運動であり、遁走する運動なのである。

第二に、これらの運動には未来がない。それらの早い終焉が、そのひとつの証拠であろう。一時的であるというこの特徴が、歴史家や政治家たちの次のような抵抗を正当付けていると思われる――曰く、反宗教運動のひき起した混乱は、安定した制度の基となりはしないだろう、それらは記憶にとどめられもしないだろうし、せいぜい、一世紀の後教会と国家との分離へとなだれ込んでいった長い出来事の中での一挿話であるにすぎない、と。それにしてもとりわけ、こうしたコンテクストにおいてさえ、それらの運動はいささか異常であり、脈絡を欠き、継続性のないものであった。九三年十一月、議会において大袈裟で滑稽な荘重さで教会の財産を焼き捨てたパリの或るセクションが、十二月には信仰の自由を要求する。三か月前にサン－キュロット派のセクションの本拠として占領した教会を、同じ村が僧侶たちに返還する。こうした動きは、いったいどのような年代記に書き込めばいいのだろうか。どのような公認会計簿、どのような既成の暦に？　資料の統一に心を砕く歴史家は、これらの運動を自らの企画の中に取り入れるのにいささかの困難を感じる。この状況から脱け出すのにゲランは、すでに見てきたように、二つの時をもつ弁証法的からくりを必要としている。ミシュレは困惑して口をつぐむ。左翼ブルジョワの歴史家たちは、とくに公認の信仰と荘厳な祭典について述べる。九三年末の反キリスト教的な動きの中に、地中海域のディオニュソス的パガニスムがあることを予感させるためには、マリアンヌの像の起源やその変遷を尋ねるアギュロンのような忍耐と共犯性とが必要なのである。[17]

方法のパガニスム

だがそこにもなお、方法論的な困難がある。幾つかの指標、すなわち、フリジア帽だとか、「自由」

の行列の図像《イコノグラフィー》（若者たちや愛の天使《キューピット》たちに囲まれ、天人花《ミルト》で飾られ、太鼓や管楽器を従えた、ライオンや豹のひく車）の研究だとか、君呼ばわりだとか、合唱だとか、共和制の美徳を象徴させるのに女性の姿をふんだんに使うことだとか——そういった幾つかの指標への信仰に基づいて、反キリスト教運動が多くの点において古代の冥界崇拝に類縁関係が深いということを示そうとすれば、これらの運動が印されている時間の問題、それらの年譜が問われねばならないであろう。ここに、いずれも期待外れの二つのやり方がある。ひとつは、そうした運動の系譜学をうちたてることに固執することである。たとえばフリジア帽の歴史を辿ってみれば、古代近東に始まり、主人が解放した奴隷の頭に被らせるというローマ時代の使用法、シーザー暗殺後のブルータスとその仲間たちによる政治的使用法、中世における着用法、オランダやアメリカの革命主義者たちの間での政治的使用法、フランスでは一七八九年の後、サン゠タントワーヌ街での流行、九二年のブリッソー派による使用を経て、一七八九年（原文のまま。一七九二年の誤りと思われる）のパリでルイ十六世の頭の上にのるに至る——という具合である。しかしこうした系譜学は図像学《イコノグラフィー》にとって興味深くはあっても、これら指標となる現象が、無神論的あるいは反教会的サン゠キュロット運動の中に現れてきた理由や、われわれの興味をひく危機的状況にあってそれらが果たした役割を説明することはできないであろう。この危機的状況は、記号の行列のあまりにも漠とした暦の中にはその日付を見出すことができないのだ。また、いまひとつの方法は、生成の系譜をあきらめ、永続的な象徴に頼ること、記号の再出現を何らかの原型の作用に結び付けること、である。たとえば、民衆の祭典への「グレート・マザー」の回帰がそれである。しかしこのことは、ユングやノイマンがやったように、欲動の時間の代りに感情的内容のひどく胡散臭い永遠性を容認することになるのである。

　これら未来をもたぬ運動はまた、その過去を探ろうとしても無駄である。それらの運動は、「政治」――現存する諸部分の利益や力の計算として、また、或る部分による、他の部分を打ちまかすための方法の決定として、理解されているもの――の時間には属していない。また、集団的無意識――その内容は無時間的なものであるだろう――にはなおさらのこと属していない。そしてたとえ記号の系譜学や類型学が存在するとしても、それらは運動の現実化を決定するものではない。われわれがこれらの運動をローマの劇や古代ギリシャの夜の礼拝に近いものとして考えたくなるのは、政治あるいは図像学あるいは人々の無意識などの歴史家としてそれらを説明するためではなく、これらの歴史やそうした歴史が扱う記号のただ中における、奇妙な強度の噴出――歴史はこれをどう扱ってよいか途方に暮れる――を明らかにするためなのである。歴史がそれらの強度をどう扱ってよいか分からないのは、結局、九三年の反宗教的運動が、記号の秩序や、歴史家たちにおなじみの時空においては意味をもたず、（ここがわれわれの興味をひくところであるが）欲動の力にほかならぬひとつの力からその形態を得ているからであり、それら運動が起る時空は、リビドーによる一掃の時空なのであって、政治‐経済的な計算の時空ではないからなのだ。

　われわれが考えている異教《パガニスム》は、したがって、古代の既成の諸宗教に見られるものではありえないだろう。たとえその宗教がディオニュソス的なものであるとしてもである。不道徳なとか、役に立たないとか、危険なとか、奇妙なとかと形容されている想像力や具体的な自発性に任された――つまり欲動の自由に任された――、そうした領域が、社会的「身体」の表面へ浸透していくことの中に、しかもそのことが政治や宗教の制度のまさに真っただ中で起るということの中に、このパガニスムは在る。それはわれわれが、それに関する観念までを失ってしまった組織であり、われわれの思考、われわれの政治はそれを無視し、あるいはそれを廃棄するまでに至っている。サドが、『フランス人よ、共和国主義者たらんとせばあと一息だ!』の中で設立を呼びかけた「放蕩の家」、あるいはレチフ・ド・ラ・ブルトンヌの「パルテニオン」もおそらくはまた、こうした配置をもっている。少なくともそれらはそのひとつの極限を形成しているだろう。こうした隠蔽《ディシミュラシオン》と異化《ディシミラシオン》の徒党に比べれば、フーリエの計画、あらゆる政治・経済的社会を、慎重に規則付けられた遊戯の空間へと移行させようという企図が、いかにサドやレチフの「演劇的な」力を弱めずにはいないかということが理解される(18)。

　非キリスト教化運動によってサン-キュロットたちが破壊したもの、それは、教会や宗教などよりずっと大いなるものである。皇帝と神とが結び付く帝政期カトリックのローマの流れをくむ巨大な機構の中に具現されているだけでなく、責任ある人々(司祭たち)に委ねるべき重大事としての、未来を司るものとしての、また和解させられた全体性に関わるものとしての政治の伝統の中に具現されている、政治制度(したがって歴史学の制度でもある)の「宗教的」機能が破壊されたのだ。この政治の年代記の中ではほんのわずかな期間ではあるが、「昔々」の時間――そこで際会する人々にとってはむかしと言えば十分な、そうした無意識の時間――の中では永遠にも等しい、まさに出会いの時空、笑いと苦悩の時空、その中では制度や重々しさや安全といった建物が揺らいでしまうような時空を、サン-キュロットたちは開いたのである。

　われわれが援用する時空は、もうひとつの時空よりもっと真実であるというわけではない。またわれわれは、反キリスト教主義のパロディックな示威運動で革命の真実そのものが姿を現すと主張する気もない。繰り返して言うが、そうした時空が存在するのは、急に湧いて出ることによってではなく、もうひとつの時空への浸透と隠蔽によってなのだ。サン－キュロットたちは、非常に伝統的な政治的人間であること、したがってカトリック教徒であることをやめたことは決してない。しかし彼らの示威運動が辿ったパロディックな成り行きは、この皇帝独裁政治《セザリスム》（実際それは「帝国」に行き着いた）の永続性の中に、一種の全く別の狂気、暴力的な可動性、中枢部に依拠することなく何かを作り出す能力、そうしたものが潜んでいるということを暗示するに十分である。

さて、事実を、と言われるなら、歴史家たちの言いがかりに身をさらすことになるのは承知のうえで、いくつかを示しておこう。

革命の祭典

だがそうした言いがかりを挑発する危険を冒すのを覚悟のうえで、われわれがついでにちょっとした知識をひけらかすのをお許しいただきたい。この論文が完成してから二年余りたって、モナ・オズーフの革命祭典に関する本が出版された(19)。読者はその中に、原資料から引き出された、祭典の再現に不可欠な実に多くの未発表資料を見出すだろう。われわれのささやかな論文を、この膨大な量の知識と張り合わせようとすれば、幾分の滑稽さと、とりわけこれまで述べてきたことのあとでは幾分の軽率さとを免れえまい。質のアンバランスに加えて、二つの見解の相違が存在する。第一は、資料全体の中で扱われている期間の長さに関する相違である。オズーフの資料では、革命の十年という歳月、こちらは非キリスト教化運動の行われた六か月。第二は戦略に関する相違である。モナ・オズーフは、歴史家として、革命祭典とは何であるかということを知りたがっている。われわれは、反キリスト教的な祭典の数々において、歴史・政治的な概念から逃れ去るものを興味の対象としている。そうしたすべての相違にもかかわらず、われわれの気紛れ《ファンテジー》を支えうる幾つかの論拠を、われわれは彼女の本から拝借しようと思う。かくて、オーラールとかマチエとかいった、このうえない中央集権主義的精神の持ち主が、これらの祭典に「治療薬」あるいは「策略」という非常に虚無的な機能を見るにとどまったのに対し、この女性歴史家は、そこにそうした機能を凌駕する「意味《サンス》の過剰」[20]を認めるのである。われわれは、祭典を意味作用《シニフィカシオン》の過剰のせいにする代りに、これらの祭典の幾つかの中にむしろ最も高貴な意味での（ブロッホの言い方を真似て言えば）無意味の痕跡を見出すことで満足するが、たとえそうだとしても、モナ・オズーフのこの評価には賛意を表するものである。また同様に、モナ・オズーフはダニエル・ゲランとは反対に、九三年から九四年にかけての冬の「パロディックな場面」や「道化た真似事《シミュラークル》」の数々を、「ある特定の政治的出来事」にも、「決まった政治的意図」にも、また、「革命的大衆に特有の表現方法」にも結び付けてはならないと考えている（オズーフの著書第四章を参照）。ここに、反キリスト教的運動がはっきりとした歴史・政治的動機によるものではない、というわれわれの考えを励ますものが見出される。

さらに、革命祭典一般の中への「古代」のしるし《シーニュ》の湧出を検討するにあたり、歴史家が普通それについて与えるような、「コレギウムの記憶」だとか「偉大さの模範」といった説明を、モナ・オズーフは疑ってかかるが、それはわれわれには非常に理に適ったことと思われる。彼女はそうした説明とは反対に、「『古代』によって決定されたこの選択の謎」[21]を強調する。このことによって、「古代人たち」に発するこれらの記号《シーニュ》の系譜学をうちたてることへのわれわれの拒否が、何らかの形で確認されたと、後ればせながらわれわれは考えている。

また、モナ・オズーフは、スパルタ、アテネ、ローマなどが革命家たちにとって模倣可能なモデルではなく、立法行為を表す固有名であり、制度化するという働きを使命とする政治的社会の象徴であること、その社会においては、人々が諸制度を己れの権力外にとり逃し、それらを廃れさせ衰えさせることなどはなかった、ということ——そしてまさにそのことのゆえに、革命祭典はそれらに準拠する（なぜなら「制度化する」[22]ということがこの祭典の特性であるから）ということ——を示して、前述の「謎」が解けると主張する。ここに使われている、制度化する／制度化されるという操作子に関しては、幾分のためらいをわれわれは感じたのだが、それでもなおここにおいても、非キリスト教化主義者たちの祭典への「古代的なもの」の湧出は記憶の次元のみに由来するものではない（それは記憶喪失の次元にも由来している）というわれわれの考えを、少なくともこの女性歴史家の批評のもつ時間の概念が支えてくれるとわれわれは信じるものである。

にもかかわらず、モナ・オズーフの仕事には、必ずわれわれを裏切らずにはいないような部分がある。それは、歴史家としての言説宣言の使命に捉えられるがままに、新しい社会のために新しい時代を開くという非常に遂行的な機能を、彼女が革命祭典に与えるときである。彼女はそれを「政治的ならびに社会的諸価値に関わる聖なる転移」のせいであるとしているが、そうなれば祭典は、来るべき思い出への秘儀伝授《イニシアシオン》となるだろう。

また、われわれの被っている裏切りが、前に与えた同意を撤回するほどにまでひどくなるのは、モナ・オズーフが、こうした機能を諸々の心性の歴史家として分析するだけで飽き足らず、革命祭典の定義についてのみならず、政治的社会的身体の定義についての宣言を以て、一足とびに結論を下そうとするとき、つまり、言説の対象にそれ特有の現実性を割り当てる政治的行為遂行を以て結論とするときである。彼女は著書の終り近くで次のように述べる。この「聖なる転移」（すなわち、もしわれわれの思い違いでなければ、キリスト教君主の絶対的権威の市民階級への移譲）は「今［一七九九年］や既成の事実であり、新たなる正統性を定義付けるものであり、以後は何人《なんぴと》も触れるべからざる世襲財産となる」、したがって、革命祭典が新しい時代を開く儀式を執り行う使命において「失敗した」と主張するのは不可能だと思われる、つまり、「革命祭典は、まさしくそれがそうありたいと願ったところのもの、すなわち幾つもの時代の始まりなのである(23)」。

サン＝キュロット派の歴史家であり、老いた少数派であるわれわれの耳を、この結論は苦しめる。彼女は、共和国を建設する行為を出発点として実際に時が刻まれていくように、というジャコバン派の欲望を、現実と全く取り違えているのだ。然るに、意識的たると無意識的たるとを問わず、公的な祭典の組織を支配していた意図は、おそらくこのようなものであった。だがまず第一の問題は、このジャコバン派の欲望とその効力とは別だということである。事実、この欲望は大革命の間、他の多くの欲望と、しかもそのあらゆる側面で衝突を起した。十九世紀から二十世紀初頭に至るまで事情は同じである。その「正統性」は異議申し立てを受けずにすむどころではなかったし、その「触れるべからざる世襲財産」また然りである。共和国の身体は、あの調和的に構築された建築物ではなかったし、その時間の刻みは、理性を備えた祭典のあの規則正しい刻み方ではなかった。共和制の怪物の〔空間的〕広がりと〔時間的〕持続ほど、散発的で混乱したものはなかったのである。

次の問題は、「野蛮な」祭典、あるいは、祭典の制御されない諸相（とりわけ非キリスト教化運動の激発の間の）とは何なのかということである。モナ・オズーフ自身によれば、自然発生的パロディー、滑稽な場面などの意味するところはこうだ。「進め進め、革命はまだ終っていないぞ」[24]。ところが、新しい時代を先導する祭典の儀式においては、これとは正反対の考え方（モナ・オズーフも完全にそれを認めている）が存在する。すなわち、革命には終止府が打たれ、移行の時は終った、「新体制」に対する「旧体制」の陰謀のみが進撃を鼓舞しているが、それは良き精神にはもはや革命的なものとは見えず、旧式で危険なものと見える、という考え方である。

革命は終ったのか終らないのか、新しい時代はもう始まったのかまだ始まらないのか、古い諸制度に比べて制度化する力は自由であるのかそうでないのか――最終的にこうしたことに決定を下す必要がある。革命祭典はたしかにこの問いによって動揺させられている。だが、それら祭典が一様なやり方でその問いに答えることはない。あるいは全く答えない。そしてこのことが、祭典がただひとつの概念に属するものでもなければ、ただひとつの時間に属するものでもないことの理由である。それら祭典にひとつだけの答えの方向を規定する――すなわち、社会的「身体」のために決定する――のがまさしく歴史家の方法なのである。

パロディー

非キリスト教化運動は、公式的には、盛大な儀式という形をとる。たとえば、一七九三年十一月十日、この日のために改修されたノートル＝ダム寺院での「理性の祭典」、一七九四年六月八日、シャン・ド・マルスにおける「最高存在の祭典」などである。ダヴィッドやゴセックやシェニエなど、偉大な芸術家たちがこれらの陰鬱な祝典――新しい市民の宗教すなわちヴァロのいわゆる市民の神学（theologia civilis）を創始し、記念するものと見なされている祝典――を演出している。これらは合理主義的な浅薄な思想から引き出された無味乾燥な結果であり、優等生たちの記号論の演習にすぎない。前ロマン派の「自然」が、そこでは新しい教皇たちの支配下に置かれ、実をいえばみんな退屈しているのだ。――これらの陰気な儀式に比べて、サン＝キュロット派のパロディーの陽気なこと。敬虔な書物などを投げ込んで燃やすかがり火、司祭たちの結婚、自由の樹の植樹、教会の閉鎖や国民軍兵士《セクショネール》たちによる占領、また、聖遺骨の力は聖遺物箱の中に納められている骨のかけらにあるのではなく、この箱が作られている材料の金属にあるのであり、政府は王や司祭たちに対抗する武器を購う貨幣を鋳造するためにこの金属を用いる、という原則に従って聖具室の宝物を国民公会へ送ること、その他、教会の中でのダンス、教理問答を笑いものにすること、子供たちに公教要理を共和制風にもじって暗誦させること――パロディーとは、共和国の各区《セクション》で行われるそうしたことだけではない。もっとほかのこと、たとえば、公会を前にしてのパリの諸セクションの奇妙な宗教的行列がそうである。

十一月十二日、グラヴィリエのセクションでのことである（このセクションは、パリ県の公安委員会によって二か月来サント＝ペラジーの監獄に投獄されているジャック・ルーのセクションであり、彼の支持者のうち九人が、今度はセクションによって二週間後にラ・フォルスの監獄に送られることになっていた)。「行列の先頭には、聖職者や教皇の衣服を着けた一群の男たちが歩いている。楽隊は『カルマニョル』や『マールボローは戦争に行った』などの曲を演奏している。教区旗や十字架がおし立てられ、移動天蓋が入って来たとたん、『おお美しの鳥』の曲が演奏される。このセクションのすべての市民たちが一斉に着けていた衣服を剝ぎ取る。すると狂信者の仮装の下から、祖国の護り手、国民軍の制服が現れる[25]」。十一月二十日、ユニテのセクションでは次のようなことが起った。「モニトゥール」紙には、サン＝ジェルマン＝デ＝プレの教会の宝物すべてを背負い、あるいは輿にのせて重々しく運んで行く行列の様子が描写されている。「先頭には戦闘部隊の小隊が来る。次に鼓手たちが、続いて聖職者の服装をした砲手工兵たちと、三色の帯を締めた白衣の女たちの一群が来る。女たちの次には、おびただしい数の男たちが、法衣、上祭服、長袍祭服などに身を包み、二列に並んでやって来る(……)。それから、聖杯、聖体器、聖体顕示台、燭台、金銀の皿、見事な聖遺物箱、宝石をちりばめた十字架、その他さまざまな信仰の具などが、輿にのせられて運ばれる(……)。音楽隊が次に革命頌歌を演奏する。すると聖職者の衣服に身を包んだすべての市民たちが、『サ・イラ』とか『カルマニョル』、『国家の安泰に気を配ろう』などのやかましい音楽にあわせて踊り狂うのである[26]」。

これらの行列がパリの街路を進んで行く様を想像しなければならない。それから、地方都市や田舎の人々が彼らなりに創造しえたものを思い浮かべる必要がある。議会に提出されるような報告書が常に得られるとは限らないとしてもである。それらは、ダニエル・ゲランの著書を除いては、一般的にはスキャンダルとして扱われている。ドマンジェもその一人であり、次のように書いている。「短い祭服、上祭服、長袍祭服などをまとった革命党員たちが、冒瀆の言葉や卑猥な話、歌などで勢いづいて破壊したり、残骸のただ中で踊ったりしているのが見られた」。さらにつけ加えて、「それは子供っぽいいたずら、皮肉などどんちゃん騒ぎ、仮面行列、暴力的で同時に幼稚な示威運動である(27)」。同意を与えてもよい素晴らしい性格付けである。ゲランは逆に、鋭い洞察力でこの笑いの革命的な力を強調する。つまりこの笑いは、古代の神々が、彼らの中の一人が唯一神になると主張するのを歓迎する笑い、それ自体、完全に非キリスト教的、前キリスト教的な笑い、伽藍を築き上げるのではなく水平に広がる陽気さの笑い、なのである。そこに、一種の怒り、否定の対象となっている宗教に未だ従属させられているという怒りが聞こえるような気がするのは、後日の、反キリスト教の運動の失敗と呼ばれるものを説明しようとするからである。またしてもニヒリズム、起るだろうことの物音によって、起っていることを聞きとる、前未来のニヒリズム。

本当はこれらの仮装行列は、異教の遊戯なのである。非キリスト教化運動の成功は、そこで直ちに全面的に明らかになり、意味作用の隠蔽は、そこで直ちに完璧なものとなる。野蛮人とは誰か。カトリックの指導者たちから奪った有り難く素晴らしい分捕品で変装する人々のことか。それとも少し前まで神事を執り行うためにそれらを身に着けていた人々のことなのか。サン＝キュロット階級は、ある意味で、ローマ的階級制度をもった偉大な野蛮人たちの民族学者となるのだが、彼らのやる民族学は、西洋のものではなく異教のものである。彼らはカトリシスムの理論付けも記述もしないで、それをパロディー化する。そして、その理解しがたい気儘さという形で、演技してそれを見せることができれば、それを十分に知り、かつ知らしめることができる、と考えている。瞑想し崇めるべきものを、彼らは見せ物にし、気違いじみた笑いにさらす。しかもそれを批判によってやるのではなく、真似でもってやるのだ。典例であったものの中に舞台劇が侵入して行く。公会の中へ入り込み、そこで共和主義的な行列に変貌するのは、まさしくカトリックの行列なのである。

この出来事はさらに極端に走る可能性があり、そのせいでいろいろな毛色の保守的な人々は不安に駆られた。グラヴィリエのセクションの市民たちが上祭服を脱いだとき、いったい何が現れるだろうか。裸体の男たちか。そうではなくて、兵士たち、したがってまたしても制服《ユニフォーム》である。ロベスピエール、恒常不変の士たる彼は、驚愕してこれらの変身を眺め、いったい何と独り言を言うだろうか。カトリックの制服でやっていることを、彼らが共和国の制服でやる可能性もある、教会が劇場であるとすれば、議会もまたもうひとつの劇場となりうるだろう、変貌にはきりがない、とでも言うだろうか。かくして、あらゆる政治家が必要とする基盤、すなわち、客席の観客の信じやすさ、演壇上の人物たちの権威が、彼には欠けることになる。踊ったり笑ったりしながら、サン＝キュロットは権力から逃れる。権力は、サン＝キュロットを再び手中に収め、政治・宗教的演劇性の秩序の中に彼を戻らせるためには、その熱狂がさめるのを待つほかはない。パロディーとは、権力の無力さである。なぜならパロディーは、自らに権威を与える能力であるから。サン＝キュロットたちは変装をして踊っている間はもはや祈りはしない。社会の「身体」上において、リビドーのエネルギーは、もはや不在の審級にとり集められたり、そこに宙吊りにされたりはしない。意味の偽りの所有者の期待と反応によって抑制されていたこれらのエネルギーは、今、ここで、その結果にも意義にも全く考慮を払わずに、自らを浪費する。

十一月十日にノートル＝ダム寺院において、布でその祭壇を覆って「理性の祭典」を演出するとき、コンミューンは教会を打ちまかしたと思うだろうが、それは上演の特権的な場としての寺院を聖別しただけのことである。劇場と舞台装置の単なる模様替えにすぎない。全く反対に、サン-キュロットたちは公会へ非キリスト教化運動を演じにやって来ることによって、国民の議会そのものが劇場でも寺院でもありうること、もしそうでないとすれば、それは彼らが議会を利用するやり方のゆえであることを暗示する。行列は街路を横切って行き、外にいたときと同じように内部にも姿を現す。すなわち演劇空間の第一の境界の消滅である。さらに議会の内部では、第二の境界、つまり客席と舞台とを隔てていた境界が除去される。代表団としてやって来る市民たちは、とりわけ遅れてやって来ると、議員席に陣どり、その場所から意見を述べるのが常であった。かくして、外部と内部、観客と俳優、代表者と被代表者の区別がなくなってしまう。政治的儀式の場においてさえ、冒険と出会いが可能になる。

演劇、死

この時期の演劇を検討することによって、われわれの異教的解読は、「堅信礼を授けられる（確証される）」だろう。革命の状況に非常に近い主題が成功を博したというだけでなく、客席と舞台との関係が完全に変ってしまっていることが分かるだろう。[28] 司祭の資格を剝奪されたモーリー神父が、反教権的ドラマの中で、自分自身の役を演じる、ということが起る。見物人の一人が、疑わしい人物をその場で逮捕しろとどなりながら舞台にとび出したりする。舞台の上で演じる役柄のゆえに、或る役者がサン-キュロットたちに脅かされるはめに陥ることもある。上演の最中に、観客が筋書の変更を強要することなどはしょっちゅうである。このシーズンにシルヴァン・マレシャルの芝居が大成功を博したが、その源には異教的な笑いの力が見出される。「王たちの最後の審判」という題（それだけで十分パロディックである）のこの芝居は、教皇も含めてヨーロッパ中の王冠を戴く人々が、勝ち誇ったヨーロッパ・サン＝キュロット階級によってある島に追放され、互いに言い争い、食糧のためについには腕力沙汰に及び、あげくの果てには、火山の噴火《エリュプシオン》に全員のみ込まれる、というものである。(29)（ここには破裂《ディスリュプシオン》の隠喩がパロディー化されている！）ところで注目すべきことに、無為徒食の愚かしさを露呈しつつ集団で島流しにされる権力者たちのこの荒唐無稽な物語が、一七八八年、王国警察によって当時禁止されていた政治的パンフレットの中に、マレシャルによって、政治綱領のような形で述べられていたのである。(30)さらにまたこの物語は、一七九一年に議会に宛てて提出された確固たる提案の対象ともなっていた。(31)ここにおいてもなお、虚構であるものが現実であるものと見分けがたくなっている。そして共和国という「劇場」の観客たちは、まさにこのようにしてその芝居を理解するのである。ときあたかも、マリ＝アントワネットの処刑の直後で、その初演の際の観客の熱狂はたいへんなもので、或る新聞の報じるところによれば、観客たちは興奮して、さながら「王侯という名で知られている、うまい汁を吸う族《やから》に今にもとびかかろうとしている僭主殺害者たちの一軍団のように(32)」見えたという。

真面目（政治的）なことと無意味（文化的）なこととの間の断絶は存在しない。芝居の上演は、政治的言説と同等の効果をもたらす。そしてこれらの効果は、大学の慣習や権力の組織が秩序と明晰さの名において切り離したり隔離したりしようと躍起になっている社会の身体のあらゆる部分を、一掃してしまう。いろいろなジャンルが混じり合うのは、欲動とはそうしたものだからである。この混淆は、「夢想的《ロマンティック》」なものではなく、「演劇的神学」に由来する。この神学はあらゆる活動の中に侵入して行くが、それはこの神学が、切り離された演劇的な場においてそうしたさまざまな活動を上演するからではなく、それらの活動が互いに出会うあらゆる場所で直ちにそれを模倣する、まさにそのゆえなのだ。かくしてこれらの模倣の効果はカタルシス――つまり感情の何らかの浄化作用――ではなく、反対に感情の強化であることが分かる。勝利を得るために、サン＝キュロットたちが欲動の力にしか信を置かないためである。ヴァルミーの戦場はかくして舞台劇の空間として扱われたのであり、そこから、よく知られている成果〔プロシア軍に対する勝利〕が得られたのである。「理性」の大言壮語に弄ばれないようにしよう。語を用いるのがロベスピエール（あるいはショーメットでもよいが）ならば、それは秩序と権力を語る。「無神論者」マレシャルあるいはルクレールならば、語は能力の興奮と権力の崩壊とをひき起す。そしてこのことは、語をその意味で判断するのではなく、その効果で判断せよと、われわれに教えてくれている。

われわれは恐怖政治の中に二つのパガニスムが混り合って存在すると示唆するものではない。二つのパガニスム、すなわちひとつは、共和国の正義と徳の模範として立法者や雄弁家たちによって採用された古代ローマのパガニスム、もうひとつは、われわれが明らかにしようとしているいわばもっと「ディオニュソス的な」パガニスムである。公認のローマ風祭典は全く異教的ではなく、それはすでにカトリシスムで、「国家」すなわち「教会」、「教会」すなわち「国家」なのである。その証拠に、もとの教会は共和国の寺院に、もとの牧師たちは新しい政治家に、いとも簡単に転向しているし、あげくの果てにはナポレオンがやって来て「若い」ローマ帝国を建設している。革命権力によって「帝国」の終焉に至るまでになされた命名行為の大部分の中に明らかに見られるローマへの暗示は、ひとつの隠喩、つまり、現在と過去との比較、その中では現在の方が捨象されている比較であり、それ以外のものではありえなかった。共和制及び帝政ローマは、「帝国」に至るまで存続し強化され続けた明らかな宗教性の不在証明《アリバイ》なのである。このようなことが、マルクスが歴史上においていつも喜劇的《コミック》だと言っていた繰返しである。そして、このようなことが、「聖なる転移」なのである。反対に、一七九三年秋のサン‐キュロットたちは、隠喩《メタフォール》など行いはしなかった。彼らは変貌《メタモルフォーズ》したのだ。彼らはローマを代表したりはしない。過去に依拠せずに、政治的身体の実体そのものである諸々の感情を、パロディーと演技とで現実化するのである。

　これらの仮装行列は、ローマにおけると同じように、死を含んでいる。グラヴィリエやユニテセクションの区民たちの陽気さは、西部フランスや国境地帯での戦争と、断頭台《ギロチン》との間で爆発するのだ。死は、荘厳な出来事として尊重されてはおらず、変貌の果てしない流れの中にのみ込まれてしまっている。破壊は自然現象であると主張し、実在する諸々の形象の解体に至るメタモルフィックなひとつの力として「自然」を描写するサドは、ここでは最もすぐれたサン‐キュロットの哲学者かもしれない。たしかにこれもまた異教的な態度である。だがそこでもやはり、信仰の古代性と演技の古代性とを区別せねばなるまい。ショーメットとフーシェは十月十日、ニエーヴル県において、各墓地の入口に、「死は永遠の眠りである」という格言を刻むよう布告を出させた。ロベスピエールは、彼の最後の演説（熱月《テルミドール》八日）のためのメモに何と記しているか――「否、ショーメット、否、フーシェ、死は永遠の眠りではない。市民たちよ、墓から消せ、〈自然〉に不吉な喪章を投げつける、死を侮辱するこの不敬虔な箴言を。むしろ次の言葉をそこに彫りつけよ。死は不死の始まりなり、と」。

だがいったいどのような死なのか。明らかに、徳への殉教者の死、真理への無条件服従による死である。ロベスピエールは同じ日にまた、次のように記す。「これらの真理を隠さねばならないのなら、私に毒薬をくれ（……）。私は暫く前に、人民の抑圧者たちに恐るべき遺言書を残してやろうと約束した。私は、自分が身を置いた状況にふさわしい独立性を以て、それを今直ちに、公にしようと思う。私は彼らに、恐ろしい真実と死とを遺贈する」。フロイトならばほぼ次のように言うだろう。（ロベスピエールの）自我《エゴ》は、彼の身体の喪の作業をしている、エゴは真理の不死性の中に、死んだ身体からは独立した、奪いえぬ愛の対象として自らを取り戻し、自らを保つのだ、と。男らしさのストイシズムであり、それはまた、主人と奴隷のヘーゲル式弁証法の中に記述されるだろうような、権力の思考でもある（英雄とは死せる兵士である）。

ところで、この哲学的ストイシズムに直面して、いやむしろそのただ中に、終焉のころの異教的ローマの民衆道徳に見られる懐疑主義や享楽主義に完全に混り合った形で、演劇性と無関心（adiaphora）のストイシズムが在る。その標語は、「わが命にかえて《コントル》真理を」ではなく、「真理に逆らう《コントレール》ものなし」であろう。サン-キュロットたち、それに、断頭台へ送られることになっていた革命家たちの多くもおそらくは、ロベスピエールや偏執症患者たちのように個人的な殉教者としてではもはやなく、身体の変貌なくして成就することのない、無名の多くの力による強力な革命の一端を担っている者としての確信の中に死んでいっただろうと、私は想像する。十一月十日、議員ルキニオは、ロシュフォールで（しかも言っておかねばならないが「自由《リベルテ》」の寺院で！）死後の身体について次のように説明した。「（死後、身体は）腐敗し、分解し、互いに結び付いて身体を構成していたさまざまな要素へと（……）かえって行く。身体は、他の生物体、うじ虫、魚、植物、その他さまざまなものの身体を形作るのに協力することになるだろう（……）。われわれの身体の中で残るのは、われわれを形作ってくれていた分子の断片と、過ぎ去ったわれわれの存在の思い出だけだろう[33]」。

真の原子論者の言説である。彼にとって、死は信仰の表明ではありえず、したがって生も宗教的権威の権化ではありえない。この言説が作用する舞台は寺院ではない。舞台は自然と呼ばれるだろう。サン－キュロットの自然には限界がない。境界線とは、狭義の身体のそれであれ社会的身体のそれであれ、それ自身、原子の一時的な集合にすぎない。身体とは、実際には、強度のはかない局在にすぎないのである。人は悲劇の主人公として死ぬのではなく、神々の気紛れ（あるいは原子の偶然的遭遇）が、この犠牲のパロディーをも「望んだ」という確信の裡に死んでいくのだ。ロベスピエールはこう言っていた。「無罪《イノサンス》を保障するのは罪への恐怖だ」。サン－キュロットの無邪気さ《イノサンス》はテロリストの権力によって保護してもらう必要はない。それは、自分たちが世話をしていると両親が思い込んでいるあの幼児期ではなく、まさに無頭の欲動が走りまわり跡を残していく多形性倒錯の「身体」の幼児期なのだ。だがもちろん、この無邪気さは、もうひとつの形、つまり大人の権力に口実を与える形でしか現れることはない。それはブルータスの中に隠れているエピクロスなのである。

女性の抑圧

隠蔽が最高度に機能するのは、そしてサン－キュロットのパガニスムが、最も困難ではあるがおそらくは最も決定的なやり方で識別されるのは、女性性においてである。女性（femme）において、というよりはむしろ、女性性（féminité）においてなのである。というのは、女性に関して言えば、当時の下層市民及び小市民の階層に、どれほど反フェミニズムが支配的であったかは、強調する必要さえほとんどないほどだからだ。われわれが女性の解放と名づけるすべてのことが不品行と呼ばれ、十把ひとからげで貴族階級的な不道徳性と同じだと見なされるのが、当時は当り前だったようである。風俗の腐敗は廷臣たちや貴族たちのしわざであり、上流階級の女はすべて売春婦のまがいもの。ジャコバン派の精神にあっては、公の事柄（＝国事）にかかずらう女は（旧体制のもと、貴族階級においては実際によくあったことなのだが）、公の女（une femme publique＝娼婦）にならざるをえないのである。陰媒は政治につきものだが、女が陰媒をめぐらす場合には、その肉体と精神の策略的利用、つまり、誘惑そして堕落という結果を招く、というわけである。一七八九年十月、オランプ・ド・グージュは、男女を完全に平等にという彼女の計画を議会に提出したのだが、その際、「女性の夜の行政」や、女たちが「秘密裡に専横な命令を出す」ことについては不満を述べている。一七九四年一月末の捜索の際に押収された流布本の目録を作るにあたり、山岳党革命委員会が列挙した本の中には、『トム・ジョーンズ』や『危険な関係』が入っている。(34)

売淫の問題と名づけるにふさわしいこと、あるいは、内縁の妻や未婚の母たちが正式に結婚した妻や母たちと同じ公共の援助を受ける権利の問題や、同棲の問題などを前にしたとき、ジャコバン主義は常に最も偏狭に保守的な解決方法をとる。(35) コルドリエ・クラブの地区議会で、女性にも発言権をもたせよというテロワーニュ・ド・メリクールの要求（一七九〇年二月二十日と二十五日の間のことであった）に応えたクラブの会員たちの決議は、次のように奇妙なものであった。まず第一に、六世紀の終りごろマコンで開かれた宗教会議において決定されたごとく、女性はもちろん男性と全く同等の心と理性とをもっていること、第二に、たしかに女性は、社会のためになることならどんな主張をしようと自由であること、しかし第三に、コルドリエ・クラブの議会は、地区議会における発言権をテロワーニュに与える権限はないこと。(36)

一七九三年、状況がより過激になってきたために、女性問題の中にパガニスムがあるということがよりはっきりと表れてくる。サン‐トュスターシュ教会の納骨堂に置かれている革命的共和主義女性市民クラブの本部に、近隣のアール地区の女たちが侵入するという騒ぎがあったそのあと、民衆協会の女性たちが国民公会において件のクラブを讒訴するに至ったのである。彼女たちは、革命的共和主義の女たちが、彼女たちに倣って帽章、赤い帽子、ズボンを着用するように強制することによって、地区一帯を混乱に落とし入れたことを糾弾した。公会は保安委員会にこのクラブについての報告を求めた。翌日、事はすべて終った。アマールが報告書を読み上げたが、それは女性のあらゆるクラブや会の廃止を決定しているのみならず、ステファンスも指摘しているように、「これ以後のこの国における両性間の関係の公的な形を決める」ものであった。委員会は二つの問題を提起している。第一は、女性には、政治的権利を行使し、政府の事業に積極的に参加する能力があるのか、という問題、第二は、政治的な集会に参集して審議をする能力があるのか、という問題である。委員会はこの二つの問いに否と答えている。女性の本性とは、彼女たちを政治的な責任を負うのに不適格にするようなものである。そうした政治責任は、或る精神的対等性を要求するが、それは女性には不可能なのだ。しかも、公衆の面前に女性が現れることとは、彼女の評判を落とすことになる。このようなわけで、共和国に対して女性ができる最も大きな貢献は、夫に従い、自由を愛する雰囲気の中で子供を育てることなのである[37]。

完璧にルソー的なこの報告に続いて、議会はシャルリエの一票を除く満場一致で、女性の結社を禁止することを決議する。革命的共和主義の女たちは抗議を試みる。ローズ・ラコンブは、代表団を率いて議会やコンミューンの評議会に出かけて行く。彼女たちを迎えるのは怒りと憎悪である。「女たちの赤帽を脱がせろ」と、議会の傍聴席から野次が飛ぶ。十一月十七日、コンミューンでは、大騒ぎの中、ショーメットが「男のような《ヴィラゴ》女たち」は、「外国の権力者から金をもらっている」と糾弾し、次のような典型的な男性愛国排外主義者の意見を述べている。「いったいいつから女たちはその性を捨て、男になることが許されたのか。いったいいつから、女たちが家事への敬虔な心づかいや子供たちのゆりかごを捨て、公の場、演説台へとのさばり出て（……）、自然が男にのみ与えた使命を果たそうとするのを目にするのが当り前になってしまったのか[38]」。

女戦士アマゾンのような女性（フリジア帽は、古代の図像学によれば、アマゾンたちが常に身に着けている記章であった[39]）に対して、ジャコバン主義者たちは熱心に、マトローヌ、つまり家庭を守り忠実で心やさしいローマの既婚婦人を対置する。政治にくちばしをつっこむ女は、彼らにとって間諜であり売春婦である。それはそうした女が、既成の区分に対する明らかな否認を社会の身体にもたらすからなのだ。彼女は、両性は機能ではないこと、男によって演じられている役割は女によっても演じられうること、したがって、性の地位にかかわらぬエネルギーと効率の転移があるということを示す。かくして、男性の権力が、その根本的性格——つまり遂行的排除——において暴露される。シルヴァン・マレシャルは日記の中でこのことを率直に認めている。「女性市民諸君《シトワイエンヌ》よ！　そうするとわれわれは、諸君の正しい代表者、諸君の法に適った代理人ではないというわけか。諸君の利益とは別の利益を得ることがわれわれに可能なのか。諸君はもう一人のわれわれではないのか[40]」。彼はまた、女たちを閉じこめることを分かりやすく定義して次のように述べる。女たちにとっては、「宇宙は彼女らの家事であり、その夫は人類全体であり、その他の世界は全部、彼女らには無縁のものだ[41]」と。

フェミニズムに関するこのひどく反動的な文脈は、パカニスムの「回帰」を抑圧するが、実はまたその証ともなっているのである。ここでもまた、単純化は避けねばならない。この時期は「女神たち」の全盛時代であり、家庭や政治の場における女たちの状況と行動を、神学と文化のテーマに昇華させることほど異教的（われわれの言う意味で）でないもの、つまりこれほど宗教的なものはない、と人は言うだろう。が、そこにあるのは昇華作用だけではないのだ。たしかに、ローマでは既婚婦人《マトローヌ》は政治的な権利をもたず、そこでは最も誉ある女神たちへの崇拝が、女たちのこの監禁状態の「代償として」行われているように見える。しかしローマにおいてもやはり、舞台劇は演じられているのである。そこでは女性は男性と同様重要な役を演じ、男性と女性の平等などという問題は、いわば乗り越えられている。欲動の根本的に異化的な性質が、性別を越える射程をもつものとして、多くの祭祀において認められる。かなりの数の公の祭典のプログラムの中に、参加者の側の、全く意図的でないひどく奇想天外で大胆な発意が含まれている。「アルヴァレス会修道士の集い」のような小さな特別な集まりでも、サトゥルヌス祭や「ノナエ・キャプロティナエ」のような非常に大衆的な祝祭でも、それは同じことである。

大革命の女神たちは、聖処女と売春婦というおなじみの二つの極の間に位置を占めうる。互いに対蹠的でありながら非常に近い――共に処女であり不毛性を共有する――女性像である。彼女たちは生殖と母性とを免れ、男たちの集いの中に、また、市民の宗教の中に、たとえば「理性」という名でノートル゠ダムのミネルヴァとして、位置を占めることができる。彼女は白い衣服を身に着け、肉体的情熱はなく、周囲に哲学者たちを侍らせ、眼差しは思慮深く、立居振舞は上品である。

ミシュレは、コンミューンの男たちが、十一月十日の理性の祭典の筋書を決定するにあたってためらいを覚えたと報告している。「七日になってもなお、女神を彫像にしたいという意見があった。固定されたシミュラークルは聖母を思い出させるだろうし、もうひとつの偶像礼拝を作り出してしまうかもしれないという反対意見も出た。結局、生きて動くシミュラークルの方が良いということになった。それならば祭りの度ごとに入れかわるので、迷信の対象にはなりえまい、というのである」。女神たちが動くかどうかということの問題は、決定的である。ミシュレが暗示しているように、われわれはこの議論を人文主義者《ユマニスト》の耳で聞くことができる。女神たちが石の彫像でないとすれば、それは女性たちなのであり、社会の身体に、それが採用したがっている美徳を演じさせるだけのものなのである。こういう主張がなされよう——動く女神たちは、民衆が決まったイメージを偶像崇拝的に彼女たちに抱くことを許さず、民衆自身も行動し始めること、民衆とは何であるか、何であるべきかを認識することを強要するだろうと。このことを少し敷衍すれば、ミシュレのこの言葉の中に異化効果《ディスタンシアシオン》というブレヒト流の美学を予見することができるだろう。つまり、舞台上でのこの可動性は批判的性格をもち、それは観客を「現実の」舞台、社会的政治的な活動へと送り返すのである。

だが、まず第一に、ノートル゠ダムで「理性」を演じた娘は、彼女をがんじがらめにする多くの束縛を課されていた。何よりも彼女は良い評判をとっておらねばならなかった。フーシェは各州に対して次のように勧めている。「このように厳かな役割を果たすには、性格が尊敬に値する美しさとなって表れ、行儀作法や眼差しの厳しさが放埒を追放し、人々の心を正直で清らかな感情で満たす、そのような人物を選ぶこと」[42]。かくして、危うく舞台上の演技、パガニスムの自由な試みとなるところであった祭典は、マトローヌの倫理に従属させられることになるのである。しかもこうした役割を演じるのは名誉ある既婚婦人である場合が多かった。女神たちは母たちでもあったのだ。とくにこの役を演じる女性が、普通放埒者とされていた女優であることは許されなかった。子を産まぬおかげで肉体の独立が保たれ、それが、これら男の所有物にならぬ女たちを男の姿に似たものにしているのだが、そうした不妊性や肉体の独立性は、したがって、祭祀の組織者たちを怖れさせたのである。

第二に、ノートル＝ダムの女神に与えられた「振り付け」は、あまりにもお行儀の良すぎるもので、人々を失望させた。ご存知のように、「理性の女神」は哲学の神殿から出て、緑の草の席に、ヴォルテール、ルソー、モンテスキュー、フランクリンなどの像に囲まれて坐り、シェニエ作詞、ゴセック作曲の賛歌に耳を傾け、そこからまた彼女の神殿に帰るのだが、「神殿に入る前に足を止め、ふり返って、友人たちにもう一度慈愛の眼差しを投げかける」[43]。ミシュレは、「純潔の儀式、もの悲し気で面白味なく退屈」と評している。理屈っぽい「理性の女神」、監視され、管理された処女、思想家たち（そのうちの何人かは教養ある女嫌いなのだ）にとり囲まれ、教訓的な音楽で押し潰された女神。

「女性的原理」つまり異教的原理

これらの祭典を見れば、ジャコバン派の感性が、どれほど欲動の暴力の抑圧と相伴うものであったかが分かる。女神の巡行とその眼差しの巡回は、厳密に機能的なひとつの祭祀の、安全な空間を越えることは決してない。その移動可能性はしたがって非常に小さく、すぐに挫折するようなものであり、ジャコバン党員たちが女たちの動きを封じるために現実の演技の舞台のいたるところに立てた柵にも抵触せぬほどのものであった。ルソー的駆け引き《ポリティック》。

というのは第二に、この動きは、発展したときも批判的なものではないからである。それは欲動的なものである。一七八九年十月六日のヴェルサイユ宮殿と国王へ向けての行進にそのモデルが見出される。この行列には何ら批判的なものはなく、歴史家もすべてそれを認めているのだが、実はこれは上演の装置の大きな転換なのだ。ヴェルサイユの大舞台、そこでは一世紀余りにわたって専制君主制の華やかな光景が展開されたのだが、その舞台が放棄され、この劇場は閉鎖される。政治の演技の舞台はパリに移される。それも、厳粛な上演の場であるだけでなく、無名の人々の行き当りばったりの思いつきが、革命的制度も含めた諸制度の秩序を絶えず脅かす「舞台劇」の場でもありうるように、舞台は移されたのである。

舞台劇へのこの移行は、一種の受動的な衝動であり、視線の権力の突然の崩壊であり、規制された上演の秩序からは独立した、「女性性」の漲る力であったのだ。四年後、まさにこの力の回帰を、ジャコバン派の演出家の眼は怖れ、骨ぬきにしようとしたのである。これこそ、公式の祭典がその息の根をとめにやって来る可動性、共和国の怪物的身体の可動性なのだ。頭に帽子を被り、手に槍をもった、「理性」や「自由」の女神たちは、欲動を、それも不動化させられた欲動を表象する〔演じる〕にすぎない。こうしたことが、許可された「感性」なのである。

革命的共和主義女性市民《シトワイエンヌ》たちが赤い帽子を被り、槍を手にし、男物のズボンをはいて、サン－トュスターシュ教会から中央市場《アール》へのりこみ、「女商人たち」——王党派に、あるいはジャコバン派に懐柔された保守的な小商人たち——に三色帽章をつけさせようとした（これは政令により義務であった）とき、明らかになったのは女性の権力ではない。それは新しい位置ずらしの力であり、そこでまさにエネルギッシュにずらされようとしているのは、男たちの舞台、市民《シトワイエン》たちの舞台である。それは専制君主の舞台ではもはやないにしても、相変らず同じ政治の舞台、ギリシャにおけると同じように、家庭的な情熱とは一線を画して、そうした情熱を支配下に置く、政治の舞台、尊敬の念を以て凝視されるべき、劇的な舞台なのである。市民たちの劇場はうち倒され、ひとつの場があらわになる。それは、一方の性（たとえそれが分裂していたとしても）にのみ関わり続けるひとつの政治的身体だけが存在する場ではもはやない。諸々の情熱が、演じられる〔表象される〕のではなく実現される、多形性の空間なのである。

十一月七日、コンミューンにおいてショーメットが女たちに向ってどなった（たいそう騒がしかったからだが）のはこのことである。「諸君の横暴は、唯一、われわれの粉砕できないものだ。なぜならそれは愛情の上に、したがって人間の本性の上にうちたてられているからだ。人間の本性の名において、諸君が本来あるべきままにおられよ(44)」。われわれが演じている社会的、政治的悲劇の、寡黙で忠実で心慰める観客でいてほしい。諸君の侵入は本性に反するものであり、馬鹿騒ぎなのだ。

女たちをその家庭に送り返すことと同時に、結婚している女性と結婚していない女性とを区別することが必要だ。オペラ・コミックで、女優の名前の前に女性市民《シトワイエンヌ》という呼称をつける代りに、嬢《マドモワゼル》をつけた予告を出すという不手際のために起った一七九三年七月二十二日の出来事を受けて、二十三日の

「ジュルナル・デ・スペクタクル」紙は早速次のように文句をつけた。「昔の呼称に代って提唱された市民《シトワイエン》あるいは女性市民《シトワイエンヌ》という語が、不十分なものだというのが本当のところではないのだろうか――シトワイエンヌ・サン・トーバンとかシトワイエンヌ・デフォルジュとか言うとき、一方が既婚婦人であり他方が未婚だということをどうやって知ればよいのか。だが、一人がマダム・サン・トーバンであり、もう一人がマドモワゼル・デフォルジュだと聞けば、それはすぐに分かることである……すべての男性にシトワイエンという称号を等しく当てはめることができるかどうかに決着をつけるという政治的問題を論議することはすまい。だが、シトワイエンヌという称号がすべての女性に適したものであるとは言えない、ということだけは言っておこう[45]」。この人はいったい何を望んでいるのか。自らの性（男性）が他方の性（女性）に対してもっている所有権の状態を知るということである。未婚女性と既婚女性の間にある隔たりの印を取り去ることは、秩序妨害なのだ。

　まして、君呼ばわり《テュトワマン》に至っては、ひどい非難を受ける。両性間の隔たりをさらにひどく無視するものだというわけである。一七九四年六月、ブワンは次のように書いている。「今日のように君呼ばわりが濫用されると、大革命に関して、それがわれわれを無作法と無教養の状態に導いて行くものだと思わせてしまうという、非常にまずい結果を生み出す（……）役人たちの大多数が、現存する物事の秩序に人の心を勝ち得る代りにそれを傷つけ、侮り、疎外する、冷たく乱暴な調子でこの君呼ばわりを使うからである。こうした悪い結果が、とりわけ女性たちに関して生じている。このような君呼ばわりは、女性たちに対しては、いかなる点においても適当でなく、高潔でなく、道徳的でもないのだ[46]」。見も知らぬ女性を君呼ばわりするのは、相手が売春婦の場合だけである。

したがって、大衆の集会、キャバレー、劇場、街路の雑踏など、あちこちで「女神たち」が即興的に祀り上げられるとき、「反‐革命」[47]主義者のみならず、ジャコバン主義者、それにサン‐キュロットまでもがこぞって、次のような方程式を作るのである。「女神」、ゆえに公の女（娼婦）、ゆえに売春婦。一八四八年二月二十四日、革命軍に侵入されたチュイルリー宮の様子を描写するフロベールの筆を思い出していただきたい。「控えの間には、山なす衣裳の上に一人の娼婦が、自由の女神の像に扮して、凝然と、大きく眼を見開き、恐ろしい様子で立っていた」[48]。かくのごときが、野性の女、夜の女、「たけり狂った」女の亡霊である。諸権力が、まず最初はジャコバン派の権力が、追放しようと躍気になった女の亡霊である。モデルがリベラリア（自由の祭り）の伝統に由来するものであり、とりわけ、古代ローマにおいて、葡萄酒と性の神への正式の崇拝の代りを務めたあの非常に過激なバッカナリア（バッカス祭）、幻覚に捉われ、喜悦に身体をのけぞらせるバッカスの巫女に由来することは明らかである。戦闘的な女性たちは、このような激情の権化と思われることになる。

女性たちが市民《シトワイエン》の身体には属さず、曖昧で、はっきり定義されておらず、不安を呼びさます別の身体、第一の身体の外に、あるいはその下に位置する第二の身体を形成しているという、ルソー的な、つまりは非常に旧式な思想を前にして、フェミニズムの運動は依然として、男の権力への一体化という、男たちによって張られた罠の中へ落ち込んでいる。しかし、こうした政治・社会的権利の要求を超えて、一七九三―一七九四年の非キリスト教化運動における女たちの特異な存在――純化された模範としても、最も卑しめられる可動性としても位置付けられる、多形性の存在――が示しているもの、それは、単にもう一方の性に抑圧されている性の解放ということのみではなく、ここでもやはり、はっきりとしたのちのちへの影響はなかったものの、社会的身体を性の移行の場とする試みであり、したがって、この身体の異教化の試みなのである。

一八五一年十二月二日のクーデタのあと、共和主義者たちが秘密結社を作ったことは知られている。そのうちのひとつは、「ラ・マリアンヌ」と名づけられた。この名前こそ、王党派の連中が尻軽で節操のない(と彼らが考えた)娘を示すためにマリヴォーの小説から借りて、共和国(la République)につけたものであった。実際には、スピッツァーが書いているように、「『マリアンヌの生涯』の主題は、ある大胆な娘のかくかくの生涯を物語るだけのものではなく、人間の思考における女性的原理が、生活の中に、また文学の中に表れ出てくるのをたたえることなのだ[49]」。この「女性的原理」は、われわれの異教的原理に酷似するものである。

(1) Louis Marin, *La critique du discours*, Éditions de Minuit, 1975

(2) Gilbert Lascault, *Le monstre dans l'art occidental*, Paris, Klincksieck, 1974 参照。

(3) Pierre Klossowski, *Le Baphomet*, Mercure de France, 1965, p. 155.

(4) P. Klossowski, *Origines culturelles et mythiques d'un certain comportement des dames romaines*, Fata Morgana, 1968, p. 61.

(5) *Ibid.*

(6) Daniel Guérin, *La lutte de classes sous la Première République*. T. I, Paris, Gallimard, 1968, pp.306–307. 読者は、われわれのアプローチがゲランの仕事に負うているところを簡単に判断することができるだろう。とはいえ、フランス大革命に関する彼の言説の(トロツキスト的)立場へのここで行われている批判が、彼の著書にわれわれが認める重要性をいかなる点においても減じるものでないことは、十分に理解しておいていただきたい。また、ゲランの仕事全体に対してわれわれが感じている変らぬ共感と、その著書とわれわれを結び付けている友情が、批判によって毫も変質するものではないということも。われわれは誠に、最も近しい者たちとのみ、論争をするものである。

(7) *Ibid.*, p. 338.

(8) *Histoire de la Révolution française, la Terreur*, Paris, Calmann-Lévy, 1899, p. 419.

(9) *Ibid.*, p. 422.

(10) 《Le tyran》. *La Terreur* への一八六九年の序文。

(11) Jean-Marc Blanchard, *De la théorie à la pratique : notes sur les débuts de l'éloquence révolutionnaire* (近刊) 及び同著者 The French revolution : a political line or a language circle ?, *Yale French Studies*, 1972 参照。

(12) Robespierre, *Discours et rapports à la Convention*, Paris, U. G. E., 10 / 18, pp. 228-234.

(13) *Op. cit.*, p. 296.

(14) *Ibid.*, pp. 305-306.

(15) *Ibid.*, pp. 333 sq.

(16) *Ibid.*, pp. 337-339.

(17) Maurice Agulhon, Esquisse pour une archéologie de la République. L'allégorie civique féminine, *Annales, Économies, Sociétés, Civilisation*, janvier-février 1973, pp. 5-34.

(18) P. Klossowski, Sade et Fourier, *Topique*, n° 4-5.

(19) Mona Ozouf, *La Fête révolutionnaire* (1789-1799), Paris, Gallimard, 1976.

(20) *Op. cit.*, p. 37.

(21) *Ibid.*, pp. 328-330.

(22) *Ibid.*, p. 331.

(23) *Ibid.*, p. 340.

(24) *Ibid.*, pp. 123-124.

(25) *Le Moniteur*, XVIII, p.420. D・ゲランの引用による。 *op. cit.*, p. 308.

(26) *Ibid.*, p. 479. 引用ゲラン、 *ibid.*, pp. 308-309.

(27) Dommanget, D・ゲランの引用による。 *ibid.*, p. 311. Stephens もまた「あちこちで『理性』の崇拝が馬鹿騒ぎに変化してしまうというひとつの傾向を示していた」ことを重視している（*Women of the French Revolution*, London, Chapman and Hall, 1922, p. 226)。

(28) *Annales de la Révolution française* に掲載予定の Jean-Marc Blanchard による研究、 89-94 : le théâtre patriote et la sémiotique révolutionnaire を参照。

(29) Dommanget, *Sylvain Maréchal, l'égalitaire, l'《homme sans dieu》*, Spartacus, 1950, pp. 258 sq. 参照。この戯曲は、 Daniel Hamiche により、 彼の著書 *Le théâtre et la Révolution* （*La lutte de classes au théâtre en 1789 et en 1793*), U. G. E., 10 / 18, 1973 中に復製されている。

(30) *Premières leçons du fils aîné d'un roi*, 1788. 第二十八課。

(31) *Dame Nature à la barre de l'Assemblée Nationale*, pp. 30-31.

(32) *La Feuille de Salut public*, 18 octobre 1793.

(33) D・ゲランによる引用。 *op. cit.*, p. 463.

(34) Albert Soboul, *Les Sans-culottes parisiens en l'an II*, Paris, Seuil, 1968, p. 229.

(35) ソブール、 *op. cit.*, pp. 230 sq. 参照。

(36) Winifred Stephens, *op. cit.*, p. 253.

(37) ステファンス、 *ibid.*, pp. 267-268。 ゲラン、 *op. cit.*, pp. 271-278 参照。

(38) ゲランによる引用、 *ibid.*, p. 277.

(39) Hermann Weiss, *Kostümkunde*, Stuttgart, 1860 及び Mary Houston, *Aincient Greek, Romane and Byzantine Costume*, London, 1920 及び James Laver, *Costume in Antiquity*, 1964 参照。

(40) ドマンジェによる引用。 *Sylvain Maréchal*, p. 194.

(41) *Ibid.*, pp. 192-193.

(42) ミシュレによる引用。 *op. cit.*, p. 430.

(43) Sylvain Maréchal, *Les Révolutions de Paris,* n° 215 (23-30 brumaire an II).

(44) ステファンスからの重訳。*op. cit.*, p. 269.

(45) Jean Robiquet により（非常に好意的に！）引用されている。*la Vie quotidienne au temps de la Révolution,* Hachette, 1938, p. 67.

(46) ソブールによる引用。*op. cit.*, p. 215.

(47) アギュロンが上掲の論文中で用いている表現。

(48) G. Flaubert, *L'éducation sentimentale, Œuvres,* Pléiade, p. 321.

(49) Léo Spitzer, 《A propos de la *Vie de Marianne*》, *Romanic Review*, XLIV (1953), p. 122. Georges May, *Le dilemme du roman au XVIIIe siècle.* Yale University Press & Presses Universitaires de France, 1963, p. 242 に引用。

第七章　メタ言語における女性性

男性的文体《エクリチユール》

書き始めるや、人は一人の男であるべく義務付けられることになる。書くということ《エクリチユール》はおそらく男性の行為である。たとえ女性問題について書くとしても、またたとえ「女性的に」書くとしてもである。女性的文体と呼ばれるものも、おそらく、本来は男性的であり、また変ることなく男性的であるものの一変種、すなわち「実験的なもの」にすぎないであろう。女性的文体《エクリチユール》は書く行為《エクリチユール》に際して生じるものによる、と考えられる。たとえば確信からではなく媚（*séduction*）によって書く行為がなされるとき、それは女性的である、と呼ばれるだろう。しかし二つの作用をこのように対比することそれ自体がおそらくは男性的なことなのである。

こうした帰結を避けるには、女性的なものと男性的なものとの間には、結局のところ、文体に関してであれ、あるいはその他の点に関してであれ、言うほどの差異は存在しないのだ、と言うこともできよう。しかし問題に対するこうした中立宣言（*neutralisation*）はそれもまた非常に怪しいものである（それはちょうど誰かが「俺は政治に関心がない、右でも左でもないさ」と宣言したときのようなもので、世間は皆、彼は右翼である、ということを了解する）。

さて男女間の諸関係を取り上げる哲学者がいるとしよう。彼はこの設問の状況そのもののうちに在る、何か男性的なものから逃れようとする。しかしながらその逃避、策をめぐらすその方法、そうしたものがおそらく相も変らず男性的なのである。男女の対比という如上の問いが消滅し、かくておそらくはそうした対比そのものがなくなるためには、哲学することをやめることが必要であろうし、彼もそのことは知っている。なぜならこうした対比がそもそも対比として存在するのは、まさしく哲学的（そして政治的）方法論、すなわち男の思考法のゆえであるからである。

こうしたアポリアを前にすると、詮索好きな成人男性ではなく、反対に少女に筆を託したくもなる。しかしまず少女は書かないし、少女はいわば未開人ということになる。そしてなかでも、未開人同様、少女は、彼女自身、いわば彼女の対立者、生真面目な男性の一種の創造物なのである。すなわち男性が、自分には禁じられているものに対して味わう嫉妬の産物である。しかもこの男性こそがまた実のところ彼女の判事ともなる。

女たちに分別を与えること

呉王が兵法家孫子に言った、「お前はすぐれた戦略家であり、誰であれ戦術を身につけさせることができるそうだが、それでは私の女、百八十人を一人前の兵士にしてみてくれ」。孫子は彼女たちを二つの隊に分け、王の寵姫二人にそれぞれ指揮をとらせることにし、太鼓による合図を指示した。「二度打つと、右向け右、三度打つと左向け左、四度は回れ右」。ところが彼女たちはこの命令には従わず、談笑していた。彼は何度も指示を繰り返した。そして、彼女たちが規則を理解しているということは十分確信できた。それでも哄笑と無秩序に変りはない。そこで孫子は言った、「よし分かった。お前たちを軍律違反と見なす。それに対しては軍法は死刑を命じている。よってお前たちは死刑に処す」。事を知った王は、女を、中でも寵姫を厳しく扱うことを孫子に禁じた。孫子はそれに応えて言った、「あなたは彼女たちに戦闘の訓練をするように命ぜられた。したがってそれ以降は私の任務です」。かくて自分の剣で二人の指揮官の首を撥ねた。もう一度新しい指揮官が任命され、訓練が再開された。「かくて彼女たちは、生涯戦いを務めとしてきたかのように、黙々とかつ常に適切に行動するようになった(1)」。

ここに男女の区別が生じる。まず第一に、男らしさは秩序を行きわたらせようとすることによって示され、女らしさはこらえきれずにそれを笑うことによって示される。女性群はおしゃべりをし、男性群は黙す。われわれが取り上げた話とは反対に、喜劇（もっともこれも男性的ジャンルのものだが）は、狡猾な弱者の成功を描いてみせる。男たちに女たちのする笑いを笑わせる。囚われ人ロジーヌがドン・バルトローを笑い物にする。もっともそれは一時的な委譲にすぎない。後見人の手を逃れたロジーヌは、真の主人、アルマヴィヴァ伯爵の掟につくことになる〔ボーマルシェ『セビーリャの理髪師』参照〕。最後に笑う者が最もよく笑う、である。当てのない御婦人方の諧謔《ユーモア》は、殿方の博学で目的論的なソクラテス的逆説《アイロニー》に屈することになる。

第二に、理性の巧智（男性的）は感性の陥穽（女性的）とは異なっている。前者は死を慣用とする。孫子は笑った人を殺した。まさしく真剣である。女性が教化されねばならないとすると、すなわち男性化されねばならないとすると、彼女たちは死の恐怖を味わい、それを克服する必要がある。さもなければ、屈服し、支配される（もっともその場合も、ケープの下で忍び笑いを続けることはできよう）。あるいはまた、その何人かが殺され、そのとき死んだ兵士としての彼女たちは英雄と見なされることになるであろう。隷従者は決して信用できない。真に教化された女性は死者である。あるいは男になっている。

第三に、性の区別に適切なものは死との関係である。解剖学上の性と関係なく、男性とは死を恐れぬ肉体である。女性は自らが滅びる運命にあることに目をつぶる。男は女に死を教える。すなわち、不可能を、不在の現在を。悲劇は崇高なジャンルである。悲劇をみて笑う人はいないだろう。あまつさえ悲劇においては、笑うことなど存在しないということが明らかにされる。女を問題にする根拠などは存在しない。孫子は一種の通過儀礼を明らかにした。女性は幼児の側、若者の側、自然の側にいる。渡し守は死。かくて言語行為へと、秩序、欠如の考察、意味作用、文化へと導かれる。

男の理論と死

女は何を望むのかと問うたフロイトは、男として、女は何も望まない、受け身だからと述べている。そしてフロイトが、リビドーは男性にしか存在しないと主張するとき[2]――この点ではポルノ映画をみる人と同一見解である、というのも、女の人はなぜそうしたポルノ映画をみないのかと問われた件の人は、「女が？　女がセックスに関心を示すのをみたことがありますか？　女には性はないのですよ」と答えるのであるが[3]――彼、フロイトはといえばリビドーによって理解可能な欲動を考えている。というのもこの欲動は何かを（言うことを）求めているからである。無意識的「言表」のうちにその効果を記入している意味するものとは、ラカンによれば、ファルスであり、性的身体に働きかける際の象徴的な全機能の、アプリオリな条件である。「一連の意味するもの」を、つまり去勢の脅威あるいは死の脅威、オイディプスの掟の印、そうしたものを経験しない身体は男性化されてはいない。

違いが生じるのは以下の点においてのように思われる。すなわち少年はこの脅威を乗り越え、エディプス・コンプレックスを離れ、一人前の男になる、と考えられている。他方少女は去勢の掟のもと、エディプス・コンプレックスに関わることで女性になる、と言われる。前者は父親に逆らい、ファルスと同一化しなければならないだろうし、後者はそれを受け入れることで満足しなければならないだろう。(4) 孫子は、このきわめて男性的な解釈と一致することになると思われる。もし女性が男性にならねばならないとしたら、彼女は、死あるいは去勢すなわち意味するものの掟に立ち向うことが必要である。さもないと、彼女には、欠如の感覚が常に欠如することだろう。そしてそのゆえに彼女は、自らを永遠と信じ、またそのゆえに性欲を、すなわち身体の言語行動を構成する行為を奪われることになるだろう。

プラトンによればソクラテスもまた、愛について語るに際し、まさにそのことしか主張していない。(5) すなわち「愛」は策略や思慮分別、つまり「術策（ポロス）」からのみではなく、また「欠如（ペニア）」からも生れる、そして人は愛するものを求めるのではなく、愛するものを妊娠させ、子孫を儲け、不死になることを求める。かくて、自らを越えたところで身体を左右する至高のパラダイム、不在の意味するもの、「観念《イデア》」、そうしたものの効果に愛は従わされる。そして、このことを証明すべくソクラテスは死ぬことになる。(6) 戦争と性との男性的な大団結（これはまた中国の愛の入門書においても同様であり、この書はまた戦略の手引書でもある）は、こうした象徴的機能の分布から生じる。すなわち男らしさは、一種の代価を払って、つまり命と引き換えに形成される。身体が物を言うのは命を棄てることができる場合だけである。喜びを享受するときは常に、身体は、掟のない身体、言葉のない身体、ひたすら笑って暮らすことができるだけの身体へと、再び立ち返る危険がある。かくてまさしく男にとって愛は一種の戦闘であり、その賭金は自らの男らしさ、すなわち素養《カルチャー》となる。

男というものは（それも少なくとも西洋の男は）愛することは好きではなく、征服しようとする。彼らの間では、肉体の官能にまつわるもの、すなわち体臭、感触、分泌物、相手まかせ、嬌声などに対する軽蔑と皮肉が渦巻いている。彼らはそういうものを容認する仲間内の者を「芸術家」と呼ぶ。しかし芸術家とは女である。男は愛すると敗けたのを感じる。男はむしろ娼婦を好む。娼婦の冷たさが自分を守るからである。女の快楽は男から見ていつも一種の謎である。というのも男は、その種の快楽を、予め保証された方法で生み出す技術上の手段を見出せなかったからである。男はクリトリスを偏愛するが、それはそこに、相手の場所にありながら、しかも自分たちに都合よく働いてくれる信頼できる同化可能な代理を見るからである。膣への挿入は「次善の策として」のこの場所の占拠であり、同時にオルガスムスの絶頂期に至るまで被征服者自身が追求するプロセスである。しかもこのオルガスムスは男が被征服者から引き出したいと願っているものである。

というのも、女の側から言えば、男が自分自身のオルガスムスの例にならって期待しているような痙攣があるかないかという意味での、「絶頂を味わう」か「味わわ」ないかは、彼女たちにとっては、愛情を感じている限り、問題になりえないからである。問題は提起されず、したがって解答はどちらでもよい。そうしたことを知ろうとしない、ということが男らしさの表徴である。事実そのことは、身体の諸部分は「語る」ことはないが、「機能する」ということを意味している。もっともその際も、それら諸部分に欠如している感覚《サンス》を充たす必要はない。またそのことは、人は愛することなく十分に享楽し、享楽することなく十分に愛しうるということを意味してもいる。さらにそのことは、感情的性的企図は理論的意味《サンス》(「美」「真」)あるいは身体的感覚《サンス》(オルガスムス的「満足」)等のありふれた充足と何ら関係がない、ということを意味している。(7)

追放あるいは同化

すべては男性帝国主義のために準備されている。空洞の中心、そこでは「声」が聞こえ(神の声、人民の声、ここでは差異は重要ではない、要は大文字である[「」を付されている]ということである)、この中心の周辺では同性愛の戦士たちの集団が語っている。(8) 女性(女、子供、外人、奴隷)は「能動的社会体(Corpus socians)」の外へと締め出され、この体にとっては全く用のない諸特性、すなわち非社交性、感受性、素材と調理、衝動、ヒステリー、沈黙、バッカスの巫女たちの乱舞、虚言、悪魔の如き美、化粧、淫乱と妖術、過ち等の諸特性を与えられる。ヘーゲルもフロイトも、皆、言っているように、男性体は行動的(*actif*)であるという唯一の特性を与えられる。人間的であると思われはするが、しかしそうであるわけではないから、そうならねばならないというそうした目標をわれわれは、そこにおいて捉えねばならない。男性的帝国主義は戦士と教育家であり、それらはまた同一である。そして自分が主導権をもっていると信じている。女は(そしてすべて女性的なものは)反応行動的(*réactives*)であり、現に受け身であると言われている。興奮させられ、孕まされ、教養を与えられ、止揚されるために感覚《サンス》の作用を待っている。インディアンやアラブ人のように、彼女たちは裏切者であり、その見掛けの人間性は盗み取られ、隠される（se dérobe：*rauben, rubare*）、すなわち彼女たちは人間性の剥奪者[9]である。

しかしわれわれ男が、この目標を抑えがたく手にしようとするのも、それはおそらく、男性的「中心の声」が告げることからすれば、その目標しか男には問題にならないからである。その「声」は（女がそうである）かの帝国のさまざまな極限についてしか語らない。そしてわれわれは絶えずそうした外なるものとは闘わねばならないのである。事情がそうだとすれば、かの目標は、われわれが能動性と呼ぶものを無意識裡に与えられているのではなかろうか。そしてわれわれがそれと認めた策略に長けた力に関して言えば、それはわれわれの役割の、女性によるひそかな逆転を露呈していはしないであろうか。（西欧の男性には、女性によって肛門性交されたいという欲望は存在しないであろうか）。男たちの劇場の外、それは、男たちにとっても、最も重要なのではなかろうか。そこにこそ西欧の男性は自らの「出自」を見出すのではなかろうか。そしてこの出自が女であってはいけないであろうか。母親、それこそが本来の女性ではなかろうか。すなわち、他の性が理論的に表象される際の方式、そこにおいて意味が生誕するそれ自身は根拠のない根拠、意味をもたない（常軌を逸した）「存在」ではなかろうか。

――事実、女性も市民によって、政治的に、受け入れられ、敬意を表されるということがありうる、それも母として、つまりその息子たちの母親として。というのも母親は、市民とまさしくその息子たちとの、必須の媒介項であるということが明らかだからである。能動的社会体が女性のお腹を借りずに再生産されるということはありえない。男性の同性愛者は女性の胎を称賛するが、それは帝国の境界でのことである。豊饒の女神たちは、市民的というよりは、むしろはめを外していた。ギリシャにおけるその祭式はバッカスの巫女たちの闇へと追いやられて維持され、ローマにおいてはキリスト教を以て排除され、次いでマリア信仰の中へと昇華された。男性的なキリスト教の西欧文明は女性そのものは称えないが、処女の胎内に確保され、母親の胎内において開発される、女性固有の再生産の能力に関しては別である。

母親でも、処女でもない女性、「娘」に対しては、彼女たちを征服し、平静にし、聖化し、救うことが考えられねばならない、つまりわれわれと対等の者にすることである。キリスト教は夙に、女性を教化しなければならない、だがいかにして、という問いを提起している。追放によるのではなく、同化によって女性を排除する、という主張によって粗描されている方法を資本主義は普及させる。また資本主義は、家族の中に入るという女性の在り方を破壊するのに寄与する。さらにまた資本主義は、自分の必要に応じて、女性の出産傾向に間接的に働きかけることで、また女性の産物である、近ごろ話題の（人工受精の）息子たちそのものを、また息子たちを孕む胎までも商品として扱うことで、女性の生殖機能を、部分的に、我が物にしさえする。かくて女性の教化とは、自然な女性の能力を活用すること、つまり女性を再生産の循環の中に包摂することでその全能力を開発することである。

資本と共に、実現されつつあると思われているのは男性の、男性自身による再生産の理想である。「母なる大地」(10)は姿を消し、父なる資本と子なる労働とが、自分たちだけで、外部のいかなる力にも頼ることなく、「受動的社会体（Corpus Sociandum）」の再生産を十分行うことができると考えるに至る。女性は男のサイクルの中に消え去り、商品生産の労働者として、あるいは労働力という商品の再生産の母として、あるいはまた彼女自身が商品（カバーガール、マスメディアの娼婦、ヒューマンリレイションのホステス）として、そして最後に資本の管理人（指導的役割）として組み込まれる。

資本内の性

いずれにせよ、女性が現代社会に所属するためには、その差異に関して中性化されるという条件が必要である。ポルノや女性誌さらにはピル等によって形成されている、現に大衆的文化状況における今日の「エロティスム」は、こうした中性化による同化を前提にしている。家族制度や結婚制度の代価と対立し、解放、自由化、独立等と呼ばれている性的で感情的な常なる自由処分権という絶対的価値がこのエロティスムを支配している。ところでこの価値はまた資本が男に課するまさしく当のものでもある。そして自由、自由処分権、流動性というような特質は、資本が男たちを労働力へと還元する際に貼り付けるレッテルである。女性の性的感情的自由は（男性の場合同様）一種の資本主義的価値である。というのもこの自由が「性」を一種の商品に変え、（男性の）市場で交渉するのを容易にするだけではなく、また「自由」労働に対する場合同様、差異が、つまりここでは性的差異を指すのだが、また特異なエロティスムの差異も含めて、中性化され、かくて性が交換可能性の法則のもとに全面的に置かれることが可能になる必要が生じるからでもある。かくてたとえば、女性的外在性の男性的呼び方でもあるヒステリーは後退することになる。(11)

資本のこの法則はポルノ映画の観衆の口から告げられる、すなわち「ポルノ映画の女優で私が好きな点は、彼女たちがまるで男のように、いつもセックスをしたがっているということです」(12)。常に交渉したいということ、常により一層の「経験」を資本化したいということ。拡大する性行為、支配するエロティスム、交換の経済。こうした方向性は十八世紀の或る種の自由思想によって明らかにされていた。性の同化（サド侯爵の女たちによって射精された「精液」）は愛情関係を戦略や策略の用語で語ることを認めたり（ラクロ）、あるいはあまつさえ表敬ごっこの理論形式で語ることを許したり（クレビヨン・フィス）、要するに政治的関係として愛情関係を扱ったりすることを可能にする。かくてそこでは完璧に男性的な法則が明らかにされる。すなわち「苦痛を受けるよりは死を」である。こうした観点において勝利とは平然と苦痛に耐えることであろう(13)。

現代におけるユニセックスの流行もしかしながら、全く困ったものというわけのものではない。というのもそれによって、新たな策略のための素材が提供されるからである。半ば自然で、男の帝国の辺境地帯に投げ出された、魔性の女と母親という寓話が衰退するということ、それは喜ばしい現象である。こうした寓話の退潮によって明らかになることは、性別を構成する差異は、「能動的社会体」と「受動的社会体」との政策上の対比では単になく、それら差異が、いわゆる個人と言われる各「固有体」を、たとえそれが解剖学上は男性または女性であるとしても、横断しているという事実である。フロイトは解剖学上の宿命を信じていた。ゲイ・ボーイ、同性愛者、それに性転換手術等に対して現代が示す関心が明らかにするのは、そうした信仰は衰退しているということである。男性の快感のすべてが、精液の放出またはその抑制によるのでもなければ、さらには勃起にさえよるのではないということ、快感のいわゆる女性的と言われている「構成要因」（実は何も構成しはしないのだが……）は死に対するその鎧によって防禦された、かの身体にも露わに表現されることになるということ、能動性は身体のどうにもならない酷な役割ではないということ、身体は、達成目標と見なされているオルガスムスの同時性の責任をもはや引き受けないということ、そうしたことすべて、さらにはまた他の多くの位置ずらし、そうしたこと等によって、意味するものの男性身体への支配の解体が生じうるということ、またもうひとつ別の性的空間、フロイトが幼児に関して、多形性倒錯という名（かなり胡散臭いが）のもとに示したトポロジーに類似の性的能力がそれに取って代りうるということ等を期待することが可能になる。[14]

「女性」の身体もまたさまざまな可能性のジグソーパズルへと解体し、その可能性の各々、生殖性、受動性、多感性、嫉妬等はいずれも他の可能性を左右したりはしないであろう。唯一の差異によって「女性」の身体と「男性」の身体とを対比させる代りに、さまざまな差異が「それぞれ固有の身体」を通過するということ、それは、二つの個体（あるいはそれ以上の個体）に「所属している」（？）幾つかの部位が、或る方法で接続しているのが見られる（その方法をサディスム的とか、マゾヒスム的とか、自己犠牲的とか、愛情深いとか、強迫的であるとか、あるいは疾病学辞典から借用したさまざまな用語とかでもって呼んでみるのもいいだろう――がしかしむしろ最良のものを見出すべく努めたまえ！）ということを意味してはいるが、その際も「同一の」身体の他の部位で起っていることについて速断することは差し控えねばならない。

その際生じているもの、それは一般に愛と呼ばれているもの、すなわちもはや誰も存在していないということ、強度を帯びた表面に生起することを制御して、陳述するための高位の中心となるいかなるアイデンティティももはや存在しないということである。

それゆえ、資本の側から与えられる性の同化運動に反対して性的差異を保護することが問題なのではない。いわゆる「性的差異」は男性帝国主義もまたその反対者も共に免れていないということは今見たとおりである。こうした差異の命題が主張することはただ、人間存在はペニスをもっているか否かによって二つの範鑄に分けられることが可能であり、もっている前者のみが「能動的社会体」に所属するということである。女性運動は、この差異を硬化させ、また一般に女性のものとされている直観や誇張《パトス》や免責を我が物と主張し、さらにはそれらを男性優越論に対する抵抗の武器とすることで、結果的に女性と男性の同一化に反対するということにもなりかねない。そうした「弱点」の及ぶ範囲を広げ、それら「弱点」によって、反 - 男性の世界を形成することを夢見ることもできようが、そのときその世界を探求することのできるのは、声や叫びや内証話や陰謀を媒介とした女性のエクリチュールのみ、ということになるのであろう。

しかしながらこの方向は失敗の虞れとともに、問題をその在来の場に復原してしまう可能性もある。すなわち男性帝国主義は山中の疾走〔バッカスの巫女たちは山中を疾走したと言われる〕、森の中の舞踏、生肉の貪食のような夜の妄想とは必ずうまくやるものである。(15) というのも、帝国には一種の辺縁が必要であり、そうしたことは辺縁を形成するからである。非合理主義と思われるものを前にすると、話し好きの隊長は、自らの教育的任務をまたもや刺激されるのを感じる。彼には征服すべき戦線、教化すべき蛮人が必要である。彼をその言語や死の鎧からむしろ解放し、強度を与えるべき感情的諸要素の大きな・・・・パッチワークの中に溶かし込もう。彼に抗してなさるべきは前線の戦いではなく、男の論理《ロゴス》が長きにわたってわれわれに課してきた時空間とは別の時空間における、伏兵と急襲による一種のゲリラ戦法である。その際これら変化に満ちた広がり、パラドクスに満ちた時間こそ「女性原理」のものだ、と考えられるかもしれない。しかしそれはなおいわゆる「男性原理」への余りの譲歩であり、そうだとすれば

「女性原理」はその単なる補足として現れるだろう。あるいはそれを虚構‐理論の代りだとも言おう。かくてわれわれは仮説や理論ではなく、虚構の助けを借りて仕事をすることにしよう。それこそが駄弁家が「女性的」になる最良の方法であるだろう……。

メタ言語を破壊すること

この論文の冒頭で述べた、この主題に関する最後の指摘。哲学者は本来内心は男性優越論者と共犯である。というのも、哲学はさまざまな学問の中の一分野ではないからである。哲学は、世界や社会それにディスクールに意味を与える形成的秩序を探究するものである。それは西欧の狂気であり、「真」と「善」の名において、自らの探究を知と政治のうちに絶えず保持しようとする。とくに男女間の諸関係の問いを提起することで哲学（あるいは現代におけるその実証的仮装体、社会学や人類学等）は、答えを見出すべく、われわれを方向付ける。しかしながらこの解答はそうした関係の、したがって「男」と「女」という関係付けられた両極の、形成つまりそれ自身規制された練成を経過する。学説上の変異体は、たとえ著しいものであれ、またかの形成がそれによって影響を受けているということがあっても、さほど重要ではない。重要なことは、問い（そしてそれに答える可能性または不可能性）が、哲学用語というあのメタ言語（たとえ不可能で、また常に開かれてあるとしても）をおいて、他に提起されようがないということである。というのも、このメタ言語こそが、西欧的意味合いにおいて、とくにギリシャ的意味合いにおいて、すでに男性的特性のものであるからである。

結局のところこうしたメタ言語活動の形成されるのが見られるのはどこにおいてか。ギリシャ語を語り、武器を帯し、同じ神々を崇め、市民同権の法則に従っている自由な男たちの共同体、すなわち、ギリシャ封建制社会のただ中において、市民社会《ポリテイア》の核を形作ったあの共同体においてである。[16]これら集団から、女性は最初から排除されている（子供や他所者、居留外国人《メトイコイ》や奴隷たちと一緒に）。そしてこれら集団が同意した社会全体に対する権威は、やがて遂には、集団に対して、たとえば子孫《ゲネース》すなわち大家族という伝統的制度の全般的再検討の実施を認めることに至るまでになる。[17]そこで行われる発言はしたがってその社会全体にわたって形成するものとして提示される。しかもこのことは、現代社会における革命会議においても、変りなく妥当する。アメリカ革命、フランス革命、ボルシェヴィキ革命、すべてしかりである。そしてその発言が女性に関する限り（女性を無視するということさえあるのだが）、女性は、「能動的社会体」の諸責任を我がものとしているあの政治集団とは対照的に、「受動的社会体」の一部分としてあるいはまさにその象徴、受動性として、形成されており、あるいは形成されるべきなのである。本来的に男性的領野である政治のような制度の形成と哲学のような形成するディスクールの制度との間の一致適合を歴史的に確認することが可能である。そのとき以来、西欧において男らしさとは、おそらく形成的なものと関わりをもつこと以外の何ものでもなくなる。

　男女関係の問いはしたがって、いわゆる社会体内での、労働分担の問題に還元されることは決してない。両性の間を走る境界線は同一の社会全体から二つの部分を分けるものではない。それはバルバロイと接触する一帝国の辺縁でも単にない。それは、一種の経験的所与、女性、大文字のXと、それに意味を与えるべく没頭することになる超越的で超越論的な領野との間に生じた破断線である。そこには政治的男根主義と哲学的メタ言語活動との馴れ合いが存在する。男が事実上自らのためにとっておく行動が、意味を与える権利として提起される。分配する社会集団、市民集団は、或る原則と、すなわち分配する理由やその理由が登録され、記帳されている物質《もの》が存在しており、その物質と理由ははっきりと別のものであるという原則と、混同されることになる。

この種の「フェミニスト」[18]が、意味作用の象徴的操作子《オペレーター》と見なされるファルスと性差の経験上の目印であるペニスとを混同しているとして非難される際も、メタ言語の領野（象徴体系のそれ）はそれが適用される指向対象の領域（実在のそれ）とは全く別であるということは異議なく認められている。ところで女性運動が、奴隷や植民地の被支配者やさらには他の「低開発国の人々」のそれにも比すべき幅広い射程をもつのも、この運動が、通常の言表に比べてメタ言語の自立における信頼（男性の）を促しまた損なうからである。

知のディスクールはすべて一種の決定に、すなわち二つの言表「スープができました」と「スープができたというのは本当である」とは同一の階型に属するものではなく、区別される必要があるという点に、依拠している。しかしこの決定はそれ自身は証明不可能である。他の言い方をすれば、嘘つきの「パラドクス」[19]と呼ばれているものは反論不可能である。したがって知のディスクールの構成的決定、形成する秩序の構成的決定は権力の事実としてまた事実の権力として顕現する。もし「実在《レアリテ》」が虚偽であるなら、意味を形成し、真実を語ると主張する男たちは、彼ら自身、一種のパッチワークにおける少数者にすぎないことになり、そこでは多数派の秩序を正当に確立したり、廃止したりすることは不可能となる。

エウブリデスやさまざまな現実《レアリテ》同様嘘つきである女たちは、西欧に最大の革命をもたらす何か、支配

（男性的なもの）が絶えず押し殺してきた何かを見出すことになる。それは、それと名指しうる意味体は存在しないということである。あるいはあらゆる階級の階級はそれら階級の中の一階級であるということでもある。またあるいはわれわれ西欧人は、非‐中央主権主義で、非‐合目的性で、非‐真理の基盤に立って、われわれのすべての時空間とすべての論理を作り変えねばならないということである。国連は投票でシオニズムを人種差別だとして告発したが、それは西欧人にとって非常なスキャンダルであり、かくてわれわれ西欧人は突然少数派となった。或る日、国連は投票で、理論的ディスクールに与えられた優越性を男性による女性差別として告発することになるだろうが、それは非常なスキャンダル、……われわれ全員にとってのスキャンダルである。

（1）司馬遷『史記』の中の孫子の項（岩波文庫版『史記列伝㈠』四四頁以下）。孫子は戦国時代の学識家、兵法家で、その活躍の時期は前五一二年―五〇六年の間と推測される。
（2）*Drei Abhandlungen zur Sexualtheorie*（『性に関する三つの論文』）（1905）, G. W., V., p. 120.
（3）Enquête de G. Sitbon, *Le Nouvel Observateur*（G・シトボンのアンケート『ル・ヌヴェル・オプセルヴァトゥール』誌）一九七五年八月十八日。
（4）*Einige psychische Folgen des anatomischen Geschlechtsunterschieds*（『解剖学的性差の心的帰結』）(1925), G. W., XIV ; tr. fr. *in* Freud, *La vie sexuelle*, P. U. F., 1970, p. 130.
（5）『饗宴』（岩波書店『プラトン全集』第五巻所収）201d–207a.
（6）『ソクラテスの弁明』参照。
（7）この点に関して言えば、ライヒ流の考え、たとえば、性的活動に関するそれ（*La Fonction de l'orgasme*『オルガスムスの機能』一九四七）は、愛についてのプラトン流の理論と全面的に通底している。
（8）Marcel Détienne, En Grèce archaïque : géométrie, politique et société, *Annales, Économies, sociétés,*

civilisations, 20, 3 (mai-juin 1965)（マルセル・ドゥティエンヌ「古代ギリシャにおける幾何学、政治学と社会」『アナール……』誌、一九六五年五―六月号）

（9） Hélène Cixous, Sorties, *in* H. Cixous et C. Clément, *La Jeune née*, U. G. E., 10 / 18, 1975.

（10） これはマルクスの言葉であり、（『資本論』三巻、七章、二五節）、この言葉は、他方、彼の労働‐価値説の或る種の解釈における、物質的豊かさの源としての自然‐母の排除に対する抗議でもある。『資本論』一巻、一章、二節、及び『ゴータ綱領批判』一章、一節参照。

（11） Ilza Veith, *Hysteria, the History of a Disease*（『ヒステリー、病気の歴史』）Univ. of Chicago Press, 1965.

（12） シトボンのアンケート、上記引用文中。

（13） サドの作品に関して、クロソウスキーが導き出した主題。*Sade mon prochain*（『わが同胞サド』）Édit. du Seuil, 1967; *La Monnaie Vivante*（『流通貨幣』）(P. Zucca との共著) Losfeld, 1970.

（14） 『……三つの論文』（一九〇五年）。

（15） E. R. Dodds, *The Greeks and the Irrational*（『ギリシャ人と非合理性』）Univ. of California Press, 1959 参照。

（16） J.-P. Vernant, *Les Origines de la pensée grecque*（『ギリシャ的思考の起源』）Presses Universitaires de France, 1962 ; M. Austin et P. Vidal-Naquet, *Économies et sociétés en Grèce ancienne*（『古代ギリシャの経済と社会』）Librairie A. Colin, 1972.

（17） P. Lévêque et P. Vidal-Naquet, *Clisthène l'Athénien*（『アテネ人、クレイステネス』）Les Belles Lettres, 1964.

（18） Luce Irigaray, *Speculum. De l'autre femme*（『鏡、別の女性について』）Édit. de Minuit, 1974.

（19） アリストテレスの同時代人、メガラのエウブリデスに帰せられている。キケロによれば、「もしお前が、自分は嘘をつくと言って、真実を語るとしたら、お前は嘘をつくことになる」という主張である。メタ論理学的還元の試みのより強固な表明は「私は今、嘘をついている」である。

第八章　無作法についての論考《ディセルタシオン》

いまや、理論あるいは批判のジャンルに別れを告げるときが来た、と考えてもよいかもしれない。だが、次のことを考慮しておく必要がある。別れは、その仕種、まず第一にアデューというその名づけの中に、まだあまりにも多くの確実性を含んでいる、ということである。知るべきことは何もない、という確実性から神のみぞ知る《ア・デュー》という確実性に至るまでを、それは内包している。ところで、確実性は知に固有のパトスである。そして沈黙は知の裏返しでしかないのかもしれない。したがって、ここでわれわれはこれまでのテクストによって批判‐理論のジャンルの中にとどまることを選んでいるが、それはできうる限りそれらのテクストの無作法な（inconvenant）利用を試みながらなのだ。（或るジャーナリストは、この語でわれわれを非難しようと考えた。ブランショがサドを注釈しながらこの語に或る美点を与えたのを彼は知らなかったのだろうか。）

その利用法とは、次のごときものである。われわれの文化の中でかくも恵まれた地位を占めるこのジャンル、真実を語り幻影を霧消させることを目的として自らに課しているこのジャンルが、文学と呼ばれるジャンル、もっと正確に言えば言葉の芸術のジャンルの、ひとつの特殊なケースだということを、ここでわれわれは認めるのである。確信——このジャンルが強みとしている——が、説得のひとつのケースであり、アリストテレスの弁論術が、説得の一変種だということを、認めるのである。

哲学は言説《ディスクール》の領土で自らの分け前を手に入れた。ここでは法廷や議会の弁論のジャンルを拒否し、かしこではさまざまな意見を審議する術を拒否し、そして第三の戦線（もちろんここが最も穏やかだというわけではない）では、常に繰り返されるつくり話の油断のならぬ安定力を拒否しながら。

何ゆえの、解放のための戦いか、その動機は何かと問われたとき、哲学者が自分の答えを予め用意している、と考えるのは短絡であろう。彼を真実へと駆り立てる動機なら、その体系の中に実際名前をもっているだろうが。その代り、なぜ哲学するのか、という問いに対して出されうる答えを議論することに哲学のすべては存するのだということがまず哲学者たちによって認められるとすれば、哲学者こそが答えであると答えるのは十分に哲学的であろう。

モーゼはなぜエジプトを出たか。エジプトは、幻影が専制君主として支配する土地であった。だがモーゼはそれを知らなかっただろうし、その確信をもつこともかの問いに答えることもできなかったであろう、いったんエジプトの外へ出ぬかぎりは。出エジプトの動機は、出エジプトそのものがその権限を与えることを許す種類の言説においてのみ説明されうる。プラトンは、雄弁家、詩人、詭弁家はぺてん師であると断言する。が、プラトンは、自らがそれらの反対者、つまり哲学者であると夙に自ら思い込み、人にもたしかにそうだと思わせる限りにおいてのみ、そう断言できるのである。

少しの間、この出エジプトの動き、この解放の、反論の、批判の動き、そしてこの逆転の動きについて思いをめぐらせていただきたい。この動きは、その敵と同じ武器を用いて前進するのである。方法のみを考慮するなら、モーゼとアロンとは、あの忌まわしい君主ファラオのお抱え魔術師どもが使うのと同じ魔法をよりうまくやってのけるということでのみ、ファラオからの逃亡を可能にしたのだ。かくして、ユダヤ人であること（judaïté）は、やり方だけから判断すると、まず最初は、過剰にエジプト人であること（égyptianité）によってのみ、得られるのである。

このほか、プラトンの対話が、数々の決定、或るものは明白な（つまり「対話」の中で言明される）、また或るものは暗黙の、または対話者によって演じられる、そうした数々の決定の槌によってきたえあげられていること、演出家によってなされるこれらの決定は、そのひとつひとつが、プラトンの主人公たちが朗誦するテクストの中に、あるいは彼らが守らねばならない演技の指示の中に染み込んでいる芸《トゥール》なのだということ、そして、そこから得られる効果は、演説家、詭弁家、詩人あるいは劇作家が手にすることができる効果と、本質において異なるものではないということ、等を示す人もいるだろう。また他の人々は、デカルトが修辞学や詩的寓話の無意味さを攻撃しながら、それらに少なからぬ言い《トゥ》回し《ール》を借りて論証的手順をふみ、「方法序説」を展開したことを指摘するだろう。

確信が、涙や笑いと同じように文体の効果から出てくるものであること、そして「真実」が、「滑稽」や「哀愁」と同じく言説によって喚起される情動の対象であること、こうしたことは何もこと新しく述べることではない。ヴァレリーは四十年前にこのことを明言している。ならば、無作法はいったいどこに隠れているのか。

なるほど、「レオナルドと哲学者たち」の中で、哲学者とは言語の芸術家であること、しかし彼らにとって肝心なことは、言語の芸術家であると自らは知らずにいることである、と述べられているのをわれわれは見出すだろう。しかしながらヴァレリーは、この奇妙で特殊な無意識の理由については何も述べていない。おそらくヴァレリーの眼には、或る理由を与えることは、哲学することへと自らを向わせ、またもやそれとは知らずにその無知の動機を拵え上げることへと向わせるに等しかったのであろう。だが、哲学者たちの基本的な思い違いに理由《レゾン》を与えないこの理屈《レゾン》は、たとえ無分別の裡にではあってもその理由を拵え上げることで得ることよりも自分が拵え上げていることを知らずにいることで失うことの方が多い、ということが逆に証明されない限り、受け入れがたいし、この理屈が伴っている禁止事項は守られえない。

ところでこうした利益と損失とを、どのような割合にすれば均衡をとることができるのだろうか。話す動機や様式の透明さから或る価値を、その反対物からは或る喪失を作り出すのは、まさに哲学者たちであり、批評家たちなのだ。芸術家たちはといえば、彼らは、ヴァレリーが言うように、効果を生み出すこと、権力を行使することにしか興味がない。事態をよくわきまえて行動することなど、あまり気にしていないふうである。そして彼らの中の或る者たちが、レオナルドが早くからやっていたように、自分の作品を文章で取り囲み、包み込み、歪曲するところまで行くとしても、そうした文章は、作品を解明するために企てられたものではなく、作品の効果を抑制したり、促進したり、減少させたり、増大させたり、或る方向へ導いたり、逸らせたりするために企てられた、付け足し、または雑録《マルジナリア》である。それは作品の一部なのだ。

芸術において作用する因果性が存在するとすれば、それは作品そのものの効力であり、作者の明晰さではない。この点に関しては、物語《レシ》と、音楽、絵画、映画とは同じである。つまり、作品の力（というのも、作品の美しさについては、作品の力の不当なまでに特権的な特別の効果として以外、われわれはそれをもはや話題にしないからだが）は、作品がやってのける働きにおいて測られる。そしてその働きは、作品の発信の審級、受容の審級、及び指向の審級という三つの極、そこに作品がそのエネルギーを汲み、またそれらの間にエネルギーを再配分していく三つの極に対して、作品がひき起す位置ずらし（転位 Verstellungen と歪曲 Entstellungen）において測られるのである。てっとり早く言うと、作品とは、作者——もっと言えば、権威、つまり、作家たちの集合体と、彼らが享受している地位——、あるいは読者大衆、あるいはその作品が関わりをもっているもの、あるいはこれらいくつかの点が一緒になったもの、あるいはそれら全部、の位置をずらすことのできる或る力を与えられた、語や図像や音のオブジェなのである。

理論もひとつの芸術であるということが真実ならば、理論の生み出す作品は、それらもまた、前述のごとき力を行使するはずである。ヴァレリーは、そうした作品は語によってしか成り立っていないという、あまり筋の通らない口実のもとに、それを否定する。つまり彼に言わせるとこうである。哲学者はその作品を作り上げるにあたって、自らの秩序への意志に対する、非言語的素材の「外在性」あるいは「必然性」による抵抗を、芸術家たちと違って経験することがないであろう。彼らは、「（……）人が望むことと人がなしうることとの間で、いついかなるときでも、誰に対しても起る親密な交換作用（……）」の何たるかを知りはすまい——と。

この理屈が正しくないということを見てとるのは容易である。また、言説《ディスクール》——とりわけ理論作品の言説、そこにさまざまな語のざわめきがやって来たとしても、それらが完全に思考に隷従することになってしまうような、原則として一義的な言説——の中に語を集めたいという欲望に、それらの語がどれほど、その「響き」や「ひそかな共鳴」で無言の抵抗を続けてきたかということ、そのことを、自身詩人であり、『詩学』の作者であるヴァレリーがいつまでも無視することはできない、ということを見てとるのも容易である。言語を支配するのだという理論家たちの主張を鵜呑みにしすぎた、些か軽薄なこの第一の説明は、それゆえ、次のような、もう少しましな第二の説明に場所を譲ることになる。ヴァレリーは再び言う。哲学者たちの芸術は、「語の意味の絶対的かつ分離可能な価値の存在への一種の信仰につけ込んでいる」と。われわれはこう反論しよう。意味に与えられたこの信頼と、理論家の口あるいは筆を借りて言語が絶えず賭け続けるいかがわしい勝負との間には、或る隔たりが、他の芸術と同じ場所に位置するとは言えないまでも、やはり依然としてあり、そのために哲学者は芸術家であることの運命から逃れられないし、彼のすべての仕事は、芸術家のそれと同じく、彼が望むところのものを、彼がなしうるところのもの——というよりむしろ、素材が彼に可能ならしめるところのもの——と絶えず駆け引きする中で進めていくことを余儀なくされている、と。

だが、たとえ別様にではあれ、ヴァレリーに軍配を挙げねばなるまい。理論芸術と他の芸術の間の相違を一気に消滅させてしまうことなどできはしないのだ。哲学的な権力というものは存在する。しかしそれは、芸術におけるのと同じやり方で存在するのではない。そしてそれら二者の相違を、ヴァレリーが指摘する類いまれな点によって確認しておくことも無駄ではあるまい。この点には理論作品の力のすべてが集中しているように思われる。この点は芸術家の行う能力の計算には全く入ってこない。その点とは、意味である。

作品の力の三つの作用点を構成していると、今しがたわれわれが考えてきた三つの項点、物語学者が、語り手の審級、受け手の審級、そして物語内容（または叙述）の審級と名づける、これら三つの頂点に話を限れば、それらの各々が理論家の作品の中でどのような注目すべき運命を辿ることになるのか、見きわめる必要がある。プラトンが再度ここでも精力的に道を開いてくれる。『ゴルギアス』、『国家III』あるいは『パイドロス』の中のソクラテス、『ソピステス』の中の「客人」、『法律X』の中の「アテナイからの客人」などは、彼らが要求する諸条件を隠したりすることはまずない。条件とは、彼らから見て思考に適している唯一のジャンル、すなわち対話のジャンルに言説が入るために必要な条件のことであり、今日われわれならば、言説の語用論に関する条件と言うだろうようなものである。これらの条件は、要約すればほんのわずかのことである。が、このわずかばかりのことの中に、一般に作品の力が作用する諸審級に理論作品が被らせる、あらゆる変化が含まれているのだ。

（プラトンの）ソクラテスは、聴衆もなく、証人もなく、判事もいない討議を望む。というのも、討議が二人の論敵同士の意見の一致（homologia）を生み出すのでなければ成功は完璧ではなく、討議は対話にはならない、とソクラテスは考えているからで、その結果、法廷や議会やソフィスト的討論などの技術として普通使われる、説得や説伏を目的とする方法は、この確信という効果を生むには不適当なのである。『ソピステス』の「客人」は、何よりも次のように宣言する。自分は対話者として、まるで若駒のように「強情なところがなく、素直に導かれるままになる」相手しか受け入れない、それでなければ――と彼は率直につけ加える――「ひとりでしゃべるのと同じことだ」、と。そして明らかに教育しがたい相手（たとえば唯物論者）の主張を開陳せねばならず、その「無礼さ」が対話を不可能にすることが予測できるようなとき、――かまいはしない、と彼は言う、自分はそうした主張を、自分で作り上げる模擬の対話の中で紹介しよう、いやむしろ、それを演じてみせよう、と。『法律』の「アテナイからの客人」について言えば、彼も暫くの間話し相手を架空の相手におきかえるという、同じ策略を用いはするが、それは別の動機からである。彼の話し相手たちにとって、課される論証があまりにも難しすぎるように彼には思われるからなのだ。架空の対話者たちはもちろん、意見の一致《ホモロギア》に到達するために必要な礼儀と知性とをそなえている。彼らの応答を演出するのは彼自身だからである。

かくして、われわれの三角形のこの頂点には、理論を理解するために、他の芸術にはないひとつのフィギュール、弟子のフィギュールがたてられることになる。弟子とは、第一に、修業する者——〔芸術家の〕仕事場に見出すことのできる者——ではなく、架空の対話者、礼儀正しさと力においては師と同等で、実際の知識においてのみ師に劣っている者、答謡者（apokrinomène)、つまり他の者すべてにぬきん出て正しい答えをする者の役割を果たす者のことである。師の年齢の半分ぐらいの若さで、師がただひとりの然るべき対話者として選ぶ者（これがギリシャ語 *αποκρινω* の意味するところでもある)。かくして、作品の効力が作用する三つの審級のうちのひとつが、無に帰してはしまわないまでも、少なくとも監視のもとに置かれることになる。問題となっているのは公衆の審級、芸術の力がそれに印づけることのできる位置ずらしを予測すること、制御すること、証明することが、おそらく最も容易ならざる——どんな劇作家でも、どんな画家でも、どんな音楽家でも、どんな政治家でも、それを知らない者はなく、それを怖れない者はないような——そうした審級である。今日ではほとんど大学の不可侵空間となっている或る特別な区域、スコラ的な区域が、こうして、同様に限定されることになる。この区域では、理論的言説であるところのこの架空の対話は、一般の公衆から、つまり彼らの「流行《モード》」や、彼らの近代性から庇護されて身を持することができるのである。

哲学的言説の受け手に関係しているこの条項を明確にし、推敲しておく方がよいだろう。特に、哲学的言説が行われる時と所で、この条項は必ず効力を発揮するはずだが、その逆ではないということを示しておくのが公正なやり方であろう。その結果、「訓育」の確立は、われわれが学んだプラトンのテクストが暗示しうるであろうように、理論芸術の訓練の第一の条件ではなく、「訓育」の確立と理論芸術とは同時に達成されるしかない。そしてこのことは重大な帰結を生まずにはいないだろう。こうした細部の不可欠の説明はまた場所を改めてなされるだろう。

だが、受け手の側における理論芸術作品に特有の効力とは何かということは、訓育の基準を以て測ることが夙に可能だということを銘記しておこう。つまり、受け手たちは必ず、自分が理論の送り手、すなわち理論家の位置を占めたいと思うようになるのである。聴衆の位置ずらしという観点から測られる哲学の力は、弟子が師匠になるという結果にはっきりと表れている。この点に関するこの芸術の特異性を強調する必要があるだろうか。かつていかなる画家も、いかなる政治家（政治的思想家とは私は言わない）も、自分の作品の受け手、つまり美術愛好家や市民たちが、画家になるとか、政治の道を選ぶとかいう結果で、自らの権力の大きさが測られるはずだなどと考えることはなかったのである。

だがこの方面へ探究を進めるよりむしろ、語用論的な三角形の他の二つの審級が、理論的言説のせいで被るにちがいない位置ずらしを手短かに示しておこう——とはいっても、ここでそれに関する理論をうちたてることはもちろん、然るべき描写をしたいと主張する気さえもないのだが。

二つの審級をまとめて扱うことをお許しいただきたい。その理由は後ほど明らかになろう。どんな芸術家であれ、その作品である言葉や音や立体などのオブジェを作り出すにあたって、そのオブジェはどこから見てもその明示的意味として指向されうるもののコピーである（あるべきだ）、と芸術家が考えてきたなどと思い込むのは大きな誤りにちがいない。また、この想定されたコピーがどれほど忠実にオリジナルを真似ているかによって作品の値打ちが判断される、ということを芸術家が認めてきたなどと想像することは、ますます大きな思い違い、あるいは誤りだろう。多くの芸術家たちの唇の端に、あるいは筆の下に、こうした勘違いを証するものを見出すことができると思う向きもあろう。しかし誰であれ彼らの仕事を理解しようとする人、あるいは彼らの仕事が丹念な模倣であると語る人々の中の幾人かでさえそうなのだが、それらの人々は、芸術家たちがオリジナルと名づけているものは、彼らが予見によって作り上げるその作品のモデルであり、企図であり、計画であり、見取図（何とでも呼んでいただけばよいが）にほかならないということを、すみやかに見てとるだろう。それはヴァレリーがいみじくも「人が望むところのもの」と呼んだものなのである。だがこの望みほど模倣的でないものはなく、これほど「気まま」なものはない。さもなければ作品は、先行する作品のただの引用《シタシオン》か暗唱《レシタシオン》になってしまうだろう。

〔オリジナルとコピーとの〕一致の問題におけるこの錯誤は、反対に、理論芸術においては恒常的事実である。それは、理論芸術がその言説の指向に、その受け手におしつけるのと同じぐらい奇妙な運命を受容させるからである。作品がどんな素材から出来ていようと、その指向対象としては作品の中で意味されるものしか存在しない、という原則を、他の諸芸術なら結構楽し気に——たとえそれが苦痛を伴うときでさえも——引き受けるところで、理論芸術はそれとは逆の仮説、すなわち、それについて語りうるるものからは独立した指向が理論的芸術には必要だ、という仮説を必要としていると思われる。それは「善のイデア」から「下部構造」とか「存在」に至る多くの呼び名をもった。だが「真」への権利を行使することのできた（あるいはこれからもできる）あらゆる体系、あるいは反‐体系は、その言語芸術作品とその作品がそれについて語っていることとの関係を逆転するという代償を払って初めて、そのことが可能になるだろう。

それらの体系にとっては、その言説の人為性――つまり、指向対象《レフェランス》を擬装し拵え上げるのは言葉の働きであるという、詩人や小説家によって認められ要求される事実――を、覆い隠すこと、観衆の目からはもちろん、自身の裡なる権威の目からも隠すことが必要なのだ。私ハ作ラナイ（non fingo）が、彼らの最も一般的な信条の項目である。哲学者たろうとする者は、芸術家としては（自分自身からをも含めて）知られないようにせねばならず、また、彼の言説を組織している擬装への意志を、指向の真実性への意志に変装させねばならないのは、まさにこの信条の項目のゆえなのである。

ところでこの、虚構《ノン・フィクション》ではないという虚構《フィクション》は、ひとつの同時的位置ずらしが件の三つの審級の最後のもの、つまり言表の送り手の審級に影響を与えることなしに起ることはない。というのも、もし指向を作り上げるのではなくそれを物語ることが理論作品に課されているのだとしたら、そしてもし創意に富むことではなく忠実であることが理論作品には必要なのだとしたら、理論家は理論家で、作者の役よりは聴き手の役を、最悪の場合には代弁者の役を演じなければならぬことになり、また、厳密な意味での権威が帰属するのは、彼の言説の指向対象そのものとなるだろうからである。

哲学的芸術が、語用論の三角形上でいかに奇妙な役割交代の動きをひき起しているかが、ざっとではあるがこれで分かる。言説の受け手として、師となる能力のある聴き手あるいは読み手を選ぶと同時に、この芸術は、師としてはただひとつの思考のみを認める。その対象の教えを自らが受け拝聴する用意があり、したがって自らその忠実な弟子となる思考。そして一方で、自らが語る内容に、自らの言説に優越する最高の権威を必ず与えるのである。

こうした記述は、宗教と理論の混同の上にうちたてられているとも言えよう。実際、この点に関しては両者の差異はないに等しい。ただひとつ異なっていると思われる点は、その対象によって理論的、哲学的、あるいは宗教的とさえ分類される言説が、自身の意志を対象のない意志と認めるか否か、また念入りに作り上げられた自分自身を言語素材で拵えられた虚構《フィクション》と認めるか否か、ということである。

たとえば、およそ一世紀来、数学と自然諸科学（と呼ばれているもの）とが、創意に富む技巧という自らの新しい地位にほぼ同意してきたことを、われわれは知っている。ついでに言えば、このことが、それら自然の諸科学から、昔、哲学者たちがその言説の中でこれらの学問に認めていた特権を奪いとり、さらにこうした言説から権威ある説得手段をいくらか取り上げてしまうことに、少なからず貢献したのである。だが、それだけではなく芸術作品に属しているというこの認識が率直に告白される場に、宗教と呼ぶにふさわしいものを見出すことさえ困難ではなかろう。数多の神々を崇める古代ギリシャ、とくに後期ギリシャやローマのさまざまな出来事についての「神話的」物語が、権威の諸規則――理論的言説に関してわれわれが今しがた述べたばかりの諸々の規則――に隷従していると想像することは、それらの出来事への理解を自ら拒否することになるだろう。われわれがここに集められた研究を「異教《パイエン》（多神教）の」と呼ぶことにしたのは、こうしたわけなのである。

われわれはこれらの研究が一冊の書物を形成するという振りをして見せた。さまざまなタイトルにもかかわらず、これらの研究が共通してもっているもの、それは、しかじかの言説、たとえば、ブロッホとビュトールの言説、マランによって注釈されたパスカルと、ゲランによって論ぜられたミシュレの言説、あるいは今日のサン゠キュロットたちと明日の女性たちの言説、といったように、どんなにちぐはぐなものに見えようとも、そうした言説に関して、そのそれぞれにおいて、真実を後ろ楯にしたものから、意志が自らに提起するものをふるいにかけ《デザンセレ》ようとする試みである。

これらの地位喪失《デザンセルシオン》、もっと言えばこれらの論文《ディセルタシオン》が、批判的射程を依然として保持し、いまだに理論的ジャンルに属しているように見えることはありうるだろう。おそらく。だがこれまで述べてきたことで多分お分かりいただけたと思うが、大切なのは理論や哲学を擬餌として罪に問うことではなく、またその暗い企みを真実の白日のもとにさらすことでもない。こうした告発は、間違いなく、告発されたジャンルに属するだろう。そんなことよりもむしろ、どのような、そしてどれくらい精巧な方法で、それらが芸術であるかを示すことが問題なのだ。この企図は、相変らず完璧に理論的であり批判的であるとも言えよう。したがって次のことをもう一度確認しておこう。哲学的芸術が作品の諸審級に課す位置ずらしを理解してもらうために、われわれが座標系として語用論の三角形の図式を用いるのは便宜上であって、その逆、つまり、雄弁術、政治的術策、あるいは詩芸術などにおいて自らが被る捩れを記述するために理論が認める、役割の分配に依拠する方法（たとえばプラトンが『メネクセース』の中でやったことである）にも同様に権威がある、ということも認められているのである。もしパガニスムなるものが存在するとすれば、それは、この場合、いかなる言説に対しても権威を認めぬこと、たとえそれが慎ましく認識論的な権威であっても、他者に対して決然とうちたてられた権威を認めぬこと、このことの中になのだ。信仰の数は多く、その各々は、競争者を、あるいは除外、あるいは包摂することによって勝利しようとしのぎを削っている。だが、語られた内容で勝負が決すると考えることと、自らのパースペクティヴを強制する作品の中により強い意志を認めることとは、別なのである。前者のうちに後者を認める者こそ、異教徒《パイエン》である。かくのごときが、無作法なのである。

訳者あとがき

本書は、Jean-François Lyotard, *Rudiments païens——genre dissertatif*, 10/18, UGF, 1977 の全訳である。さまざまな折に発表された七篇の論文に、最終章（第八章「無作法についての論考」）と序文（「御批評無用」）が本書のために新たに書き加えられたものである。

七篇の論文の、発表された折の原題とその発表の状況、年度等をテキスト目次の註記にしたがって記しておく。

第一章「理論における無感動（Apathie dans la théorie）」。原題「理論的無感動について（De l'apathie théorique）」『クリティック』誌、三三三号、一九七五年二月。

第二章「記号神学におけるユーモア（Humour en sémiothéologie）」。原題「印しは聖体のパンであるということ、そしてその逆、また、いかにしてそれを厄介払いするか（Que le signe est hostie, et l'inverse ; et comment s'en débarrasser）」『クリティック』誌、三四二号、一九七六年十月。

第三章「神‐政治学における逆《さか》ねじ（Rétorsion en théopolitique）」。原題「痕跡の潜在力、あるいは異教史へのエルンスト・ブロッホの寄与（Puissance des traces, ou contribution de Ernst Bloch à une histoire païenne）」、『エルンスト・ブロッホに依る理想的マルクス主義（*Utopie-Marxisme selon Ernst Bloch*）』、ジェラール・ローレ（Gérard Raulet）編纂の献呈論文集、政治批評叢書、一九七六年、Payot.

第四章「文学における逃げ（Faux-fuyant dans la littérature）」。原題「切り分けられた告解、ビュトール（La Confession coupée, *Butor*）」『スリジー・コロキュウム報告論集（*Colloque de Cerisy*）』、ジョルジュ・ライヤール（Georges Raillard）監修、一九七四年、10/18, UGE.

第五章「デカダンスの時代における策略（Expédient dans la décadence）」。原題「デカダンスおよびそれに関わる少数派の論争、それらをめぐる小展望（Petite mise en perspective de la décadence et de quelques combats minoritaires à y mener）」『哲学のポリティーク（*Politiques de la Philosophie*）』、ドミニック・グリゾニ（Dominique Grisoni）編集の論文集、フィギュール叢書、一九七六年、Grasset.

第六章「革命における無意味（Futilité en révolution）」。原題「異教史への予備的諸考察——非キリスト教化に関する二、三の覚書（Considérations préliminaires à une histoire païenne : Notes sur la déchristianisation）」『足枷なき美学のために（*Vers une esthétique sans entrave*）』、ジルベール・ラスコー（Gilbert Lascault）監修、ミケル・デュフレンヌ（Mikel Dufrenne）記念論文集、一九七五年、10/18, UGE.

第七章「メタ言語における女性性（Féminité dans la métalangue）」。原題「フェミニスムの戦いにおいて何が争われているのか（Che cosa è in gioco nelle lotte feministe）」『年報、一九七六』、一九七六年、ヴェネチア・ビエンナーレ、現代美術歴史資料館監修。

それ自身型通りの論文調（genre dissertatif）であることを自ら認めてもいるこの論文集『異教入門』の目指すものは何か。論文（dissertation）とは観念や推論の糸目をみつけ、糸筋をつけること、要するに糸を紡ぎ、糸を綴り（disserere）布帛を織り上げることである。織り上げられた織布が完成された論文となる。

これら七篇の論文を貫く縦糸は「理論あるいは批判のジャンルに別れを告げる」ことである。別れを告げるとはしかし、黙することを意味するのでは決してない。それら七篇の論文は、論文による論文の超克、テクストに依拠し、批判としての理論の中にとどまりつつ、なおそれらテクストの「無作法な利用」を試みようとするものである。「無作法な利用」を通して、テクストそのものの存在を揺がすのがその目的である。

「無作法な利用」とは何か。

言語を同じく表現手段としてはいるが、理論的芸術としての哲学的言説にあっては、物語学者のいう三つの審級、語り手の審級、受け手の審級、物語（叙述）の審級に関して、他の言語芸術とは異なる相が示されている。哲学的芸術における受け手の審級は、ソクラテス以来、弟子と呼ばれる人物がそれを引き受けさせられている。かくて作品が働きかける三つの審級のうちのひとつが「監視下」におかれることになる。

しかし三角形の三つの頂点のうちの一つのこうした変化は、当然、他の二点にも影響を及ぼす。叙述の審級では、他の芸術においてはより重んじられている「いかに」とは別の独立した指向、虚構ではない指向の真実性への意志、「真」であるという自信と確信の権威が重視される。そしてこの権威と自負こそが、弟子の審級とその監視を可能にし、大学における哲学という学問の聖域、不可侵空間を形成する。

最後に、この「虚構でないという虚構」が残りの審級、理論的言表の送り手の審級にも影響を与える。そこでは創意ではなく、忠実であることこそが強く求められることになる。送り手は指向を創りあげるのではなく、指向の聞き手として、その代弁者の役を引き受けることになる。「厳密な意味での権威が帰属するのは、（送り手ではなく）彼の言説の指向そのものとなる」からである。

かくて哲学的芸術が、語用論の三角形に関し、きわめて奇妙な役割交代を惹起していることが理解される。このとき、そうした言説、理論的芸術に関して、真実を後楯にし、語られた内容で勝負が決すると考えられているものと、意志が自らに提起し、自らのパースペクティブを主張すると考えられているものとの間に糸目をみつけ、糸筋をつけ、両者をふるいにかけ、前者のうちにおいてなお後者を見出す者こそが、異教徒《パイエン》である。「虚構ではない」と強硬に主張するところに虚構を見出し、結局のところいかに精巧な方法であれ、それらもまた「芸術」でしかありえないということを示すことこそ、それらテキストの「無作法な利用」である。

粗ら梳きの紡ぎ糸で織られたこれら七篇の論文の横糸はさまざまな固有名詞、フロイト（一章）、ルイ・マランとパスカル（二章）、エルンスト・ブロッホ（三章）、ビュトール（四章）、ニーチェ（五章）、ゲランとミシュレ（六章）そして孫子（七章）とそれら固有名詞が伴う普通名詞とである。

七篇の論文は、これら固有名詞と普通名詞とを横糸に、それら横糸を「無作法に利用」することで織り上げられた織布である。

紡織の工程、機織りの技の程は、目の前にひろげられた織布から窺えもする。織布をみれば、織工の技と心の在り処がみえるという。テキストにとっての無作法（inconvenant）は他方、引用する者、リオタールにとっての都合、作法（convenant）ということにもなる。このことはしかしまた、織布を前にしてみえているのは、織工の心の在り処であるとともに、それをみる者の心の在り処でもあるということを意味してもいる。

翻訳の経過を記しておく。

各章の分担は、序文と七章が山縣熙、一・二・五章が小野康男、三・四章が申允成、六・八章が山縣直子である。原稿および初校の段階で小野康男を中心に、山縣直子がそれに協力する形で、訳語の統一等全体をチェックした。再校および三校の段階では、山縣直子が最終的な訂正、統一を行なった。

法政大学出版局の前編集長・稲義人氏にこの翻訳を依頼されてから長い時間が経過した。訳書の刊行がこのように遅れたことの責任の大半はわれわれ訳者、ことに山縣熙にある。稲氏の退任に間に合わなかったことを恥じるとともにお詫びしたい。

この訳書がこうして形を成すには、藤田信行氏の忍耐に負うところが多い。変らぬ感謝の気持を記しておきたい。

一九九九年　秋

山縣　熙

《叢書・ウニベルシタス　664》
異教入門
2000年３月25日　初版第１刷発行

J.-F. リオタール
山縣　熙／小野康男
申　允成／山縣直子　訳
発行所　財団法人　法政大学出版局
〒102-0073 東京都千代田区九段北3-2-7
電話03(5214)5540/振替00160-6-95814
製版, 印刷　平文社／鈴木製本所

Printed in Japan

ISBN4-588-00664-9

著者

ジャン＝フランソワ・リオタール

1924年，ヴェルサイユに生まれる．現象学とマルクス（そして後にフロイト）を思想的源泉とし，それらの批判的再検討を通じて政治，経済，哲学，美学など多方面にわたる理論的・実践的活動を展開し，20世紀後半のフランスを代表する思想家・哲学者として広く知られている．パリ（第八）大学教授を経て，国際哲学学院長等をつとめた．『現象学』(54) を著したのち，アルジェリアでマルクス主義の内部批判グループ「社会主義か野蛮か」に参加，戦闘的マルクス主義者として実践活動に従う．グループの内部分裂を機にパリに戻り，マルクス研究に精力的に取り組む．68年の五月革命に積極的に身を投じ，その体験のなかから，彼の思想的総決算ともいうべき『ディスクール，フィギュール』(71) および『マルクスとフロイトからの漂流』(73) を著して思想的跳躍の基盤を固め，さらに『リビドー経済』(74) によって独自の哲学を構築した．1998年 4 月死去．邦訳書に『リビドー経済』，『知識人の終焉』(84)，『文の抗争』(85)，『熱狂』(86)，『遍歴』(88) などがある〔以上，法政大学出版局刊〕．

訳者

山縣　熙（やまがた ひろし）

1938年生まれ．東京大学大学院博士課程修了（美学専攻）．神戸大学文学部教授．訳書：M. デュフレンヌ『人間の復権をもとめて』，P. ブルデュー『写真論』(共訳)（以上，法政大学出版局）

小野康男（おの やすお）

1953年生まれ．神戸大学大学院博士課程修了（芸術学専攻）．横浜国立大学助教授．訳書：H. ヒバード『ミケランジェロ』(共訳)，リオタール『文の抗争』(共訳)，同『遍歴』(以上，法政大学出版局)

申　允成（しん ゆんそん）

1951年生まれ．神戸大学大学院博士課程修了（仏文学専攻）．神戸大学非常勤講師．

山縣直子（やまがた なおこ）

1947年生まれ．京都大学大学院博士課程修了（仏文学専攻）．甲南女子大学非常勤講師．訳書：L. ベルサーニ『ボードレールとフロイト』，P. ブルデュー『写真論』(共訳)（以上，法政大学出版局）

叢書・ウニベルシタス

				(頁)
1	芸術はなぜ必要か	E.フィッシャー／河野徹訳	品切	30
2	空と夢〈運動の想像力にかんする試論〉	G.バシュラール／宇佐見英治訳		44
3	グロテスクなもの	W.カイザー／竹内豊治訳		31
4	塹壕の思想	T.E.ヒューム／長谷川鉱平訳		31
5	言葉の秘密	E.ユンガー／菅谷規矩雄訳		17
6	論理哲学論考	L.ヴィトゲンシュタイン／藤本，坂井訳		35
7	アナキズムの哲学	H.リード／大沢正道訳		31
8	ソクラテスの死	R.グアルディーニ／山村直資訳		36
9	詩学の根本概念	E.シュタイガー／高橋英夫訳		33
10	科学の科学〈科学技術時代の社会〉	M.ゴールドスミス，A.マカイ編／是永純弘訳		34
11	科学の射程	C.F.ヴァイツゼカー／野田，金子訳		27
12	ガリレオをめぐって	オルテガ・イ・ガセット／マタイス，佐々木訳		29
13	幻影と現実〈詩の源泉の研究〉	C.コードウェル／長谷川鉱平訳		41
14	聖と俗〈宗教的なるものの本質について〉	M.エリアーデ／風間敏夫訳		28
15	美と弁証法	G.ルカッチ／良知，池田，小箕訳		37
16	モラルと犯罪	K.クラウス／小松太郎訳		21
17	ハーバート・リード自伝	北條文緒訳		46
18	マルクスとヘーゲル	J.イッポリット／宇津木，田口訳	品切	25
19	プリズム〈文化批判と社会〉	Th.W.アドルノ／竹内，山村，板倉訳		24
20	メランコリア	R.カスナー／塚越敏訳		38
21	キリスト教の苦悶	M.de ウナムーノ／神吉，佐々木訳		20
22	アインシュタイン ゾンマーフェルト往復書簡	A.ヘルマン編／小林，坂口訳	品切	19
23 24	群衆と権力（上・下）	E.カネッティ／岩田行一訳		44 35
25	問いと反問〈芸術論集〉	W.ヴォリンガー／土肥美夫訳		27
26	感覚の分析	E.マッハ／須藤，廣松訳		38
27 28	批判的モデル集（I・II）	Th.W.アドルノ／大久保健治訳	〈品切 品切〉	I 23 II 27
29	欲望の現象学	R.ジラール／古田幸男訳		37
30	芸術の内面への旅	E.ヘラー／河原，杉浦，渡辺訳	品切	28
31	言語起源論	ヘルダー／大阪大学ドイツ近代文学研究会訳		27
32	宗教の自然史	D.ヒューム／福鎌，斎藤訳		14
33	プロメテウス〈ギリシア人の解した人間存在〉	K.ケレーニイ／辻村誠三訳	品切	26
34	人格とアナーキー	E.ムーニエ／山崎，佐藤訳		29
35	哲学の根本問題	E.ブロッホ／竹内豊治訳		19
36	自然と美学〈形体・美・芸術〉	R.カイヨワ／山口三夫訳		11
37 38	歴史論（I・II）	G.マン／加藤，宮野訳	I・品切 II・品切	27 20
39	マルクスの自然概念	A.シュミット／元浜清海訳		31
40	書物の本〈西欧の書物と文化の歴史．書物の美学〉	H.プレッサー／轡田収訳		44
41 42	現代への序説（上・下）	H.ルフェーヴル／宗，古田監訳		22 29
43	約束の地を見つめて	E.フォール／古田幸男訳		32
44	スペクタクルと社会	J.デュビニョー／渡辺淳訳	品切	18
45	芸術と神話	E.グラッシ／榎本久彦訳		26
46	古きものと新しきもの	M.ロベール／城山，島，円子訳		31
47	国家の起源	R.H.ローウィ／古賀英三郎訳		20
48	人間と死	E.モラン／古田幸男訳		44
49	プルーストとシーニュ（増補版）	G.ドゥルーズ／宇波彰訳		25
50	文明の滴定〈科学技術と中国の社会〉	J.ニーダム／橋本敬造訳	品切	45
51	プスタの民	I.ジュラ／加藤二郎訳		38

				(頁)
52 53	社会学的思考の流れ（I・II）	R.アロン／北川，平野，他訳		350 392
54	ベルクソンの哲学	G.ドゥルーズ／宇波彰訳		142
55	第三帝国の言語LTI〈ある言語学者のノート〉	V.クレムペラー／羽田，藤平，赤井，中村訳	品切	442
56	古代の芸術と祭祀	J.E.ハリスン／星野徹訳		222
57	ブルジョワ精神の起源	B.グレトゥイゼン／野沢協訳		394
58	カントと物自体	E.アディッケス／赤松常弘訳		300
59	哲学的素描	S.K.ランガー／塚本，星野訳		250
60	レーモン・ルーセル	M.フーコー／豊崎光一訳		268
61	宗教とエロス	W.シューバルト／石川，平田，山本訳	品切	398
62	ドイツ悲劇の根源	W.ベンヤミン／川村，三城訳		316
63	鍛えられた心〈強制収容所における心理と行動〉	B.ベテルハイム／丸山修吉訳		340
64	失われた範列〈人間の自然性〉	E.モラン／古田幸男訳		308
65	キリスト教の起源	K.カウツキー／栗原佑訳		534
66	ブーバーとの対話	W.クラフト／板倉敏之訳		206
67	プロデメの変貌〈フランスのコミューン〉	E.モラン／宇波彰訳		450
68	モンテスキューとルソー	E.デュルケーム／小関，川喜多訳	品切	312
69	芸術と文明	K.クラーク／河野徹訳		680
70	自然宗教に関する対話	D.ヒューム／福鎌，斎藤訳		196
71 72	キリスト教の中の無神論（上・下）	E.ブロッホ／竹内，高尾訳		234 304
73	ルカーチとハイデガー	L.ゴルドマン／川俣晃自訳		308
74	断　想　1942—1948	E.カネッティ／岩田行一訳		286
75 76	文明化の過程（上・下）	N.エリアス／吉田，中村，波田，他訳		466 504
77	ロマンスとリアリズム	C.コードウェル／玉井，深井，山本訳		238
78	歴史と構造	A.シュミット／花崎皋平訳		192
79 80	エクリチュールと差異（上・下）	J.デリダ／若桑，野村，阪上，三好，他訳		378 296
81	時間と空間	E.マッハ／野家啓一編訳		258
82	マルクス主義と人格の理論	L.セーヴ／大津真作訳		708
83	ジャン=ジャック・ルソー	B.グレトゥイゼン／小池健男訳		394
84	ヨーロッパ精神の危機	P.アザール／野沢協訳		772
85	カフカ〈マイナー文学のために〉	G.ドゥルーズ，F.ガタリ／宇波，岩田訳		210
86	群衆の心理	H.ブロッホ／入野田，小崎，小岸訳	品切	580
87	ミニマ・モラリア	Th.W.アドルノ／三光長治訳		430
88 89	夢と人間社会（上・下）	R.カイヨワ，他／三好郁郎，他訳		374 340
90	自由の構造	C.ベイ／横越英一訳		744
91	1848年〈二月革命の精神史〉	J.カスー／野沢協，他訳		326
92	自然の統一	C.F.ヴァイツゼカー／斎藤，河井訳	品切	560
93	現代戯曲の理論	P.ションディ／市村，丸山訳	品切	250
94	百科全書の起源	F.ヴェントゥーリ／大津真作訳	品切	324
95	推測と反駁〈科学的知識の発展〉	K.R.ポパー／藤本，石垣，森訳		816
96	中世の共産主義	K.カウツキー／栗原佑訳		400
97	批評の解剖	N.フライ／海老根，中村，出淵，山内訳		580
98	あるユダヤ人の肖像	A.メンミ／菊地，白井訳		396
99	分類の未開形態	E.デュルケーム／小関藤一郎訳	品切	232
100	永遠に女性的なるもの	H.ド・リュバック／山崎庸一郎訳		360
101	ギリシア神話の本質	G.S.カーク／吉田，辻村，松田訳	品切	390
102	精神分析における象徴界	G.ロゾラート／佐々木孝次訳		508
103	物の体系〈記号の消費〉	J.ボードリヤール／宇波彰訳		280

				(頁)
53	エクスタシーの人類学	I.M.ルイス／平沼孝之訳		352
54	ヘンリー・ムア	J.ラッセル／福田真一訳		340
55	誘惑の戦略	J.ボードリヤール／宇波彰訳		260
56	ユダヤ神秘主義	G.ショーレム／山下, 石丸, 他訳		644
57	蜂の寓話〈私悪すなわち公益〉	B.マンデヴィル／泉谷治訳		412
58	アーリア神話	L.ポリアコフ／アーリア主義研究会訳		544
59	ロベスピエールの影	P.ガスカール／佐藤和生訳		440
60	元型の空間	E.ゾラ／丸小哲雄訳		336
61	神秘主義の探究〈方法論的考察〉	E.スタール／宮元啓一, 他訳		362
62	放浪のユダヤ人〈ロート・エッセイ集〉	J.ロート／平田, 吉田訳		344
63	ルフー，あるいは取壊し	J.アメリー／神崎巌訳		250
64	大世界劇場〈宮廷祝宴の時代〉	R.アレヴィン, K.ゼルツレ／円子修平訳	品切	200
65	情念の政治経済学	A.ハーシュマン／佐々木, 旦訳		192
66	メモワール〈1940-44〉	レミ／築島謙三訳		520
67	ギリシア人は神話を信じたか	P.ヴェーヌ／大津真作訳	品切	340
68	ミメーシスの文学と人類学	R.ジラール／浅野敏夫訳		410
69	カバラとその象徴的表現	G.ショーレム／岡部, 小岸訳		340
70	身代りの山羊	R.ジラール／織田, 富永訳	品切	384
71	人間〈その本性および世界における位置〉	A.ゲーレン／平野具男訳	品切	608
72	コミュニケーション〈ヘルメスＩ〉	M.セール／豊田, 青木訳		358
73	道　化〈つまずきの現象学〉	G.v.バルレーヴェン／片岡啓治訳	品切	260
74	いま，ここで〈アウシュヴィッツとヒロシマ以後の哲学的考察〉	G.ピヒト／斎藤, 浅野, 大野, 河井訳		600
75 76 77	真理と方法〔全三冊〕	H.-G.ガダマー／轡田, 麻生, 三島, 他訳	I・ II・ III・	350
78	時間と他者	E.レヴィナス／原田佳彦訳		140
79	構成の詩学	B.ウスペンスキイ／川崎, 大石訳	品切	282
80	サン=シモン主義の歴史	S.シャルレティ／沢崎, 小杉訳		528
81	歴史と文芸批評	G.デルフォ, A.ロッシュ／川中子弘訳		472
82	ミケランジェロ	H.ヒバード／中山, 小野訳	品切	578
83	観念と物質〈思考・経済・社会〉	M.ゴドリエ／山内昶訳		340
84	四つ裂きの刑	E.M.シオラン／金井裕訳		234
85	キッチュの心理学	A.モル／万沢正美訳		344
86	領野の漂流	J.ヴィヤール／山下俊一訳		226
87	イデオロギーと想像力	G.C.カバト／小箕俊介訳		300
88	国家の起源と伝承〈古代インド社会史論〉	R.=ターパル／山崎, 成澤訳		322
89	ベルナール師匠の秘密	P.ガスカール／佐藤和生訳		374
90	神の存在論的証明	D.ヘンリッヒ／本間, 須田, 座小田, 他訳		456
91	アンチ・エコノミクス	J.アタリ, M.ギヨーム／斎藤, 安孫子訳		322
92	クローチェ政治哲学論集	B.クローチェ／上村忠男編訳		188
93	フィヒテの根源的洞察	D.ヘンリッヒ／座小田, 小松訳		184
94	哲学の起源	オルテガ・イ・ガセット／佐々木孝訳	品切	224
95	ニュートン力学の形成	ベー・エム・ゲッセン／秋間実, 他訳		312
96	遊びの遊び	J.デュビニョー／渡辺淳訳	品切	160
97	技術時代の魂の危機	A.ゲーレン／平野具男訳	品切	222
98	儀礼としての相互行為	E.ゴッフマン／広瀬, 安江訳	品切	376
99	他者の記号学〈アメリカ大陸の征服〉	T.トドロフ／及川, 大谷, 菊地訳		370
100	カント政治哲学の講義	H.アーレント著, R.ベイナー編／浜田監訳		302
101	人類学と文化記号論	M.サーリンズ／山内昶訳		354
102	ロンドン散策	F.トリスタン／小杉, 浜本訳		484

				(頁)
203	秩序と無秩序	J.-P.デュピュイ／古田幸男訳		324
204	象徴の理論	T.トドロフ／及川馥, 他訳		536
205	資本とその分身	M.ギヨーム／斉藤日出治訳		240
206	干　渉〈ヘルメスII〉	M.セール／豊田彰訳		276
207	自らに手をくだし〈自死について〉	J.アメリー／大河内了義訳		222
208	フランス人とイギリス人	R.フェイバー／北條, 大島訳	品切	304
209	カーニバル〈その歴史的・文化的考察〉	J.カロ・バロッハ／佐々木孝訳	品切	622
210	フッサール現象学	A.F.アグィーレ／川島, 工藤, 林訳		232
211	文明の試練	J.M.カディヒィ／塚本, 秋山, 寺西, 島訳		538
212	内なる光景	J.ポミエ／角山, 池部訳		526
213	人間の原型と現代の文化	A.ゲーレン／池井望訳		422
214	ギリシアの光と神々	K.ケレーニイ／円子修平訳		178
215	初めに愛があった〈精神分析と信仰〉	J.クリステヴァ／枝川昌雄訳		146
216	バロックとロココ	W.v.ニーベルシュッツ／竹内章訳		164
217	誰がモーセを殺したか	S.A.ハンデルマン／山形和美訳		514
218	メランコリーと社会	W.レペニース／岩田, 小竹訳		380
219	意味の論理学	G.ドゥルーズ／岡田, 宇波訳		460
220	新しい文化のために	P.ニザン／木内孝訳		352
221	現代心理論集	P.ブールジェ／平岡, 伊藤訳		362
222	パラジット〈寄食者の論理〉	M.セール／及川, 米山訳		466
223	虐殺された鳩〈暴力と国家〉	H.ラボリ／川中子弘訳		240
224	具象空間の認識論〈反・解釈学〉	F.ダゴニェ／金森修訳		300
225	正常と病理	G.カンギレム／滝沢武久訳		320
226	フランス革命論	J.G.フィヒテ／桝田啓三郎訳		396
227	クロード・レヴィ=ストロース	O.パス／鼓, 木村訳		160
228	バロックの生活	P.ラーンシュタイン／波田節夫訳		52
229	うわさ〈もっとも古いメディア〉増補版	J.-N.カプフェレ／古田幸男訳		394
230	後期資本制社会システム	C.オッフェ／寿福真美編訳		358
231	ガリレオ研究	A.コイレ／菅谷曉訳	品切	482
232	アメリカ	J.ボードリヤール／田中正人訳		220
233	意識ある科学	E.モラン／村上光彦訳		40
234	分子革命〈欲望社会のミクロ分析〉	F.ガタリ／杉村昌昭訳		346
235	火, そして霧の中の信号—ゾラ	M.セール／寺田光徳訳		568
236	煉獄の誕生	J.ル・ゴッフ／渡辺, 内田訳		698
237	サハラの夏	E.フロマンタン／川端康夫訳		33
238	パリの悪魔	P.ガスカール／佐藤和夫訳		25
239 240	自然の人間的歴史(上・下)	S.モスコヴィッシ／大津真作訳		上・49 下・39
241	ドン・キホーテ頌	P.アザール／円子千代訳	品切	34
242	ユートピアへの勇気	G.ピヒト／河井徳治訳		20
243	現代社会とストレス〔原書改訂版〕	H.セリエ／杉, 田多井, 藤井, 竹宮訳		48
244	知識人の終焉	J.-F.リオタール／原田佳彦, 他訳		14
245	オマージュの試み	E.M.シオラン／金井裕訳		15
246	科学の時代における理性	H.-G.ガダマー／本間, 座小田訳		15
247	イタリア人の太古の知恵	G.ヴィーコ／上村忠男訳		19
248	ヨーロッパを考える	E.モラン／林　勝一訳		23
249	労働の現象学	J.-L.プチ／今村, 松島訳		38
250	ポール・ニザン	Y.イシャグプール／川俣晃自訳		35
251	政治的判断力	R.ベイナー／浜田義文監訳		31
252	知覚の本性〈初期論文集〉	メルロ=ポンティ／加賀野井秀一訳		15

				(頁)
253	言語の牢獄	F.ジェームソン／川口喬一訳		292
254	失望と参画の現象学	A.O.ハーシュマン／佐々木，杉田訳		204
255	はかない幸福—ルソー	T.トドロフ／及川馥訳		162
256	大学制度の社会史	H.W.プラール／山本尤訳		408
257 258	ドイツ文学の社会史（上・下）	J.ベルク，他／山本，三島，保坂，鈴木訳		上・766 下・648
259	アランとルソー〈教育哲学試論〉	A.カルネック／安斎，並木訳		304
260	都市・階級・権力	M.カステル／石川淳志監訳		296
261	古代ギリシア人	M.I.フィンレー／山形和美訳	品切	296
262	象徴表現と解釈	T.トドロフ／小林，及川訳		244
263	声の回復〈回想の試み〉	L.マラン／梶野吉郎訳		246
264	反射概念の形成	G.カンギレム／金森修訳		304
265	芸術の手相	G.ピコン／末永照和訳		294
266	エチュード〈初期認識論集〉	G.バシュラール／及川馥訳		166
267	邪な人々の昔の道	R.ジラール／小池健男訳		270
268	〈誠実〉と〈ほんもの〉	L.トリリング／野島秀勝訳		264
269	文の抗争	J.-F.リオタール／陸井四郎，他訳		410
270	フランス革命と芸術	J.スタロバンスキー／井上尭裕訳		286
271	野生人とコンピューター	J.-M.ドムナック／古田幸男訳		228
272	人間と自然界	K.トマス／山内昶，他訳		618
273	資本論をどう読むか	J.ビデ／今村仁司，他訳		450
274	中世の旅	N.オーラー／藤代幸一訳		488
275	変化の言語〈治療コミュニケーションの原理〉	P.ワツラウィック／築島謙三訳		212
276	精神の売春としての政治	T.クンナス／木戸，佐々木訳		258
277	スウィフト政治・宗教論集	J.スウィフト／中野，海保訳		490
278	現実とその分身	C.ロセ／金井裕訳		168
279	中世の高利貸	J.ル・ゴッフ／渡辺香根夫訳		170
280	カルデロンの芸術	M.コメレル／岡部仁訳		270
281	他者の言語〈デリダの日本講演〉	J.デリダ／高橋允昭編訳		406
282	ショーペンハウアー	R.ザフランスキー／山本尤訳		646
283	フロイトと人間の魂	B.ベテルハイム／藤瀬恭子訳		174
284	熱　狂〈カントの歴史批判〉	J.-F.リオタール／中島盛夫訳		210
285	カール・カウツキー 1854-1938	G.P.スティーンソン／時永，河野訳		496
286	形而上学と神の思想	W.パネンベルク／座小田，諸岡訳		186
287	ドイツ零年	E.モラン／古田幸男訳		364
288	物の地獄〈ルネ・ジラールと経済の論理〉	デュムシェル，デュピュイ／織田，富永訳		320
289	ヴィーコ自叙伝	G.ヴィーコ／福鎌忠恕訳	品切	448
290	写真論〈その社会的効用〉	P.ブルデュー／山縣熙，山縣直子訳		438
291	戦争と平和	S.ボク／大沢正道訳		224
292	意味と意味の発展	R.A.ウォルドロン／築島謙三訳		294
293	生態平和とアナーキー	U.リンゼ／内田，杉村訳		270
294	小説の精神	M.クンデラ／金井，浅野訳		208
295	フィヒテ-シェリング往復書簡	W.シュルツ解説／座小田，後藤訳		220
296	出来事と危機の社会学	E.モラン／浜名，福井訳		622
297	宮廷風恋愛の技術	A.カペルラヌス／野島秀勝訳		334
298	野蛮〈科学主義の独裁と文化の危機〉	M.アンリ／山形，望月訳		292
299	宿命の戦略	J.ボードリヤール／竹原あき子訳		260
300	ヨーロッパの日記	G.R.ホッケ／石丸，柴田，信岡訳		1330
301	記号と夢想〈演劇と祝祭についての考察〉	A.シモン／岩瀬孝監修．佐藤，伊藤，他訳		388
302	手と精神	J.ブラン／中村文郎訳		284

				(頁)
303	平等原理と社会主義	L.シュタイン／石川, 石塚, 柴田訳		676
304	死にゆく者の孤独	N.エリアス／中居実訳		150
305	知識人の黄昏	W.シヴェルブシュ／初見基訳		240
306	トマス・ペイン〈社会思想家の生涯〉	A.J.エイヤー／大熊昭信訳		378
307	われらのヨーロッパ	F.ヘール／杉浦健之訳		614
308	機械状無意識〈スキゾ-分析〉	F.ガタリ／高岡幸一訳		426
309	聖なる真理の破壊	H.ブルーム／山形和美訳		400
310	諸科学の機能と人間の意義	E.パーチ／上村忠男監訳		552
311	翻　訳〈ヘルメスIII〉	M.セール／豊田, 輪田訳		404
312	分　布〈ヘルメスIV〉	M.セール／豊田彰訳		440
313	外国人	J.クリステヴァ／池田和子訳		284
314	マルクス	M.アンリ／杉山, 水野訳	品切	612
315	過去からの警告	E.シャルガフ／山本, 内藤訳		308
316	面・表面・界面〈一般表層論〉	F.ダゴニェ／金森, 今野訳		338
317	アメリカのサムライ	F.G.ノートヘルファー／飛鳥井雅道訳		512
318	社会主義か野蛮か	C.カストリアディス／江口幹訳		490
319	遍　歴〈法, 形式, 出来事〉	J.-F.リオタール／小野康男訳		200
320	世界としての夢	D.ウスラー／谷　徹訳		566
321	スピノザと表現の問題	G.ドゥルーズ／工藤, 小柴, 小谷訳		460
322	裸体とはじらいの文化史	H.P.デュル／藤代, 三谷訳		572
323	五　感〈混合体の哲学〉	M.セール／米山親能訳		582
324	惑星軌道論	G.W.F.ヘーゲル／村上恭一訳		250
325	ナチズムと私の生活〈仙台からの告発〉	K.レーヴィット／秋間実訳		334
326	ベンヤミン-ショーレム往復書簡	G.ショーレム編／山本尤訳		440
327	イマヌエル・カント	O.ヘッフェ／薮木栄夫訳		374
328	北西航路〈ヘルメスV〉	M.セール／青木研二訳		260
329	聖杯と剣	R.アイスラー／野島秀勝訳		486
330	ユダヤ人国家	Th.ヘルツル／佐藤康彦訳		206
331	十七世紀イギリスの宗教と政治	C.ヒル／小野功生訳		586
332	方　法　2. 生命の生命	E.モラン／大津真作訳		838
333	ヴォルテール	A.J.エイヤー／中川, 吉岡訳		268
334	哲学の自食症候群	J.ブーヴレス／大平具彦訳		266
335	人間学批判	レペニース, ノルテ／小竹澄栄訳		214
336	自伝のかたち	W.C.スペンジマン／船倉正憲訳		384
337	ポストモダニズムの政治学	L.ハッチオン／川口喬一訳		332
338	アインシュタインと科学革命	L.S.フォイヤー／村上, 成定, 大谷訳		474
339	ニーチェ	G.ピヒト／青木隆嘉訳		562
340	科学史・科学哲学研究	G.カンギレム／金森修監訳		674
341	貨幣の暴力	アグリエッタ, オルレアン／井上, 斉藤訳		506
342	象徴としての円	M.ルルカー／竹内章訳		186
343	ベルリンからエルサレムへ	G.ショーレム／岡部仁訳		226
344	批評の批評	T.トドロフ／及川, 小林訳		298
345	ソシュール講義録注解	F.de　ソシュール／前田英樹・訳注		204
346	歴史とデカダンス	P.ショーニュー／大谷尚文訳		552
347	続・いま, ここで	G.ピヒト／斎藤, 大野, 福島, 浅野訳		580
348	バフチン以後	D.ロッジ／伊藤誓訳		410
349	再生の女神セドナ	H.P.デュル／原研二訳		622
350	宗教と魔術の衰退	K.トマス／荒木正純訳		1412
351	神の思想と人間の自由	W.パネンベルク／座小田, 諸岡訳		186

				(頁)
352	倫理・政治的ディスクール	O.ヘッフェ／青木隆嘉訳		312
353	モーツァルト	N.エリアス／青木隆嘉訳		198
354	参加と距離化	N.エリアス／波田,道籏訳		276
355	二十世紀からの脱出	E.モラン／秋枝茂夫訳		384
356	無限の二重化	W.メニングハウス／伊藤秀一訳		350
357	フッサール現象学の直観理論	E.レヴィナス／佐藤,桑野訳		506
358	始まりの現象	E.W.サイード／山形,小林訳		684
359	サテュリコン	H.P.デュル／原研二訳		258
360	芸術と疎外	H.リード／増渕正史訳	品切	262
361	科学的理性批判	K.ヒュプナー／神野,中才,熊谷訳		476
362	科学と懐疑論	J.ワトキンス／中才敏郎訳		354
363	生きものの迷路	A.モール,E.ロメル／古田幸男訳		240
364	意味と力	G.バランディエ／小関藤一郎訳		406
365	十八世紀の文人科学者たち	W.レペニース／小川さくえ訳		182
366	結晶と煙のあいだ	H.アトラン／阪上脩訳		376
367	生への闘争〈闘争本能・性・意識〉	W.J.オング／高柳,橋爪訳		326
368	レンブラントとイタリア・ルネサンス	K.クラーク／尾崎,芳野訳		334
369	権力の批判	A.ホネット／河上倫逸監訳		476
370	失われた美学〈マルクスとアヴァンギャルド〉	M.A.ローズ／長田,池田,長野,長田訳		332
371	ディオニュソス	M.ドゥティエンヌ／及川,吉岡訳		164
372	メディアの理論	F.イングリス／伊藤,磯山訳		380
373	生き残ること	B.ベテルハイム／高尾利数訳		646
374	バイオエシックス	F.ダゴニェ／金森,松浦訳		316
375 376	エディプスの謎（上・下）	N.ビショッフ／藤代,井本,他訳		上・450 下・464
377	重大な疑問〈懐疑的省察録〉	E.シャルガフ／山形,小野,他訳		404
378	中世の食生活〈断食と宴〉	B.A.ヘニッシュ／藤原保明訳	品切	538
379	ポストモダン・シーン	A.クローカー,D.クック／大熊昭信訳		534
380	夢の時〈野生と文明の境界〉	H.P.デュル／岡部,原,須永,荻野訳		674
381	理性よ，さらば	P.ファイヤアーベント／植木哲也訳	品切	454
382	極限に面して	T.トドロフ／宇京頼三訳		376
383	自然の社会化	K.エーダー／寿福真美監訳		474
384	ある反時代的考察	K.レーヴィット／中村啓,永沼更始郎訳		526
385	図書館炎上	W.シヴェルブシュ／福本義憲訳		274
386	騎士の時代	F.v.ラウマー／柳井尚子訳		506
387	モンテスキュー〈その生涯と思想〉	J.スタロバンスキー／古賀英三郎,高橋誠訳		312
388	理解の鋳型〈東西の思想経験〉	J.ニーダム／井上英明訳		510
389	風景画家レンブラント	E.ラルセン／大谷,尾崎訳		208
390	精神分析の系譜	M.アンリ／山形頼洋,他訳		546
391	金《かね》と魔術	H.C.ビンスヴァンガー／清水健次訳		218
392	自然誌の終焉	W.レペニース／山村直資訳		346
393	批判的解釈学	J.B.トンプソン／山本,小川訳		376
394	人間にはいくつの真理が必要か	R.ザフランスキー／山本,藤井訳		232
395	現代芸術の出発	Y.イシャグプール／川俣晃自訳		170
396	青春　ジュール・ヴェルヌ論	M.セール／豊田彰訳		398
397	偉大な世紀のモラル	P.ベニシュー／朝倉,羽賀訳		428
398	諸国民の時に	E.レヴィナス／合田正人訳		348
399 400	バベルの後に（上・下）	G.スタイナー／亀山健吉訳		上・482 下・
401	チュービンゲン哲学入門	E.ブロッホ／花田監修・菅谷,今井,三国訳		422

				(頁)
402	歴史のモラル	T.トドロフ／大谷尚文訳		386
403	不可解な秘密	E.シャルガフ／山本,内藤訳		260
404	ルソーの世界〈あるいは近代の誕生〉	J.-L.ルセルクル／小林浩訳	品切	378
405	死者の贈り物	D.サルナーヴ／菊地,白井訳		186
406	神もなく韻律もなく	H.P.デュル／青木隆嘉訳		292
407	外部の消失	A.コドレスク／利沢行夫訳		276
408	狂気の社会史〈狂人たちの物語〉	R.ポーター／目羅公和訳		428
409	続・蜂の寓話	B.マンデヴィル／泉谷治訳		436
410	悪口を習う〈近代初期の文化論集〉	S.グリーンブラット／磯山甚一訳		354
411	危険を冒して書く〈異色作家たちのパリ・インタヴュー〉	J.ワイス／浅野敏夫訳		300
412	理論を讃えて	H.-G.ガダマー／本間,須田訳		194
413	歴史の島々	M.サーリンズ／山本真鳥訳		306
414	ディルタイ〈精神科学の哲学者〉	R.A.マックリール／大野,田中,他訳		578
415	われわれのあいだで	E.レヴィナス／合田,谷口訳		368
416	ヨーロッパ人とアメリカ人	S.ミラー／池田栄一訳		358
417	シンボルとしての樹木	M.ルルカー／林 捷 訳		276
418	秘めごとの文化史	H.P.デュル／藤代,津山訳		662
419	眼の中の死〈古代ギリシアにおける他者の像〉	J.-P.ヴェルナン／及川,吉岡訳		144
420	旅の思想史	E.リード／伊藤誓訳		490
421	病のうちなる治療薬	J.スタロバンスキー／小池,川那部訳		356
422	祖国地球	E.モラン／菊地昌実訳		234
423	寓意と表象・再現	S.J.グリーンブラット編／船倉正憲訳		384
424	イギリスの大学	V.H.H.グリーン／安原,成定訳		516
425	未来批判 あるいは世界史に対する嫌悪	E.シャルガフ／山本,伊藤訳		276
426	見えるものと見えざるもの	メルロ=ポンティ／中島盛夫監訳		618
427	女性と戦争	J.B.エルシュテイン／小林,廣川訳		486
428	カント入門講義	H.バウムガルトナー／有福孝岳監訳		204
429	ソクラテス裁判	I.F.ストーン／永田康昭訳		470
430	忘我の告白	M.ブーバー／田口義弘訳		348
431 432	時代おくれの人間(上・下)	G.アンダース／青木隆嘉訳		上・432 下・546
433	現象学と形而上学	J.-L.マリオン他編／三上,重永,檜垣訳		388
434	祝福から暴力へ	M.ブロック／田辺,秋津訳		426
435	精神分析と横断性	F.ガタリ／杉村,毬藻訳		462
436	競争社会をこえて	A.コーン／山本,真水訳		530
437	ダイアローグの思想	M.ホルクウィスト／伊藤誓訳		370
438	社会学とは何か	N.エリアス／徳安彰訳		250
439	E.T.A.ホフマン	R.ザフランスキー／識名章喜訳		636
440	所有の歴史	J.アタリ／山内昶訳		580
441	男性同盟と母権制神話	N.ゾンバルト／田村和彦訳		516
442	ヘーゲル以後の歴史哲学	H.シュネーデルバッハ／古東哲明訳		282
443	同時代人ベンヤミン	H.マイヤー／岡部仁訳		140
444	アステカ帝国滅亡記	G.ボド,T.トドロフ編／大谷,菊地訳		662
445	迷宮の岐路	C.カストリアディス／宇京頼三訳		404
446	意識と自然	K.K.チョウ／志水,山本監訳		422
447	政治的正義	O.ヘッフェ／北尾,平石,望月訳		598
448	象徴と社会	K.バーク著,ガスフィールド編／森常治訳		580
449	神・死・時間	E.レヴィナス／合田正人訳		360
450	ローマの祭	G.デュメジル／大橋寿美子訳		446

				(頁)
451	エコロジーの新秩序	L.フェリ／加藤宏幸訳		274
452	想念が社会を創る	C.カストリアディス／江口幹訳		392
453	ウィトゲンシュタイン評伝	B.マクギネス／藤本, 今井, 宇都宮, 髙橋訳		612
454	読みの快楽	R.オールター／山形, 中田, 田中訳		346
455	理性・真理・歴史 〈内在的実在論の展開〉	H.パトナム／野本和幸, 他訳		360
456	自然の諸時期	ビュフォン／菅谷暁訳		440
457	クロポトキン伝	ピルーモヴァ／左近毅訳		384
458	征服の修辞学	P.ヒューム／岩尾, 正木, 本橋訳		492
459	初期ギリシア科学	G.E.R.ロイド／山野, 山口訳		246
460	政治と精神分析	G.ドゥルーズ, F.ガタリ／杉村昌昭訳		124
461	自然契約	M.セール／及川, 米山訳		230
462	細分化された世界 〈迷宮の岐路III〉	C.カストリアディス／宇京賴三訳		332
463	ユートピア的なもの	L.マラン／梶野吉郎訳		420
464	恋愛礼讃	M.ヴァレンシー／沓掛, 川端訳		496
465	転換期 〈ドイツ人とドイツ〉	H.マイヤー／宇京早苗訳		466
466	テクストのぶどう畑で	I.イリイチ／岡部佳世訳		258
467	フロイトを読む	P.ゲイ／坂口, 大島訳		304
468	神々を作る機械	S.モスコヴィッシ／古田幸男訳		750
469	ロマン主義と表現主義	A.K.ウィードマン／大森淳史訳		378
470	宗教論	N.ルーマン／土方昭, 土方透訳		138
471	人格の成層論	E.ロータッカー／北村監訳・大久保, 他訳		278
472	神　罰	C.v.リンネ／小川さくえ訳		432
473	エデンの園の言語	M.オランデール／浜崎設夫訳		338
474	フランスの自伝 〈自伝文学の主題と構造〉	P.ルジュンヌ／小倉孝誠訳		342
475	ハイデガーとヘブライの遺産	M.ザラデル／合田正人訳		390
476	真の存在	G.スタイナー／工藤政司訳		266
477	言語芸術・言語記号・言語の時間	R.ヤコブソン／浅川順子訳		388
478	エクリール	C.ルフォール／宇京賴三訳		420
479	シェイクスピアにおける交渉	S.J.グリーンブラット／酒井正志訳		334
480	世界・テキスト・批評家	E.W.サイード／山形和美訳		584
481	絵画を見るディドロ	J.スタロバンスキー／小西嘉幸訳		148
482	ギボン 〈歴史を創る〉	R.ポーター／中野, 海保, 松原訳		272
483	欺瞞の書	E.M.シオラン／金井裕訳		252
484	マルティン・ハイデガー	H.エーベリング／青木隆嘉訳		252
485	カフカとカバラ	K.E.グレーツィンガー／清水健次訳		390
486	近代哲学の精神	H.ハイムゼート／座小田豊, 他訳		448
487	ベアトリーチェの身体	R.P.ハリスン／船倉正憲訳		304
488	技術 〈クリティカル・セオリー〉	A.フィーンバーグ／藤本正文訳		510
489	認識論のメタクリティーク	Th.W.アドルノ／古賀, 細見訳		370
490	地獄の歴史	A.K.ターナー／野﨑嘉信訳		456
491	昔話と伝説 〈物語文学の二つの基本形式〉	M.リューティ／高木昌史, 万里子訳	品切	362
492	スポーツと文明化 〈興奮の探究〉	N.エリアス, E.ダニング／大平章訳		490
493 494	地獄のマキアヴェッリ（I・II）	S.de.グラツィア／田中治男訳		I・352 II・306
495	古代ローマの恋愛詩	P.ヴェーヌ／鎌田博夫訳		352
496	証人 〈言葉と科学についての省察〉	E.シャルガフ／山本, 内藤訳		252
497	自由とはなにか	P.ショーニュ／西川, 小田桐訳		472
498	現代世界を読む	M.マフェゾリ／菊地昌実訳		186
499	時間を読む	M.ピカール／寺田光徳訳		266
500	大いなる体系	N.フライ／伊藤誓訳		478

			(頁)
501	音楽のはじめ	C.シュトゥンプ／結城錦一訳	208
502	反ニーチェ	L.フェリー他／遠藤文彦訳	348
503	マルクスの哲学	E.バリバール／杉山吉弘訳	222
504	サルトル，最後の哲学者	A.ルノー／水野浩二訳	296
505	新不平等起源論	A.テスタール／山内昶訳	298
506	敗者の祈禱書	シオラン／金井裕訳	184
507	エリアス・カネッティ	Y.イシャグプール／川俣晃自訳	318
508	第三帝国下の科学	J.オルフ=ナータン／宇京頼三訳	424
509	正も否も縦横に	H.アトラン／寺田光徳訳	644
510	ユダヤ人とドイツ	E.トラヴェルソ／宇京頼三訳	322
511	政治的風景	M.ヴァルンケ／福本義憲訳	202
512	聖句の彼方	E.レヴィナス／合田正人訳	350
513	古代憧憬と機械信仰	H.ブレーデカンプ／藤代，津山訳	230
514	旅のはじめに	D.トリリング／野島秀勝訳	602
515	ドゥルーズの哲学	M.ハート／田代，井上，浅野，暮沢訳	294
516	民族主義・植民地主義と文学	T.イーグルトン他／増渕，安藤，大友訳	198
517	個人について	P.ヴェーヌ他／大谷尚文訳	194
518	大衆の装飾	S.クラカウアー／船戸，野村訳	350
519 520	シベリアと流刑制度（I・II）	G.ケナン／左近毅訳	I・632 II・642
521	中国とキリスト教	J.ジェルネ／鎌田博夫訳	396
522	実存の発見	E.レヴィナス／佐藤真理人，他訳	480
523	哲学的認識のために	G.-G.グランジェ／植木哲也訳	342
524	ゲーテ時代の生活と日常	P.ラーンシュタイン／上西川原章訳	832
525	ノッツ nOts	M.C.テイラー／浅野敏夫訳	480
526	法の現象学	A.コジェーヴ／今村，堅田訳	768
527	始まりの喪失	B.シュトラウス／青木隆嘉訳	196
528	重　合	ベーネ，ドゥルーズ／江口修訳	170
529	イングランド18世紀の社会	R.ポーター／目羅公和訳	630
530	他者のような自己自身	P.リクール／久米博訳	558
531	鷲と蛇〈シンボルとしての動物〉	M.ルルカー／林捷訳	270
532	マルクス主義と人類学	M.ブロック／山内昶，山内彰訳	256
533	両性具有	M.セール／及川馥訳	218
534	ハイデガー〈ドイツの生んだ巨匠とその時代〉	R.ザフランスキー／山本尤訳	696
535	啓蒙思想の背任	J.-C.ギユボー／菊地，白井訳	218
536	解明　M.セールの世界	M.セール／梶野，竹中訳	334
537	語りは罠	L.マラン／鎌田博夫訳	176
538	歴史のエクリチュール	M.セルトー／佐藤和生訳	542
539	大学とは何か	J.ペリカン／田口孝夫訳	374
540	ローマ　定礎の書	M.セール／高尾謙史訳	472
541	啓示とは何か〈あらゆる啓示批判の試み〉	J.G.フィヒテ／北岡武司訳	252
542	力の場〈思想史と文化批判のあいだ〉	M.ジェイ／今井道夫，他訳	382
543	イメージの哲学	F.ダゴニェ／水野浩二訳	410
544	精神と記号	F.ガタリ／杉村昌昭訳	180
545	時間について	N.エリアス／井本，青木訳	238
546	ルクレティウスのテキストにおける物理学の誕生	M.セール／豊田彰訳	320
547	異端カタリ派の哲学	R.ネッリ／柴田和雄訳	290
548	ドイツ人論	N.エリアス／青木隆嘉訳	576
549	俳　優	J.デュヴィニョー／渡辺淳訳	346

			(頁)
550	ハイデガーと実践哲学	O.ペゲラー他,編／竹市,下村監訳	584
551	彫　像	M.セール／米山親能訳	366
552	人間的なるものの庭	C.F.v.ヴァイツゼカー／山辺建訳	
553	思考の図像学	A.フレッチャー／伊藤誓訳	472
554	反動のレトリック	A.O.ハーシュマン／岩崎稔訳	250
555	暴力と差異	A.J.マッケナ／夏目博明訳	354
556	ルイス・キャロル	J.ガッテニョ／鈴木晶訳	462
557	タオスのロレンゾー〈D.H.ロレンス回想〉	M.D.ルーハン／野島秀勝訳	490
558	エル・シッド〈中世スペインの英雄〉	R.フレッチャー／林邦夫訳	414
559	ロゴスとことば	S.プリケット／小野功生訳	486
560 561	盗まれた稲妻〈呪術の社会学〉(上・下)	D.L.オキーフ／谷林眞理子,他訳	上・490 下・656
562	リビドー経済	J.-F.リオタール／杉山,吉谷訳	458
563	ポスト・モダニティの社会学	S.ラッシュ／田中義久監訳	462
564	狂暴なる霊長類	J.A.リヴィングストン／大平章訳	310
565	世紀末社会主義	M.ジェイ／今村,大谷訳	334
566	両性平等論	F.P.de ラ・バール／佐藤和夫,他訳	330
567	暴虐と忘却	R.ボイヤーズ／田部井孝次・世志子訳	524
568	異端の思想	G.アンダース／青木隆嘉訳	518
569	秘密と公開	S.ボク／大沢正道訳	470
570 571	大航海時代の東南アジア(I・II)	A.リード／平野, 田中訳	I・430 II・
572	批判理論の系譜学	N.ボルツ／山本,大貫訳	332
573	メルヘンへの誘い	M.リューティ／高木昌史訳	200
574	性と暴力の文化史	H.P.デュル／藤代,津山訳	768
575	歴史の不測	E.レヴィナス／合田,谷口訳	316
576	理論の意味作用	T.イーグルトン／山形和美訳	196
577	小集団の時代〈大衆社会における個人主義の衰退〉	M.マフェゾリ／古田幸男訳	334
578 579	愛の文化史(上・下)	S.カーン／青木,斎藤訳	上・334 下・384
580	文化の擁護〈1935年パリ国際作家大会〉	ジッド他／相磯,五十嵐,石黒,高橋編訳	752
581	生きられる哲学〈生活世界の現象学と批判理論の思考形式〉	F.フェルマン／堀栄造訳	282
582	十七世紀イギリスの急進主義と文学	C.ヒル／小野, 圓月訳	444
583	このようなことが起こり始めたら…	R.ジラール／小池,住谷訳	226
584	記号学の基礎理論	J.ディーリー／大熊昭信訳	286
585	真理と美	S.チャンドラセカール／豊田彰訳	328
586	シオラン対談集	E.M.シオラン／金井裕訳	336
587	時間と社会理論	B.アダム／伊藤,磯山訳	338
588	懐疑的省察 ABC〈続・重大な疑問〉	E.シャルガフ／山本,伊藤訳	244
589	第三の知恵	M.セール／及川馥訳	250
590 591	絵画における真理(上・下)	J.デリダ／高橋,阿部訳	上・322 下・390
592	ウィトゲンシュタインと宗教	N.マルカム／黒崎宏訳	256
593	シオラン〈あるいは最後の人間〉	S.ジョドー／金井裕訳	212
594	フランスの悲劇	T.トドロフ／大谷尚文訳	304
595	人間の生の遺産	E.シャルガフ／清水健次,他訳	392
596	聖なる快楽〈性, 神話, 身体の政治〉	R.アイスラー／浅野敏夫訳	876
597	原子と爆弾とエスキモーキス	C.G.セグレー／野島秀勝訳	408
598	海からの花嫁〈ギリシア神話研究の手引き〉	J.シャーウッドスミス／吉田,佐藤訳	234
599	神に代わる人間	L.フェリー／菊地,白井訳	220
600	パンと競技場〈ギリシア・ローマ時代の政治と都市の社会学的歴史〉	P.ヴェーヌ／鎌田博夫訳	1032

			（頁）
601	ギリシア文学概説	J.ド・ロミイ／細井,秋山訳	486
602	パロールの奪取	M.セルトー／佐藤和生訳	200
603	68年の思想	L.フェリー他／小野潮訳	348
604	ロマン主義のレトリック	P.ド・マン／山形,岩坪訳	470
605	探偵小説あるいはモデルニテ	J.デュボア／鈴木智之訳	380
606 607 608	近代の正統性〔全三冊〕	H.ブルーメンベルク／斎藤,忽那 佐藤,村井訳	Ⅰ・328 Ⅱ・ Ⅲ・
609	危険社会〈新しい近代への道〉	U.ベック／東,伊藤訳	502
610	エコロジーの道	E.ゴールドスミス／大熊昭信訳	654
611	人間の領域〈迷宮の岐路II〉	C.カストリアディス／米山親能訳	626
612	戸外で朝食を	H.P.デュル／藤代幸一訳	190
613	世界なき人間	G.アンダース／青木隆嘉訳	366
614	唯物論シェイクスピア	F.ジェイムソン／川口喬一訳	402
615	核時代のヘーゲル哲学	H.クロンバッハ／植木哲也訳	380
616	詩におけるルネ・シャール	P.ヴェーヌ／西永良成訳	832
617	近世の形而上学	H.ハイムゼート／北岡武司訳	506
618	フロベールのエジプト	G.フロベール／斎藤昌三訳	344
619	シンボル・技術・言語	E.カッシーラー／篠木,高野訳	352
620	十七世紀イギリスの民衆と思想	C.ヒル／小野,圓月,箭川訳	520
621	ドイツ政治哲学史	H.リュッベ／今井道夫訳	312
622	最終解決〈民族移動とヨーロッパのユダヤ人殺害〉	G.アリー／山本,三島訳	470
623	中世の人間	J.ル・ゴフ他／鎌田博夫訳	478
624	食べられる言葉	L.マラン／梶野吉郎訳	284
625	ヘーゲル伝〈哲学の英雄時代〉	H.アルトハウス／山本尤訳	690
626	E.モラン自伝	E.モラン／菊地,高砂訳	368
627	見えないものを見る	M.アンリ／青木研二訳	248
628	マーラー〈音楽観相学〉	Th.W.アドルノ／龍村あや子訳	286
629	共同生活	T.トドロフ／大谷尚文訳	236
630	エロイーズとアベラール	M.F.B.ブロッチェリ／白崎容子訳	
631	意味を見失った時代〈迷宮の岐路IV〉	C.カストリアディス／江口幹訳	338
632	火と文明化	J.ハウツブロム／大平章訳	356
633	ダーウィン,マルクス,ヴァーグナー	J.バーザン／野島秀勝訳	526
634	地位と羞恥	S.ネッケル／岡原正幸訳	434
635	無垢の誘惑	P.ブリュックネール／小倉,下澤訳	350
636	ラカンの思想	M.ボルク=ヤコブセン／池田清訳	500
637	羨望の炎〈シェイクスピアと欲望の劇場〉	R.ジラール／小林,田口訳	698
638	暁のフクロウ〈続・精神の現象学〉	A.カトロッフェロ／寿福真美訳	354
639	アーレント＝マッカーシー往復書簡	C.ブライトマン編／佐藤佐智子訳	710
640	崇高とは何か	M.ドゥギー他／梅木達郎訳	416
641	世界という実験〈問い，取り出しの諸カテゴリー，実践〉	E.ブロッホ／小田智敏訳	400
642	悪　あるいは自由のドラマ	R.ザフランスキー／山本尤訳	322
643	世俗の聖典〈ロマンスの構造〉	N.フライ／中村,真野訳	252
644	歴史と記憶	J.ル・ゴフ／立川孝一訳	400
645	自我の記号論	N.ワイリー／船倉正憲訳	468
646	ニュー・ミメーシス〈シェイクスピアと現実描写〉	A.D.ナトール／山形,山下訳	430
647	歴史家の歩み〈アリエス　1943-1983〉	Ph.アリエス／成瀬,伊藤訳	428
648	啓蒙の民主制理論〈カントとのつながりで〉	I.マウス／浜田,牧野監訳	400
649	仮象小史〈古代からコンピューター時代まで〉	N.ボルツ／山本尤訳	200

			(頁)
650	知の全体史	C.V.ドーレン／石塚浩司訳	766
651	法の力	J.デリダ／堅田研一訳	220
652 653	男たちの妄想（I・II）	K.テーヴェライト／田村和彦訳	I・816 II
654	十七世紀イギリスの文書と革命	C.ヒル／小野, 圓月, 箭川訳	592
655	パウル・ツェラーンの場所	H.ベッティガー／鈴木美紀訳	176
656	絵画を破壊する	L.マラン／尾形, 梶野訳	272
657	グーテンベルク銀河系の終焉	N.ボルツ／識名, 足立訳	330
658	批評の地勢図	J.ヒリス・ミラー／森田孟訳	550
659	政治的なものの変貌	M.マフェゾリ／古田幸男訳	290
660	神話の真理	K.ヒュプナー／神野, 中才, 他訳	
661	廃墟のなかの大学	B.リーディングズ／青木, 斎藤訳	354
662	後期ギリシア科学	G.E.R.ロイド／山野, 山口, 金山訳	320
663	ベンヤミンの現在	N.ボルツ, W.レイイェン／岡部仁訳	180
664	異教入門〈中心なき周辺を求めて〉	J.-F.リオタール／山縣, 小野, 他訳	242
665	ル・ゴフ自伝〈歴史家の生活〉	J.ル・ゴフ／鎌田博夫訳	290
666	方　法　3. 認識の認識	E.モラン／大津真作訳	
667	遊びとしての読書	M.ピカール／内藤雅文訳	
668	身体の哲学と現象学	M.アンリ／中敬夫訳	
669	ホモ・エステティクス	L.フェリー／小野康男, 他訳	
670	イスラムにおける女性とジェンダー	L.アーメド／林正雄, 他訳	